# タイ語リスニング

吉田英人　ルンアルン・パッタナタネス

SANSHUSHA

● 音声ダウンロード・ストリーミング

1. PC・スマートフォンで本書の音声ページにアクセスします。
   https://www.sanshusha.co.jp/np/onsei/
   isbn/9784384059915/

2. シリアルコード「05991」を入力。

3. 音声ダウンロード・ストリーミングをご利用いただけます。

　タイ語は聞き取りが苦手！という声をよく耳にします。

　「得意・不得意」は主観的なものとはいえ、やはり優しく陽気なタイ人ともっと話したい、否もっと相手のことを知りたいというのがタイ語学習者の本心だと思います。冒頭の「聞き取りは苦手」は「相手の気持ちを理解したい」と言い換えた方がいいでしょう。

　タイ語は言語の性格上、わりと早い時期から話せるようになり、質問や感想・意見を相手に伝えることができます。そして相手からの返答も大体想像でき、「会話（発話・聞き取り）は簡単だ！」と感じると思います。ですが、それはあなたから相手に話しかけた場合です。前後の状況や経緯も分からないまま見知らぬ人から話しかけられたらどうでしょうか…　おそらく困惑することが予想されます。ここに、一般の会話とは違ったリスニング独自の学習が必要になるのです。

　では、リスニングはどのように学べばいいのでしょうか？　私見ですが、部屋の中でひとりじっくりとタイ語を聞き、自身の聞き取り方を見直す（分析する）ことをお勧めします。「そんなことしないで（タイで）タイ人と会話をした方が絶対に早く聞き取れるようになる」とはやる気持ちを抑えましょう。

　本書は大意を把握し、細部の情報収集に踏み込むことで、話しかけられたときの心構えを身につけるよう構成しています。そしてもうひとつ、本文には直接記載していませんが、各課にはあなたの潜在意識にアクセスし聞き取り能力を強化する種をたくさん蒔いておきました。本書を繰り返し読み返すことで「誰もが真似できないあなたのオリジナル聞き取り術」が無意識に身につきはじめるはずです。スピーキング練習と違い、リスニング学習に即効性はなく地味な作業になるかもしれませんが、ある日突然「こんなに聞き取れるようなった」と驚くあなたの姿が目に浮かんできます。一度身についた聞き取り術はそう簡単に色褪せないでしょう。

　近年、各種団体が国家レベルでタイと積極的に交流しています。それとは別に日本人と関わる機会がない市井の人々ともぜひ語り合っていただければと個人的に思っています。現地には、あなたに社交辞令ではなく本音で話したいタイ人がたくさん待っています。旅先や滞在先で縁あって知り合ったタイ人のよき話し相手、よき相談相手になってください。そんな願いも込めて本書を作りました。

著　者

# も く じ

本書の内容と構成 ……………………………………………… 6

**第 1 章　項目別理解**

1　人物紹介 …………………………………………………… 8

2　家族の写真 ………………………………………………… 13

3　町の様子 …………………………………………………… 19

4　探す ………………………………………………………… 23

5　買う ………………………………………………………… 30

6　自己紹介 …………………………………………………… 36

7　他者紹介 …………………………………………………… 41

8　結婚相談 …………………………………………………… 46

9　滞在 ………………………………………………………… 50

10　忙しい男 …………………………………………………… 60

**第 2 章　テーマ別理解**

11　雨季は新車がお買い得 …………………………………… 70

12　西向きの部屋に住む女性 ………………………………… 74

13　ルート 212 ………………………………………………… 78

14　幻の館 ……………………………………………………… 83

15　ホットナイト ……………………………………………… 88

16　イメージ …………………………………………………… 94

**第 3 章　状況別理解**

17　パニック …………………………………………………… 102

18　自然治癒のすすめ ………………………………………… 107

19　割り勘必勝法 ……………………………………………… 114

20　あなたはどんな人？ ……………………………………… 122

21　フラッシュバック ………………………………………… 130

22　ローイカトン ……………………………………………… 139

**番外編　長文理解**

名探偵スパナット …………………………………………… 144

語彙集 …………………………………………………………… 168

## 本書の内容と構成

本書は全 22 課（本編）＋ 1（番外編）で構成され、本編は 3 つの章に分かれています。後の課に進むにつれて、くだけた話し言葉や日本人の発想にはない、タイ人気質を表すフレーズ、場面に応じたやや専門的な語彙が出てきますが、学習者によって各課の難易度は違って感じると思います。そこであなたにとって聞きやすい課とそうでない課の特徴を常に考えながら、あせらず第 1 課から順番に取り組んでください。

### 本 編

### 第 1 章　項目別理解（第 1 課〜第 10 課）

主に話者の説明を聞く練習です。音声だけでなく視覚情報（絵や図）なども交え多くの情報をキャッチしましょう。

### 第 2 章　テーマ別理解（第 11 課〜第 16 課）

細かい部分にこだわらず、文章の大まかな内容や流れを理解する練習です。各課のキーになるテーマを軸に内容把握を目指してください。

### 第 3 章　状況別理解（第 17 課〜第 22 課）

タイでの実践的な聞き取りを視野に入れ、会話の大意をつかみながら必要な情報を整理する練習です。第 1 章と第 2 章の応用練習として取り組んでください。

### 構 成　（章ごとに若干の違いがあります）

問題を解き解答を見て終わるのではなく、解答に至るまでのプロセスや各スキットの聞き方を学ぶことが本書の趣旨です。内容・答えが分かったあとも繰り返し復習してください。

**第 1 章**：導入、問題、ヒント−聞き取りのポイント、スキット（タイ語・発音記号・和訳）、確認事項、解答

**第 2 章・第 3 章**：導入、登場人物、問題、ヒント（第 20 課からはヒントなし）−聞き取りのポイント、スキット（タイ語・発音記号）、和訳を見る前に、和訳（第 2 章までは発音記号付き）、本課を学んで、解答

### 番外編　長文理解

本編で学んだことを基にさまざまな聞き取りのアプローチを模索してください。

### 語彙集

各課のスキットに出てきた単語だけでなく話し言葉独特のフレーズや文法事項を載せています。後の課ではそれ以前の課で出てきたものは原則入れていませんが、同じ単語でも意味や使い方が異なるものは載せています。スキットの内容確認に活用してください。

# 第 1 章 項目別理解

1 ·············· 人物紹介

2 ·············· 家族の写真

3 ·············· 町の様子

4 ·············· 探す

5 ·············· 買う

6 ·············· 自己紹介

7 ·············· 他者紹介

8 ·············· 結婚相談

9 ·············· 滞在

10 ·············· 忙<sub>ひと</sub>しい男

# 人物紹介

第 **1** 課

まずは人物探しのやりとりから始めましょう。

(A)　(B)　(C)　(D)　(E)

問　（1）から（5）の会話を聞き、絵の中から該当の人物を選び、その
　　人物の名前を聞こえた通りのカタカナで答えてください。

| (1) 🎧 01 | (2) 🎧 02 | (3) 🎧 03 | (4) 🎧 04 | (5) 🎧 05 |
|---|---|---|---|---|
|  |  |  |  |  |
|  |  |  |  |  |

## ヒント

問題のあとにスキット理解のヒントになる単語・語句・表現を挙げています。
最初はこの欄を見ないで音声を聞いてみましょう。

### 人物名

อรวรรณ [ɔɔrawan] オーラワン　　ฉัฐนันต์ [nátthanan] ナッタナン

รุ่งอรุณ [rûŋarun] ルンアルン　　จิรภาส [ciraphâat] チラパート

สิตาพร [sitaaphɔɔn] シターポーン

### その他

ใส่แว่น [sày wɛ̂n] 眼鏡をかける　　มวยไทย [mu:ay thay] ムエタイ

ผมตรง [phǒm troŋ] ストレートヘア　　ผมขาว [phǒm khǎaw] 白髪

หนวดเครา [nù:at khraw] 顎ひげ

กางเกงยีนส์ [kaaŋ keeŋ yiin] ジーンズ（デニム）

## 聞き取りのポイント

　外見を表す表現から人物を探す練習です。話者の主観を表す語（やさし
そう、とても背が高い）や職業や身分を表す語（先生、高校生、社長）は
人物特定の手がかりには不十分な情報です。これらの点に注意しましょう。

## スキット

(1) 🎧 01

A ： ครูอรวรรณเป็นยังไง<u>บ้าง</u>
　　khruu ɔɔrawan pen yaŋ ŋay bâaŋ
　　オーラワン先生ってどんな感じ？

B ： เป็นผู้หญิงผมสั้น และใส่แว่น
　　pen phûu yǐŋ phǒm sân lɛ́ sày wɛ̂n
　　髪の毛が短くて眼鏡をかけている女性ね。

(2) 🎧 **02**

**A** : ฉัฐนันต์<u>ล่ะ</u>
nátthanan <u>lâ</u>
ナッタナンくんは？

**B** : คนนั้นชอบมวยไทย วันนี้ก็กำลังฝึกซ้อมอยู่
khon nán chɔ̂ɔp mu:ay thay, wan níi kɔ̂ɔ kamlaŋ fùk sɔ́ɔm yùu
あの人、ムエタイが好きで今日も練習中。

(3) 🎧 **03**

**A** : นั่นรุ่งอรุณไง เป็นนางสงกรานต์ปีที่แล้ว
nân rûŋarun ŋay, pen naaŋ sǒŋkraan pii thîi lɛ́ɛw
あれ、ルンアルンさんだよ。去年のミス・ソンクラーン。

**B** : อ๋อ คนนั้นเหรอ ผมตรงสวยจัง
ɔ̌ɔ khon nán rɵ̌ɵ, phǒm troŋ sǔ:ay caŋ
ああ、あの人ね。ストレートヘアがとても美しいね。

(4) 🎧 **04**

**A** : คนผมขาวมีหนวดเครา ตัวสูงๆคือใคร
khon phǒm khǎaw mii nù:at khraw, tu:a sǔuŋ sǔuŋ khɯɯ khray
あの白髪で顎ひげを生やしたとても背の高いあの人は誰？

**B** : อ๋อ คุณจิรภาส เป็นประธานบริษัท ดูหน้าตาใจดีแต่เข้มงวดนะ
ɔ̌ɔ khun ciraphâat pen prathaan bɔɔrisàt, duu nâataa caydii tɛ̀ɛ khêm ŋû:at ná
あ、チラパート社長ね。やさしそうな顔だけど厳しいわよ。

(5) 🎧 **05**

**A** : คนที่สวมแว่นตา ใส่กางเกงยีนส์ ยังเป็นเด็ก ม.ปลายเหรอ
khon thîi sǔ:am wêntaa, sày kaaŋ keeŋ yiin, yaŋ pen dèk mɔɔ plaay rɵ̌ɵ
眼鏡をかけ、ジーンズをはいた子、まだ高校生？

**B** : อ๋อ สิตาพร <u>แก</u>เป็นเด็กประถม<u>น่ะ</u>
ɔ̌ɔ sitaaphɔɔn <u>kɛɛ</u> pen dèk prathǒm <u>nà</u>
ああ、シターポーンちゃん。あの子ね、小学生なのよ。

**確認事項**

*語彙や文法事項には該当部分にアンダーラインを付けています。

■ บ้าง [bâaŋ] は複数の答えを求める文末詞です。ここでは探す人物の特徴を多く聞きたい気持ちが表れています。

　*たとえば「どんなものを食べたいですか？（レストランで）」「どのような症状がありますか？（クリニックで）」「どういった顧客をターゲットにしていますか？（ビジネスシーンで）」の「どんな、どのような、どういった」のようなニュアンスがあり、いくつかの答えを聞きたいときに使いますが、返答する場合、事例はひとつだけでもかまいません。

■ ดู [duu] に文や語句を続け「～のように見える」を表します。

■ แก [kɛɛ] 親しい間柄で使う2人称・3人称です。以後の会話によく出てくるのでさっそく覚えましょう（スキットでは3人称（彼女）で使っています）。

### 文末に付く語

■ ล่ะ [lâ] は、この課では「～については？」という意味ですが、第2課や第5課などでは他の用法で使われているので注目してください。

■ 文末詞 น่ะ [nà] は、文末の語気を和らげる นะ [ná] が声調変化したもので、不服や怒り、投げやりな気分などを表します。文末詞は声調変化や母音の長短の変化によって、話者の気分が変わり、聞き手の対応に影響することがあります。その結果、話題の流れが変わる可能性があるので注意しましょう。

⌈答え⌋

(1)　(B)　オーラワン　（อรวรรณ［ɔɔrawan］）

(2)　(C)　ナッタナン　（ณัฐนันต์［nátthanan］）

(3)　(E)　ルンアルン　（รุ่งอรุณ［rûŋarun］）

(4)　(A)　チラパート　（จิรภาส［ciraphâat］）

(5)　(D)　シターポーン　（สิตาพร［sitaaphɔɔn］）

（補足）タイ人の名前をカタカナで書くときの規則はありません。


### 最初の第 I 課、聞き取れましたか？

　「さっぱり！」と感じた方、大丈夫です。「分からない」と自覚できた時点で進歩が始まる——かのソクラテスをはじめ古今東西の偉人も指摘しています。さて、第 I 課を読解するように聞き、その結果聞き取れないのは単語不足だと思ったら No です。タイ語は音楽のように音声の流れに慣れることが重要です。最終課まで「意味」ではなく「音声」を聞き取ることを最優先し、下記のアクションプランの順番に従って内容を把握してください。

Ⅰ．まず意味が分からなかった部分も含めスキットの音声を暗記するくらい聞く。

Ⅱ．すぐに和訳を見ず、意味が分からない期間（時間）を設ける。この間、暗記したフレーズのものまねを繰り返し行うと効果的です。

Ⅲ．最後に和訳や語彙集で意味を確認し再度聞き直す（単語の意味を覚えるのはここで）。機会があれば覚えた表現をタイ料理店などで使うと「生きた言葉」習得のきっかけになるはずです。

　文字も読め、会話も適当にできると「聞き取れない」ことに「見て見ぬふり」をし、単語習得だけに励む傾向があります。結果単語を覚えれば覚えるほど聞き取れなくなることもありますが、本書を学ぶあなたは大丈夫！　もっともっと自信を持っていいんです。そして「音」を楽しんでみてください。

# 家族の写真

地方では大家族も多く見られます。これから訪問する家族について、写真を見ながら話者が説明します。なかには親族でない人もいます。

🎧 06

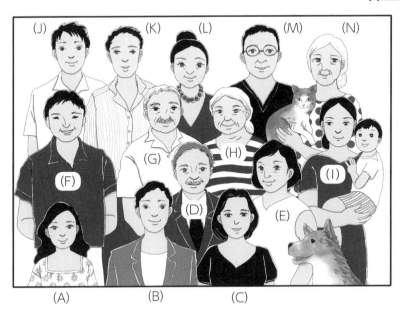

問 **1** AさんからNさんは話者（私）から見てどのような間柄ですか？

| (A) | (B) | (C) | (D) | (E) | (F) | (G) |
|-----|-----|-----|-----|-----|-----|-----|
|     |     |     |     |     |     |     |

| (H) | (I) | (J) | (K) | (L) | (M) | (N) |
|-----|-----|-----|-----|-----|-----|-----|
|     |     |     |     |     |     |     |

問 **2** 私（話者）と双子の人はどのような間柄ですか？

_____

問 **3** この家で親族ではないけれど家族扱いされているのは？

_____

ヒント

ส่วน [sùːan] 〜については　　แถวที่ 2 [thɛ̌w thîi sɔ̌ɔŋ] 2列目　　อุ้ม [ûm]
だっこする　ถัด [thàt] 次の　ฝาแฝด [fǎafɛ̀ɛt] 双子　ถือเป็น〜 [thɯ̌ɯ
pen] 〜とみなす、手に持つ　ดูแล [duu lee] 面倒を見る（世話をする）

### 聞き取りのポイント

　写真内の人物紹介では「前列の左隣」や「2列目の右から3番目」など
空間的な位置関係や人物の状態（手に何かを持っている、笑っているなど）
のフレーズが手がかりになります。ここまでは第1課と似ていますが、家
族構成を説明する際、親族名詞を覚えておく必要があります。親族名詞は
人物関係の説明だけでなく、呼びかけや人称代名詞のように使うものもあ
り、聞き取りには重要な語彙です。後の課でもよく出てきますので、使い
方もあわせて学んでください。

🎧 06

### スキット

ทางซ้ายของผมคือลูกสาว ส่วนทางขวาคือภรรยา แถวที่ 2 เป็นพ่อแม่
ของผม แถวที่ 3 คนที่ 2 จากทางซ้ายคือคุณปู่ คนที่ 3 เป็นคุณย่า ส่วนคน
ที่อุ้มเด็กอยู่คือคุณน้า ถัดมาแถวที่ 4 คนที่อุ้มแมวอยู่คือคุณยาย ข้างๆคุณ
ยายเป็นคุณลุงกับคุณป้า ข้างๆคุณป้าเป็นลูกชาย คนที่อยู่ข้างๆลูกชาย
คือน้องชายฝาแฝดของผม ผมยังมีพี่ชายอีก 2 คน กับน้องสาวอีก 1 คน
ผู้ชายที่ยืนยิ้มที่อยู่แถวที่ 3 เป็นคนไม่มีครอบครัว คุณพ่อเลยดูแลอยู่ ตอน
นี้ถือเป็นคนในครอบครัวแล้วล่ะ นอกจากนั้นหมาบ้านเราที่ชื่อไอ้ดำ ก็
ถือเป็นคนในครอบครัวเหมือนกัน

thaaŋ sáay khɔ̌ŋ phǒm khɯɯ lûuk sǎaw, sùːan thaaŋ khwǎa khɯɯ phanrayaa
thɛ̌w thîi sɔ̌ɔŋ pen phɔ̂ɔ mɛ̂ɛ khɔ̌ŋ phǒm, thɛ̌w thîi sǎam khon thîi sɔ̌ɔŋ càak
thaaŋ sáay khɯɯ khun pùu, khon thîi sǎam  pen khun yâa, sùːan khon thîi ûm
dèk yùu khɯɯ khun náa, thàt maa thɛ̌w thîi sìi khon thîi ûm mɛɛw yùu khɯɯ
khun yaay, khâŋ khâaŋ khun yaay pen khun luŋ kàp khun pâa, khâŋ khâaŋ khun
pâa pen lûuk chaay, khon thîi yùu khâŋ khâaŋ lûuk chaay khɯɯ nɔ́ɔŋ chaay

fǎafɛ̀ɛt khɔ̌ɔŋ phǒm, phǒm yaŋ mii phîi chaay ìik sɔ̌ɔŋ khon kàp nɔ́ɔŋ sǎaw ìik
nɯ̀ŋ khon, phûu chaay thîi yɯɯm yím thîi yùu thěw thîi sǎam pen khon mây mii
khrɔ̂ɔp khru:a, khun phɔ̂ɔ lǝǝy duu lee yùu, tɔɔn níi thɯ̌ɯ pen khon nay khrɔ̂ɔp
khru:a lɛ́ɛw lâ, nɔ̂ɔk càak nán mǎa bâan raw thîi chɯ̂ɯ ây dam kɔ̂ɔ thɯ̌ɯ pen
khon nay khrɔ̂ɔp khru:a mɯ̌:an kan

私の左側が娘で右が妻だよ。2列目が私の両親。3列目の左から2番目が父
の父、3番目が父の母。子どもを抱いているのが母の妹、4列目の猫を抱い
ているのが母の母、その横が伯父さんと伯母さんで、その横が息子。息子の
隣は私の双子の弟。きょうだいはあと兄が2人と妹が1人、3列目の笑みを
浮かべている男性は家族がいなくて父が面倒をみているんだ。いまでは家族
の一員だよ。それと家で飼っている犬のアイダムも家族（の一員）とみなし
ている。

## 確認事項

■ 親族名詞を確認しましょう。

(คุณ)พ่อ ［(khun) phɔ̂ɔ］ 父　　　　　　　(คุณ) แม่ ［(khun) mɛ̂ɛ］ 母

＊คุณ ［khun］ が付くと「あなたのお父さん」、คุณ ［khun］ がないと「私の父」のよ
　うなニュアンスに近くなります

พี่ชาย ［phîi chaay］ 兄　　　　　　　　พี่สาว ［phîi sǎaw］ 姉

น้องชาย ［nɔ́ɔŋ chaay］ 弟　　　　　　น้องสาว ［nɔ́ɔŋ sǎaw］ 妹

ลูกชาย ［lûuk chaay］ 息子　　　　　　ลูกสาว ［lûuk sǎaw］ 娘

สามี ［sǎamii］ 夫　　　　　　　　　ภรรยา ［phanrayaa］ 妻

ญาติ ［yâat］ 親戚

祖父・祖母

ปู่ ［pùu］ 祖父（父方）　　　　　　ย่า ［yâa］ 祖母（父方）

ตา ［taa］ 祖父（母方）　　　　　　ยาย ［yaay］ 祖母（母方）

伯父・伯母 → 男女で区別

ลุง ［luŋ］ 伯父（父母の兄）　　　　ป้า ［pâa］ 伯母（父母の姉）

叔父・叔母 → 父方、母方で区別

อา ［aa］ 父方の叔父・叔母（父の弟・妹）

น้า ［náa］ 母方の叔父・叔母（母の弟・妹）

＊「祖父母・父母・伯父（叔父）・伯母（叔母）」の前にคุณ ［khun］ を付けると丁寧
　な言い方になります

### 親族名詞を使った呼びかけ方（例）

たとえば、おじいさんやおばあさんのように見える人に対して、上記の父方・母方どちらの祖父・祖母（ปู่ [pùu] ／ ย่า [yâa]、ตา [taa] ／ ยาย [yaay]）も使えます。また見た目の年齢差や親密度によって ลุง [luŋ] ／ ป้า [pâa] や อา [aa] ／ น้า [náa]「おじさん／おばさん」、พ่อ [phɔ̂ɔ] ／ แม่ [mɛ̂ɛ]「お父さん／お母さん」、พี่ [phîi]「お兄さん／お姉さん」とも言えます。「おじさんはね…」「おばさん！（危ない）」のように呼びかけにも使えます。

### 呼びかけるときによく聞く語

| | |
|---|---|
| พี่ [phîi] と น้อง [nɔ́ɔŋ] | พี่ [phîi] は「年上」、น้อง [nɔ́ɔŋ] は「年下」を表す語ですが、年下の相手に พี่ [phîi] と言えば「私」、年上の相手に พี่ [phîi] と言えば「あなた」を表します。น้อง [nɔ́ɔŋ] は「年下」の人に呼び掛ける言い方です。พี่ [phîi]、น้อง [nɔ́ɔŋ] のあとによくニックネームを続けます。 |
| ลูก [lûuk] | ลูก [lûuk] は親に対する「子」、เด็ก [dèk] は一般の「子ども」(英 *child*)という意味ですが、大人や年上の人が子どもに対し「あなた、〜君／〜さん」という意味でよく ลูก [lûuk] と呼びかけます。 |
| หนู [nǔu] | หนู [nǔu] は年上から年下に（ลูก [lûuk] の代わりに）「あなた」（直訳：ねずみ）、年上に対し「私」と言うときによく使います。女性は年齢を問わず使えますが、男性は小学校低学年くらいまでしか使えません。それ以降は下記の1人称を使います。 |

### 話し言葉でよく聞く人称代名詞

| | | |
|---|---|---|
| ฉัน [chán] | 1人称単数 | ฉัน [chán] は หนู [nǔu] より年齢や立場の差を感じさせない「私」です。男女共に使えます。 |
| เรา [raw] | 1人称単数 | 1人称複数を表す เรา [raw] は友達同士の会話では、男女共1人称単数の「私」という意味でよく使います。 |
| กู [kuu] | 1人称単数 | 日本人男性の使う「俺」のようなニュアンスですが、男女共に使えます。よほど親しい間柄であることが想像できます。 |

| แก [kɛɛ] と<br>เธอ [thəə] | 2人称<br>3人称単数 | แก [kɛɛ] は第1課で学んだ親しい間柄で使う2・3人称単数です。แก [kɛɛ] より少しあらたまったเธอ [thəə] もよく使います。 |
|---|---|---|

## 人称代名詞（フォーマルなもの）

| ผม [phǒm]（男性）<br>ดิฉัน [dichán]（女性） | 1人称単数<br>私 | เรา [raw]<br>พวกเรา [phûːak raw] | 1人称複数<br>私たち |
|---|---|---|---|
| คุณ [khun] | 2人称単数<br>あなた | คุณ [khun] /<br>พวกคุณ [phûːak khun] | 2人称複数<br>あなたがた |
| เขา [kháw] | 3人称単数<br>（男女共）<br>彼・彼女 | เขา [kháw] /<br>พวกเขา [phûːak kháw] | 3人称複数<br>彼ら・彼女ら |

## 丁寧な呼びかけ

見知らぬ人に「すみません」と話しかけるとき、男性は คุณครับ [khun khráp]、女性は คุณคะ [khun khá] と言います。丁寧な言い方なので、言われたら聞き取れるようにしましょう。返答の「はい」は男性が ครับ [khráp]、女性は ค่ะ [khâ] です。ครับ [khráp] と ค่ะ [khâ] は文末に付く丁寧語ですが、返事「はい」の意味でも使います。

## 親しさを表す ไอ้ [ây]

人（男女）の名前・ニックネームの前や動物の名前（スキットでは犬のดำ [dam]）の前に付け親しさを表します。場合によっては ไอ้ [ây] を男性の名前の前に付けると「太郎の野郎」のような蔑称になることがあります（女性の蔑称は「อี [ii] ＋名前」。なお อี [ii] は女性にしか使えません）。

（答え）

問1　(A)　娘（ลูกสาว [lûuk sǎaw]）

　　　(B)　私（ผม [phǒm]）

　　　(C)　妻（ภรรยา [phanrayaa]））

　　　(D)　父（พ่อ [phɔ̂ɔ]）

　　　(E)　母（แม่ [mɛ̂ɛ]）

　　　(F)　家族のいない人（คนไม่มีครอบครัว [khon mây mii khrɔ̂ɔp khru:a]）

　　　(G)　父方の祖父（ปู่ [pùu]）

　　　(H)　父方の祖母（ย่า [yâa]）

　　　(I)　母の年下のきょうだい（น้า [náa]）

　　　(J)　弟（น้องชาย [nɔ́ɔŋ chaay]）

　　　(K)　息子（ลูกชาย [lûuk chaay]）

　　　(L)　伯母（ป้า [pâa]）

　　　(M)　伯父（ลุง [luŋ]）

　　　(N)　母方の祖母（ยาย [yaay]）

問2　(J)　話者の弟

問3　(F)　家族のいない人と犬（หมา [mǎa]）のアイダム（ไอ้ดำ [ây dam]）

# 第3課 町の様子

タイに限らず、県庁所在地にはいろいろな公共施設が集中しています。この町には何があるでしょうか。場所（位置）が分かっても意味が分からない建物は音声をカタカナで書いておき、最後に和訳や語彙集の単語を見ながら確認しましょう。

🎧 **07**

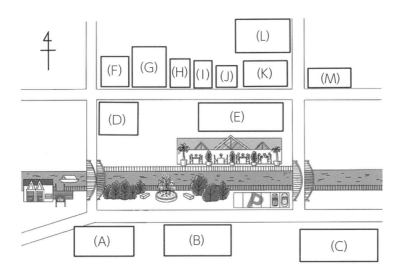

問　スキットを聞いて、(A) から (M) が何か答えてください。

| (A) | (B) | (C) | (D) |
|---|---|---|---|
|  |  |  |  |
| (E) | (F) | (G) | (H) |
|  |  |  |  |
| (I) | (J) | (K) | (L) |
|  |  |  |  |
| (M) |  |  |  |
|  |  |  |  |

## ヒント

โรง [rooŋ] 棟（大きな建物、〜舎（類別詞））　　ข้าม [khâam] 渡る

เห็น [hěn] 見える（英see）　　ด้าน [dâan] 〜側　　แห่ง [hèŋ] 場所

ย่าน [yâan] 街　　เป็นแถว [pen thɛ̌w] 軒を連ねる（直訳：列になる）

## 聞き取りのポイント

　この課では地図を見て場所を探す練習です。地図の場合「左・右にある」という言い方と「前・後ろ・隣・反対側にある」などの言い方に加え、方角を表す「東西南北」を使うので混同しないでください。地図によっては「西＝左」とは限らないので注意しましょう。

## スキット

🎧 **07**

ใจกลางเมืองมีแม่น้ำไหลผ่าน ทางทิศใต้ของแม่น้ำมีโรงเรียน3โรง จาก
ทิศตะวันตกมีโรงเรียนอนุบาล โรงเรียนประถม อนุบาลกับประถมเป็น
โรงเดียวกัน ทางขวาโรงเรียนประถมมีโรงเรียนมัธยม2โรง ข้างหน้า
โรงเรียนมัธยมมีสะพาน ข้ามสะพานนี้แล้วจะเห็นสถานีดับเพลิงทาง
ด้านซ้ายและโรงพักทางด้านขวา แม่น้ำสายนี้มีสะพาน2แห่ง ถ้าข้าม
สะพานจากด้านอนุบาลจะเห็นวัดทางด้านขวาและมีธนาคารอยู่ตรงข้าม
วัดนี้ ห้างสรรพสินค้าอยู่ระหว่างธนาคารกับสถานีดับเพลิง ระหว่างห้าง
สรรพสินค้าและสถานีดับเพลิง มีกรมสรรพากร ต.ม.และไปรษณีย์ติด
กัน มีโรงพยาบาลอยู่หลังสถานีดับเพลิง ทางฝั่งเหนือของริมแม่น้ำนี้มี
ร้านข้าวและย่านร้านค้าเป็นแถว

cayklaaŋ mu:aŋ mii mɛ̂ɛ náam lǎy phàan thaaŋ thít tâay khɔ̌ɔŋ mɛ̂ɛ náam
mii rooŋri:an sǎam rooŋ, càak thít tawan tòk mii rooŋri:an anúbaan rooŋri:an
prathǒm, anúbaan kàp prathǒm pen rooŋ di:aw kan, thaaŋ khwǎa rooŋri:an
prathǒm mii rooŋri:an mátthayom sɔ̌ɔŋ rooŋ, khâam nâa rooŋri:an mátthayom
mii saphaan, khâam saphaan níi lɛ́ɛw cà hěn sathǎanii dàp phlɤɤŋ thaaŋ dâan
sáay lé rooŋ phák thaaŋ dâan khwǎa, mɛ̂ɛ náam sǎay níi mii saphaan sɔ̌ɔŋ hèŋ,
thâa khâam saphaan càak dâan anúbaan cà hěn wát thaaŋ dâan khwǎa lé mii
thanaakhaan yùu troŋ khâam wát níi, hâaŋsaphasǐnkháa yùu rawàaŋ thanaakhaan
kàp sathǎanii dàp phlɤɤŋ, rawàaŋ hâaŋsaphasǐnkháa lé sathǎanii dàp phlɤɤŋ mii

krom sănphaakɔɔn <u>tɔɔ mɔɔ</u> lé praysanii tìt kan, mii rooŋphayaabaan yùu lăŋ
sathăanii dàp phləəŋ, thaaŋ fàŋ nŭ:a khɔ̆ɔŋ rim mɛ̂ɛ náam níi mii ráan khâaw lé
yâan ráan kháa pen thĕw

町の中央に川が流れています。川の南側に学校が 3 つあります。西側から幼
稚園、小学校があります。幼稚園と小学校は同じ校舎です。小学校の右隣に
高校が 2 校あります。高校の前に橋があり、この橋を渡ると左側に消防署が、
右側に警察署が見えます。この（町の）川には橋が 2 カ所あります。幼稚園
側の橋を渡るとお寺が右側に、このお寺の反対側（向かい側）に銀行があり
ます。デパートは銀行と消防署の間にあります。デパートと消防署の間に税
務署、入国管理局、郵便局が並んで立っています。病院は消防署の裏手にあ
ります。この川沿いの北側には食堂や商店街が軒を連ねています。

### 確認事項

■ 「～が見える（目に入る）」を表す เห็น [hĕn]「見える」は場所の説
明によく使います（例「この橋を渡ると左側に消防署が、右側に警察
署が見えます」）などです。เห็น [hĕn] は人に対しても使います（第4
課）。
タイ語も「見る」と「見える」、「聞く」と「聞こえる」を区別する
ので確認しておきましょう。

■ ต.ม. [tɔɔ mɔɔ]「入国管理局」は สำนักงาน<u>ต</u>รวจคนเข้าเมือง [sămnákŋaan
trù:at khon khâw mɯ:aŋ] の略です。省略語は会話でよく使います。省略
語に出会ったときに覚えてしまいましょう。

### 答え

(A) 幼稚園（โรงเรียนอนุบาล [rooŋri:an anúbaan]）と
小学校（โรงเรียนประถม [rooŋri:an prathŏm]）
(B) 高校（โรงเรียนมัธยม [rooŋri:an mátthayom]）
(C) 高校（โรงเรียนมัธยม [rooŋri:an mátthayom]）
(D) 寺（วัด [wát]）
(E) 商店街（ย่านร้านค้า [yâan ráan kháa]）
(F) 銀行（ธนาคาร [thanaakhaan]）
(G) デパート（ห้างสรรพสินค้า [hâaŋsaphasĭnkháa]）
(H) 税務署（สรรพากร [sănphaakɔɔn]）
(I) 入国管理局（ต.ม. [tɔɔ mɔɔ]）
(J) 郵便局（ไปรษณีย์ [praysanii]）
　　＊(H)～(J)は、(H) 郵便局　(I) 入国管理局　(J) 税務署でも可（3つが順序通りに並んで

いればよい)

(K)　消防署（สถานีดับเพลิง ［sathǎanii dàp phləəŋ］）

(L)　病院（โรงพยาบาล ［rooŋphayaabaan］）

(M)　警察署（โรงพัก ［rooŋ phák］）

なお、船着場（ท่าเรือ ［thâa rɯːa］）、公園（สวนสาธารณะ ［sǔːan sǎathaaraná］）、
駐車場（ที่จอดรถ ［thîi cɔ̀ɔt rót］）はスキットには出てきません。

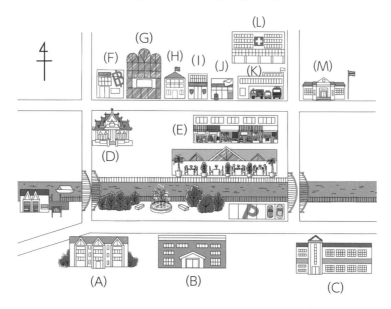

# 探す

ある人が人や物を探しています。地図上で場所を探すのではなく会話から人や物を探しましょう。

場面 1 🎧 08

問 **1** 誰を探していますか？ _____

問 **2** 探している人は誰と車で出かけましたか？ _____

問 **3** 探している人は誰と会う予定ですか？ _____

場面 2 🎧 09

問 **4** 話者の男性はホテルのどこで誰を探していますか？

_____

問 **5** どうして男性はこのホテルによく来るのですか？

_____

問 **6** 男性は探している人と会えません。どうしてですか？

_____

場面 3 🎧 10

問 **7** 探し物は何ですか？ _____

問 **8** 急いで探さなければならない理由は何ですか？

_____

問 **9** 探し物はどこにありましたか？ _____

場面 4 🎧 11

問 **10** 探し物は何で、どこにありますか？ _____

問 **11** 探し物はいつから、問 10 の場所にありますか？

_____

問 **12** 明日、何があるのですか？　_____

場面 5 🎧 **12**

問 **13** 探し物は何で、いまどこにありますか？　_____

問 **14** 文中の「メーオ」とは何ですか？　_____

問 **15** 「メーオ」の居場所が変わった理由は何ですか？

_____

### ヒント

場面1　นึกออก [núk ɔ̀ɔk] 思い出す　　มีนัด [mii nát] 約束がある

場面2　ช่วงนี้ [chûːaŋ níi] 最近　　พนักงาน [phanákŋaan] 従業員

　　　　คนนอก [khon nɔ̂ɔk] 部外者

場面3　นาที [naathii] 分

場面4　กางเกง [kaaŋ keeŋ] ズボン

　　　　ซักรีด [sák rîit] クリーニング（する）

場面5　เลี้ยง [líːaŋ] （動物を）飼う　　เกะกะ [kèkà] 邪魔

### 聞き取りのポイント

　場所探しの続きですが「どこにありますか（いますか）？」に対し「〜にあります（います）」という定型のやりとりでなく、会話から居場所やありかを把握することも大切です。また、探している場所より、関連した情報の方が重要な場合もあります。本課では探している人や物がなぜ必要なのか、なぜ探し物が見つからないのか。これらの点にも注目してください。

場面 1 🎧 08

A : คุณสุภาพรไปไหน
　　khun suphaaphɔɔn pay nǎy
　　スパーポーンさんどこに行ったの？

B : <u>ไม่เห็น</u>เหมือนกัน อ้อ เมื่อกี้เห็นนั่งรถออกไปกับคุณวนิดา
　　<u>mây hěn</u> mǔ:an kan, ɔ̂ɔ, mʉ̂:a kíi hěn nâŋ rót ɔ̀ɔk pay kàp khun wanidaa
　　（私も）見てないわ。ああ、さっきワニダーさんと車で出て行ったのを見
　　たわ。

A : อ๋อ นึกออกแล้ว เห็นว่ามีนัดกับพวกพริมาที่ห้างเทอมินอล21 (ยี่บ
　　เอ็ด)
　　ɔ̌ɔ núk ɔ̀ɔk lɛ́ɛw hěn wâa mii nát kàp phû:ak pharimaa thîi hâaŋ thəəminɔɔn
　　yîip èt
　　そうそう、思い出した。パリマー（さん）たちとターミナル 21 で会う
　　約束と聞いたわ。

## 確認事項

■ 「～さんはいますか？」「～さんは来ていますか？」に対し、「いな
　　い／来ていない」と答える場合、ไม่เห็น [mây hěn]「見ていない（目
　　にしていない）」をよく使います。

（答え）
　　問 1　スパーポーンさん（คุณสุภาพร [khun suphaaphɔɔn]）
　　問 2　ワニダーさん（คุณวนิดา [khun wanidaa]）
　　問 3　パリマー（さん）たち（พวกพริมา [phû:ak pharimaa]）

場面 2 🎧 09

A : ช่วงนี้ไม่เห็นพนักงานต้อนรับของโรงแรมนี้เลย
　　chû:aŋ níi mây hěn phanákŋaan tɔ̂nráp khɔ̌ɔŋ rooŋrɛɛm níi ləəy

このホテルの受付の子、最近見ないね。

B ： นกเหรอ เธอมาโรงแรมนี้เพราะชอบนกใช่มั้ย

nók rə̆ə. thəə maa rooŋrɛɛm níi phrɔ́ chɔ̂ɔp nók chây máy

ノックちゃんのこと？　あなた、ノックちゃんが好きでこのホテルに来
ていたのね。

A ： อืม ก็ใช่

ɯɯm, kɔ̂ɔ chây

うん、まあ、そうだけど。

B ： น่าเสียดายจัง ตอนนี้เขาเปลี่ยนไปทำงานที่สำนักงานแล้ว คนนอกก็
เข้าห้องสำนักงานไม่ได้ด้วย

nâa sǐːa daay caŋ, tɔɔn níi kháw plìːan pay tham ŋaan thîi sǎmnákŋaan lɛ́ɛw,
khon nɔ̂ɔk kɔ̂ɔ khâw hɔ̂ŋ sǎmnákŋaan mây dây dûːay

残念でした、いまは事務所の仕事に変わったの。部外者は事務所に立ち
入り禁止なのよ。

### 確認事項

#### ■人の呼び方

タイではスキットの「ノック」のように日常的に「ニックネーム」(ชื่อ
เล่น [chûɯ lên]) で呼び合います。「名前」(ชื่อจริง [chûɯ ciŋ]) で呼ぶ
とややフォーマルな感じがします。親しい間柄や年下にはニックネーム
だけで呼び合うのが一般的です。年上にもよく名前やニックネームだけ
で呼びますが無礼にはなりません。「苗字」(นามสกุล [naamsakun]) で
呼び合うことはほとんどありません。

答え

問 4　ホテルの受付で従業員（女性）を探す　（＊「ノック」でも正解）
問 5　受付の女性に会いたいから（ノックが好きだから）
問 6　事務所の仕事に変わったので

## スキット

場面 3 　🎧 **10**

**A** : เห็นตั๋วของผมรึเปล่า
hěn tǔ:a khɔ̌ɔŋ phǒm rúɯ plàw
ぼくの切符知らない？（＝ぼくの切符見た？）

**B** : ไม่เห็นเหมือนกัน
mây hěn mǔ:an kan
そんなの知らないわよ。

**A** : อีก 5 นาที รถไฟจะออกอยู่แล้ว
ìik hâa naathii rótfay cà ɔ̀ɔk yùu lɛ́ɛw
あと 5 分で列車が出ちゃうんだよ。

**B** : เอ๊ะ!? แกก็ถือตั๋วอยู่ไม่ใช่เหรอ
é!? kɛɛ kɔ̂ɔ thɯ̌ɯ tǔ:a yùu mây chây rə̌ə
あれ!?　手に持っているの、（それ）切符じゃないの？

## 確認事項

■「（もう）〜してしまう（動作）／（もう）〜になってしまう（状況）」
は「จะ [cà] 動詞（名詞）／ 形容詞 แล้ว [lɛ́ɛw]」で表します。

答え

問 7　切符（ตั๋ว [tǔ:a]）
問 8　あと5分で列車が出るため
問 9　探している本人の手（手に持っている）

## スキット

場面 4 　🎧 **11**

**A** : เราไม่มีกระโปรงสักตัว
raw mây mii kraprooŋ sák tu:a
スカートがひとつもないの。

B ： งั้นใส่กางเกงก็ได้หนิ

ŋán sày kaaŋ keeŋ kɔ̂ɔ dây nì

じゃあズボンをはけばいいでしょ。

A ： ไม่ได้นะ พรุ่งนี้ต้องไปงานแต่งงาน

mây dây ná, phrûŋ níi tɔ̂ŋ pay ŋaan tɛ̀ŋŋaan

だめなのよ。あした結婚式なのよ。

B ： อาทิตย์ที่แล้ว แกส่งกระโปรงไปซักรีดตั้งเยอะ ไม่ใช่เหรอ

aathít thîi lɛ́ɛw kɛɛ sòŋ kraprooŋ pay sák rîit tâŋ yɔ́ mây chây rɤ̌ɤ

先週、いっぱいクリーニングに出したんじゃなかったの？

---

**確認事項**

■ 「ไม่ [mây] 〜สัก（またはซัก）[sák]」で「全然〜ない（完全否定）」
　を表します。
　＊สัก（またはซัก）[sák] のあとに類別詞が付くこともあります。「洗濯す
　る」もซัก [sák] です。タイ語も同音異義語が多いので状況から意味を把握
　する練習をしましょう。

■ ใส่ [sày] には「はく、着る」以外に「（タレに）付ける」「入れる」
　「（鍵を）かける」などいくつかの意味があります。後のスキットにも
　出てきますので「ใส่ [sày] ＋名詞」をフレーズとして覚えましょう。

■ หนิ [nì] は นี่ [nîi] の短縮。不服・面倒な気分などを表します。「（〜
　すればいいん）でしょ」の「でしょ」に近い文末詞です。

---

答え

問 10　スカート（กระโปรง [kraprooŋ]）　クリーニングに預けている（ส่งกระโปรงไป
　ซักรีด [sòŋ kraprooŋ pay sák rîit]）

問 11　先週（から）（อาทิตย์ที่แล้ว [aathít thîi lɛ́ɛw]）

問 12　結婚式（งานแต่งงาน [ŋaan tɛ̀ŋŋaan]）

**スキット**

場面5　🎧 **12**

A ： แมวของฉันหายไปไหนนะ

　　　mɛɛw khɔ̌ɔŋ chán hǎay pay nǎy ná

　　　私のメーオどこいったのかなぁ。

B ： แกเลี้ยงแมวตั้งแต่เมื่อไหร่

　　　kɛɛ líːaŋ mɛɛw tâŋ tɛ̀ɛ mûːarày

　　　いつから猫を飼っているの？

A ： เปล่า หมายถึงตุ๊กตาหมีนะ มันชื่อแมว

　　　plàw, mǎay thʉ̌ŋ túkkataa mǐi nà, man chʉ̂ʉ mɛɛw

　　　違うわよ、熊の人形のこと。名前はメーオ（猫）だけど。

B ： อ๋อ มันเกะกะ ฉันก็เลยเอาไปวางบนตู้เย็น

　　　ɔ̌ɔ, man kèkà, chán kɔ̂ɔ ləəy aw pay waaŋ bon tûu yen

　　　ああ、それは（＝その人形については）邪魔だから冷蔵庫の上にのせて
　　　あるわ。

**確認事項**

- ■ มัน [man] は3人称代名詞の「それ」という意味ですが、「それについ
　ては」「その事は」と前文の説明をするときの主語として使うことも
　あります。人に対し「そいつ／あいつ」と蔑称のように使うこともあ
　ります。

答え

　問13　熊の人形（ตุ๊กตาหมี [túkkataa mǐi]）　冷蔵庫の上
　問14　熊の人形の名前（メーオ แมว [mɛɛw]：スキットではニックネームを表す）
　問15　邪魔なため

# 買う

場面 1 は果物屋の屋台、場面 2 は洋服屋でのやりとりです。

場面 1 | **果物を買う** 🎧 13

問 **1** 売り子さんによれば、いま食べごろの果物は何ですか？

_____

問 **2** 来週、話者が買おうと思っているものは何ですか？

_____

問 **3** 今日は何をどのくらい買いましたか？

_____

問 **4** 売り子さんのお勧めの果物は何ですか？　写真から選んでください。

場面2 **紳士服選び** 🎧 **14**

問**5** 客の求めているものは何ですか?

_____

問**6** 女性店員は、どこに行けば客の希望するサイズ表記で売っているか
もしれないと言っていますか?

（A） Big-C （B） 製造元（メーカー）

（C） バンコク （D） バンコクにある欧米人専門店

問**7** 客はどうして女性店員の勧めたものが気に入らないのですか?

_____

問**8** 男性店員の客へのお勧めの方法と入手時間はどれくらいですか?

_____

**ヒント**

**場面1**

**スキットに出てくる果物**

ส้มโอ [sôm oo] ソムオー（ポメロ：柑橘類の一種） มะละกอ [malakɔɔ]

パパイヤ แตงโม [tɛɛŋmoo] スイカ เงาะ [ŋɔ́] ランブータン

ทุเรียน [thúri:an] ドリアン

**その他**

แนะนำ [nénam] 勧める สุก [sùk] 熟す เน่า [nâw] 腐る

**場面2**

ขนาด [khanàat] 大きさ、サイズ ฟรีไซส์ [frii sây] フリーサイズ

ผลิต [phalìt] 製造する แบรนด์ [brɛɛn] ブランド（メーカー）

**聞き取りのポイント**

「買う」は第4課の「探す」ことと関連があります。買い手の求めるも
のが探せる（買える）かどうかは、買う対象の条件次第です。場面1は売
り物の状態（各果物の状態）、場面2は客の要求とそれに対応する女性店員・

男性店員の発言がポイントとなります。第 4 課は状況から、第 5 課は条件
から「探す」聞き取り練習です。

---

スキット

場面 1　🎧 **13**

A : ป้า มีผลไม้อะไรแนะนำป้าว
pâa, mii phŏnlamáay aray nénam pàaw
おばさん、何かお勧めの果物ありますか？

B : มีส้มโอ มะละกอ แตงโม เงาะ ทุเรียน ส้มโอเหลืออีกนิดเดียว
มะละกอนี่ลูกสุดท้ายแล้ว จะหมดรุ่น แตงโมสุกมาก พรุ่งนี้คงจะเน่า
แล้ว ส่วนทุเรียนกำลังอร่อย จะเอาอะไรล่ะ
mii sôm oo malakɔɔ, tɛɛŋmoo, ŋɔ́, thúri:an sôm oo lǔ:a ìik nít di:aw, malakɔɔ
nîi lûuk sùt thâay lɛ́ɛw cà mòt rûn, tɛɛŋmoo sùk mâak, phrûŋ níi khoŋ cà nâw
lɛ́ɛw, sù:an thúri:an kamlaŋ arɔ̀y, cà aw aray lâ
ソムオー（ポメロ）、パパイヤ、スイカ、ランブータンにドリアンね。
ソムオーは残り少ないし、パパイヤはねこれが最後、スイカはちょっと
熟しすぎなんで、明日は多分、腐っちゃうわ。ドリアンは食べごろだけど、
何にしますか？

A : งั้น เอาเงาะ 1กิโลละกัน ส้มโอเอาไว้อาทิตย์หน้า
ŋán, aw ŋɔ́ nùŋ kiloo lá kan, sôm oo aw wáy aathít nâa
じゃあ、ランブータン 1 キロください、ソムオーは来週にします。

---

確認事項

- ป้าว [pàaw] も場面2に出てくるป้ะ [pà] も（หรือ）เปล่า [(rǔɯ) plàaw]
  「〜かどうか」の省略です。

- นี่ [nîi] は文や語句の後に付き、「〜に関してですが」「〜のことです
  が」のように、その前の文や語句を強調します。スキットでは「パパ
  イヤなんですが」（下線部）のようなニュアンスです。

- หมดรุ่น [mòt rûn] とは、おばさんが仕入れている畑のパパイヤはなくな
  ったという意味で、次の収穫期まで待つことになります（หมด [mòt]

「尽きる」、รุ่น [rûn]「世代」→ 直訳は「一世代が終わる」）。

■ 「ส่วน [sù:an] ＋名詞」は「名詞に関しては」という意味でส่วน [sù:an] のあとの名詞が主題（トピック）です。

■ กำลัง [kamlaŋ] に形容詞を続け、状態の継続を表すことがあります（スキットは「食べごろ」）。

## 文末に付く語

■ ล่ะ [lâ] は疑問文の確認を表します。当初期待していた返答に意外性を感じた場合、該当の返答に関する具体的な事例や理由を求めるようなニュアンスになります。本文は「何にするの」の「の」に近い表現です。

　＊「どこですか？」に対して「どこなのですか？」、「何ですか？」に対して「何なのですか？」、「どのようなことですか？」に対して「どのようなことなのですか？」の「なのですか？」に近いニュアンスです。

■ ละกัน [lá kan] は「（～ということに）します／しましょう」のように結論を下す（促す）ときに使います。

　＊ละ [lá] は แล้ว [lɛ́ɛw] の短縮で「もう既に～した／終わる」、กัน [kan] は「互いに」という意味で、直訳は「もう（この件は）お互い終わりです」となります。

（答え）

問1　ドリアン（ทุเรียน [thúri:an]）
問2　ソムオー（ส้มโอ [sôm oo]）
問3　ランブータン（เงาะ [ŋɔ́]）1キロ（1กิโล [nùŋ kiloo]）
問4　(J) ソムオー（ส้มโอ [sôm oo]）
　　　(H) パパイヤ（มะละกอ [malakɔɔ]）
　　　(D) スイカ（แตงโม [tɛɛŋmoo]）
　　　(A) ランブータン（เงาะ [ŋɔ́]）
　　　(G) ドリアン（ทุเรียน [thúri:an]）

## スキット

場面 2　🎧 14

**客** : มีเสื้อเชิ้ตสีน้ำเงินขนาด3Lมั้ย
mii sûː a chə̂ət sǐi náam ŋən khanàat sǎam L máy
水色のワイシャツで 3L がありますか？

**女性店員** : ไม่มีค่ะ มีแต่ XXL
mây mii khâ mii tɛ̀ɛ XXL
ありません。XXL しかありません。

**客** : ใหญ่กว่านี้ไม่มีเหรอ
yày kwàa níi mây mii rɤ̌ə
これよりも大きいものはないんですか？

**女性店員** : มีค่ะ นี่ไงคะ
mii khâ, nîi ŋay khá
あります、これなんですが。

**客** : หนู ใหญ่ไป ตัวนี้ฟรีไซส์ใช่ป่ะ ดูอาจจะเท่าๆกับ6L
nǔu, yày pay, tuːa níi frii sây châːy pà, duu àat cà thâw thâw kàp hòk L
ちょっと（君）、大きすぎるよ。これフリーサイズでしょ。多分（男性服の）6Ｌくらいでしょう。

**女性店員** : ตัวนี้ไซส์ของฝรั่ง 3Lน่าจะมีขายในกรุงเทพฯมั้ง ที่เมืองไทยไม่ผลิตเสื้อไซส์ญี่ปุ่นค่ะ
ปกติไซส์ของเสื้อแต่ละแบรนด์ ก็มีขนาดต่างกันค่ะ
tuːa níi sây khɔ̌ɔŋ faràŋ, sǎam L nâːa cà mii khǎay nay kruŋthêep máŋ, thîi mɯːaŋ thay mây phalìt sûːa sây yîipùn khâ, pòkkàti sây khɔ̌ɔŋ sûːa tɛ̀ɛ lá brɛɛn kɔ̂ɔ mii khanàat tàaŋ kan khâ
これは、欧米人用。3L はバンコクで売られているんじゃないかしら。タイでは日本サイズ（L サイズ）で製造していないんです。普通、服のサイズはメーカー（＝ブランド）によっても違いますからね。

**男性店員** : คุณลูกค้าครับ ได้ยินว่าตอนนี้ผลิตขนาด3L, 4Lที่ไทยด้วย แถวนี้มีขายที่ Big-C แต่ยังมีสินค้าน้อย แล้วไม่แน่ใจว่ามีตัวสีน้ำเงินรึเปล่า ก็เลยจะแนะนำให้ตัดเสื้อนะครับ ใช้เวลาครึ่งวันก็เสร็จ

khun lûuk kháa khráp, dây yin wâa tɔɔn níi phalìt khanàat sǎam L, sìi L
thîi thay dûːay, thěw níi mii khǎay thîi Big-C tὲε yaŋ mii sǐnkháa nɔ́ɔy
lέεw mây nε̂ε cay wâa mii tuːa sǐi nám ŋən rúu plàw kɔ̂ ləəy cà nénam
hây tàt sûːa ná khráp cháy weelaa khrûŋ wan kɔ̂ sèt

お客様、いまタイでも 3L、4L を製造していると聞いています。
このあたりでは Big-C で売っていますが、品数が少なく、水色があ
るかどうか分かりません。
そこでお仕立てをお勧めします。半日お時間を頂戴すればできあが
ります。

**確認事項**

■ 客が女性店員に หนู [nǔu] と呼び掛けているので、年齢差がかなりあ
　ると想定されます（目安として男性が40〜50代であれば、女性は10
　〜30代くらいの差があると思われます）。

■ ดูอาจจะเท่าๆกับ6L [duu àat cà thâw thâw kàp hòk L] は ดู [duu]「〜のよう
　に見える（第1課）」に文が続くパターンです。「多分6Lと同じくら
　い－そのように見える」から「多分6Lくらいでしょう」という意味に
　なります。

**文末に付く語**

■ ไง [ŋay]「（これ）ですよ」「（〜ということなん）だよ」など聞き手
　にあることを気付かせたり（注意喚起）、主張したり理由を述べると
　き文末に置きます。

■ 文末に มั้ง [máŋ] を置くと「〜じゃない？」のように推測・推量・憶測
　などのニュアンスがあります。

（補足）ズボンを買った際の「裾上げ」は ตัดขา [tàt khǎa]、「既製品」は
　　　　สำเร็จรูป [sǎmrèt rûup] です。

答え

問 5　水色（สีน้ำเงิน [sǐi nám ŋən]）の3L（3L [sǎam L]）のワイシャツ（เสื้อเชิ้ต [sûːa
　　　chôɔt]）

問 6　(C)　＊「Big-Cにある」と言ったのは男性店員

問 7　大きすぎるから（フリーサイズで6Lくらいに見えるから）

問 8　仕立てる　半日

# 自己紹介

友人の家に招かれました。そこには4人の（タイ人以外の）外国人客が来ていました。彼らは順番に自己紹介します。

🎧 15～18

**問1** AさんからDさんは、次の4人の絵のどの人物でしょうか？

① ② ③ ④

_____ _____ _____ _____

**問2** Aさんは誰と仕事をしていますか？ _____

**問3** Bさんの着ているものは何ですか？ _____

**問4** Cさんの奥さんは何人ですか？ _____

**問5** 父を早くに亡くした人は誰ですか？ _____

**問6** いま妊娠中の人は誰ですか？ _____

**問7** いま大学生の人は誰ですか？ _____

**問8** 日本人がよく来る職場に勤めている人は誰ですか？ どうしてよく来るのですか？

_____

**問9** 服屋さんで働いている人は誰ですか？ その店の名前も答えてください。

_____

**問10** AからDさんの出身地と現在どこで何をしているか答えてください。

| | A | B | C | D |
|---|---|---|---|---|
| 出身地 | | | | |
| どこで | | | | |
| 何を | | | | |

คล่อง [khlɔ̂ɔŋ] 流ちょうに    สลับ [salàp] 交代する    ชนเผ่า [chon phàw]

(山岳) 民族    เกิด [kə̀ət] 生まれる    เสียชีวิต [sǐːa chiiwít] 亡くなる

แพทยศาสตร์ [phêetthayasàat] 医学部    คลอด [khlɔ̂ɔt] 出産する

วางใจ [waaŋ cay] 安心できる

---

聞き取りのポイント

　自己紹介の特徴のひとつとして、話者が自分以外のことを紹介すること
が考えられます。聞き手に自分と関連のある事柄を知ってもらいたいとい
う気持ちが働くからでしょう。自己紹介で注意すべき点は、話者と関係あ
る人物などの他者紹介です（たとえば配偶者、友人、上司などさまざまで
す）。自己紹介の中にある他者紹介は外国語（タイ語）を聞く際、混乱の
原因になるので、注意して聞いてください。

---

スキット

**A** 🎧 **15**

ฉันมาจากพม่า ขายเสื้อผ้าที่ตลาดนี้ ยังพูดภาษาไทยไม่คล่อง แต่ได้เงิน
มากกว่าตอนอยู่พม่า ทำงานสลับกับพี่สาว ชื่อร้าน "สกายทรี" ชื่อนี้เป็น
ชื่อคนรึเปล่า

chán maa càak phamâa, khǎay sûːa phâa thîi talàat níi yaŋ phûut phaasǎa thay
mây khlɔ̂ɔŋ, tɛ̀ɛ dây ŋən mâak kwàa tɔɔn yùu phamâa, tham ŋaan salàp kàp phîi
sǎaw chɯ̂ɯ ráan "sakaay thrii" chɯ̂ɯ níi pen chɯ̂ɯ khon rɯ́ plàw

私はミャンマーから、このマーケットに来て服を売っています。タイ語はま
だ慣れない（＝流ちょうに話せない）けれど、ミャンマーより稼ぎがいいで
すよ。姉と交代でやっているの。私のお店の名前「スカイツリー」って言う
んだけど、これ人の名前？

**B** 🎧 **16**

ฉันอยู่มหาวิทยาลัยเชียงใหม่　ตอนนี้กำลังทำรายงานเรื่องชนเผ่าอยู่

นี่เป็นชุดประจำเผ่าเย้า ฉันชอบศึกษาชนเผ่าเย้าเพราะเคยได้ยินว่าชนเผ่าเย้า
ฉลาด ชนเผ่านี้อาศัยอยู่หลายที่ พม่า ลาว จีน เวียดนาม  ฉันชอบชนเผ่าที่
อยู่ลาวเพราะว่าพ่อแม่กับฉันเกิดที่เมืองลาว

chán yùu mahăawítthayaalay chi:aŋmày tɔɔn níi kamlaŋ tham raay ŋaan rûː:aŋ
chon phàw yùu, nîi pen chút pracam phàw yáw, chán chɔ̂ɔp sùksăa chon phàw
yáw phrɔ́ khəəy dây yin wâa chon phàw yáw chalàat, chon phàw níi aasăy yùu
lăay thîi phamâa laaw ciin wî:atnaam, chán chɔ̂ɔp chon phàw thîi yùu laaw phrɔ́
wâa phɔ̂ɔ mɛ̂ɛ kàp chán kə̀ət thîi mɯː:aŋ laaw

私はチェンマイ大学にいます。いま、山岳民族の研究中。これはヤオ族の（民
族）衣装ですよ。私、ヤオ族の研究が好きなの、だってヤオ族は頭がいいっ
て聞いたことあるから。山岳民族っていっぱいいるでしょ、ミャンマー、ラ
オス、中国、ベトナムに。私はラオスにいる山岳民族が好き。両親と私はラ
オス出身だから。

C 🎧 **17**

บองชูร์(Bonjour) ผมเป็นคนอังกฤษแต่เกิดที่เมืองไทย  พ่อผมชื่อเจมส์
เสียชีวิตตอนผมยังเด็ก แม่คนไทยเลี้ยงผม ผมเลยพูดภาษาอังกฤษไม่ได้
เมียผมเก่งกว่าผมอีก  ตอนนี้ผมสอนภาษาฝรั่งเศสที่มหาลัย ทำไมหรอ?
ก็เมียผมเป็นคนฝรั่งเศสไงล่ะ

bɔɔŋsuu(Bonjour) phŏm pen khon aŋkrìt tɛ̀ɛ kə̀ət thîi mɯː:aŋ thay, phɔ̂ɔ phŏm
chɯ̂ɯ ceem sǐːa chiiwít tɔɔn phŏm yaŋ dèk, mɛ̂ɛ khon thay líːaŋ phŏm, phŏm
ləəy phûut phaasăa aŋkrit mây dây, mi:a phŏm kèŋ kwàa phŏm ìik, tɔɔn níi
phŏm sɔ̌ɔn phaasăa faràŋsèet thîi mahăalay, thammay rɜ̌ə? kɔ̂ɔ mi:a phŏm pen
khon faràŋsɜ̀ət ŋay lâ

ボンジュール、私は英国人だよ。でもタイ生まれ、父のジェームズが早く亡
くなって、タイ人の母に育てられたので英語は話せなかった。ワイフの方が
うまいよ。いまでは大学でフランス語を教えている。なぜって？　それは
ねぇ、ワイフがフランス人だからなんだよ。

D 🎧 **18**

ฉันเป็นสูตินรีแพทย์ จบแพทยศาสตร์ที่มหาลัย แต่งงานเมื่อ 2 ปีก่อน
ตอนนี้กำลังท้อง แต่จะทำงานถึงใกล้คลอด โรงพยาบาลที่ทำงานตอนนี้
อยู่ที่เยาวราช คนทำงานในโรงพยาบาล ทุกคนถูกส่งมาจากจีน คนญี่ปุ่น
ก็มาบ่อยๆ เพราะคนญี่ปุ่นอ่านตัวอักษรจีนออกก็เลยวางใจ

chán pen sùutinarii phɛ̂ɛt cóp phɛ̂etthayasàat thîi mahăalay, tɛ̀ŋŋaan mɯ̂ːa
sɔ̌ɔŋ pii kɔ̀ɔn, tɔɔn níi kamlaŋ thɔ́ɔŋ tɛ̀ɛ cà tham ŋaan thɯ̌ŋ klây khlɔ̂ɔt,

rooŋphayaabaan thîi tham ŋaan tɔɔn níi yùu thîi yaawwarâat, khon tham ŋaan
nay rooŋphayaabaan thúk khon thùuk sòŋ maa càak ciin, khon yîipùn kɔ̂ɔ maa
bɔ̀y bɔ̀y phrɔ́ khon yîipùn àan tuːa àksɔ̌ɔn ciin ɔ̀ɔk kɔ̂ɔ ləəy waaŋ cay

私は産婦人科の医師。大学の医学部卒で、2年前に結婚。いま妊娠中。でも
出産ぎりぎりまで働くわ。いま働いている病院はヤワラート（中華街）にあり、
病院で働いている人は全員中国から派遣されているのよ。日本人もよく来る
わ。なぜって？　中国の文字（漢字）が読めるから安心だって。

## 確認事項

次の点を再チェックしてください。

■ **A**：「姉と交代で仕事をしている」という文で、「交代する、交互に
　　　　～する（สลับ［salàp］交代する）」という単語が分からなくても、
　　　　「姉」という語が聞き取れれば、「一緒に仕事をしている」こと
　　　　が想像できると思います。「スカイツリー」のように、英語のタ
　　　　イ語読みは聞き取りにくいと思いますが、徐々に慣れましょう。

■ **B**：「両親と私はラオスで生まれた」と最後まで聞かないと出身地が
　　　　分かりません。途中でいくつかの国名が出てきますので、混乱し
　　　　ないようにしましょう。「山岳民族（部族）」は聞き慣れない単
　　　　語ですが、「ヤオ（族）」という語やヤオ族の絵から判断してく
　　　　ださい。

■ **C**：最初に「英国人」と国籍を述べていますが、出身地ではないの
　　　　で混同しないように注意しましょう。そのあとに「フランス語」
　　　　「フランス人」「タイ人」や「父親」「母親」「妻」の話題も出
　　　　てくるので途中で迷わないようにしましょう。話者になったつも
　　　　りで整理しながら聞いてください。
　　　　＊ มหาลัย［mahǎalay］「大学」は、มหาวิทยาลัย［mahǎawítthayaalay］を
　　　　　略した言い方。

■ **D**：「産婦人科医」「医学部」「出産する」という単語が出てきます
　　　　が、聞き慣れないかもしれません。このような場合、Bさんのよ
　　　　うに問1の絵から職業といまの状況（出産前）を把握してくださ
　　　　い。リスニングでは話す場所や人物像など視覚情報に注目するこ
　　　　とも大切です。

答え

問1　① C　　② D　　③ A　　④ B
問2　姉（พี่สาว［phîi sǎaw］）
問3　ヤオ族の衣装（ชุดประจำเผ่าเย้า［chút pracam phàw yáw］）
問4　フランス人（คนฝรั่งเศส［khon faràŋsèet］）
問5　Cさん
問6　Dさん
問7　Bさん
問8　Dさん　中華系の病院なので文字（漢字）が読めるから（日本人に分かりやすい）
問9　Aさん　スカイツリー（สกายทรี［sakaay thrii］）
問10

|  | Aさん | Bさん | Cさん | Dさん |
|---|---|---|---|---|
| 出身地 | ミャンマー（พม่า［phamâa］） | ラオス（ลาว［laaw］） | タイ（เมืองไทย［mɯːaŋ thay］） | 中国（จีน［ciin］） |
| どこで | マーケット（ตลาด［talàat］） | チェンマイ大学（มหาวิทยาลัยเชียงใหม่［mahǎawítthayaalay chiːaŋmày］） | 大学（มหาลัย［mahǎalay］） | ヤワラート（中華街）（เยาวราช［yaawwarâat］） |
| 何を | 衣類を販売する（ขายเสื้อผ้า［khǎay sɯ̂ːa phâa］） | 山岳民族の研究をする（ศึกษาชนเผ่า［sɯ̀ksǎa chon phàw］）＊「少数民族のレポートを作成する」（ทำรายงานเรื่องชนเผ่า［tham raay ŋaan rɯ̂ːaŋ chon phàw］）でも可 | フランス語を教える（สอนภาษาฝรั่งเศส［sɔ̌ɔn phaasǎa faràŋsèet］） | 産婦人科医（สูตินรีแพทย์［sùutinarii phɛ̂ɛt］） |

40

# 7

課 他者紹介

サリサーは、知人の紹介をしています。

🎧 19

問**1** 医療関係者が3人います。誰ですか？

_____　_____

問**2** 公務員は誰ですか？　　　　　　　_____

問**3** 30歳の人は誰ですか？　　　　　　_____

問**4** エアコンが故障しました。誰を呼びますか？　_____

問**5** 車に追突されました、誰を呼びますか？　_____

問**6** パーティーの準備で食材の買い出しをしたいのですが、給料前で金欠です。誰に頼みますか？　_____

問**7** とても困っている外国人と出会いましたが、あなたは英語が話せません。誰に頼みますか？　_____

問**8** 話者（サリサー）がいちばん頼りになる人物について述べています。それが誰でその理由3つを答えてください。

誰　_____

理由①　_____

　　②　_____

　　③　_____

問**9** 話者（サリサー）も入れて8人は次のどの絵と関連があるでしょうか？　下欄にカタカナで知人の名前を書いてください。

(A)　　　　　　(B)　　　　　　(C)　　　　　　(D)

_____　_____　_____

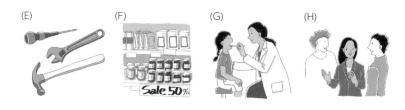

(E)　　　(F)　　　(G)　　　(H)

### ヒント

ศัลยแพทย์ [sǎnlayaphɛ̂ɛt] 外科医　　พยาบาล [phayaabaan] 看護師

ตำรวจ [tamrù:at] 警察官　　อายุรแพทย์ [aayúraphɛ̂ɛt] 内科医

ล่าม [lâam] 通訳　　ช่างซ่อม [châŋ sɔ̂m] 修理屋

พึ่งพา [phûŋ phaa] 頼りになる　　ติดหนี้ [tìt nîi] 借金がある

### 聞き取りのポイント

　次は他者紹介です。他者紹介の特徴として、紹介される人物がその場にいないことがあり、話者の主観が入り、単なるうわさ話に終始する可能性が挙げられます。本課では、紹介される人物の一般的な事項（職業や話者との関係など）をまず把握し、聞き手にとって有益になりそうな事柄を把握してください。また、話者に質問し返すためにも紹介された人物の名前またはニックネームを覚えることも大切です。名前を覚えることは聞き取りだけでなく会話の基本です。

### スキット　🎧 19

A ： ถ้าฉันขอร้องอะไรพวกเขาก็ทำให้ทันที โดยเฉพาะ 7 คนนี้

thâa chán khɔ̌ɔ rɔ́ɔŋ aray phû:ak kháw kɔ̂ɔ tham h<u>â</u>y thanthii dooy chaphɔ́
cèt khon níi

もし私が彼らに何か頼めばすぐにやってくれるのよ、特に次の 7 人は。

พงศกรเป็นศัลยแพทย์ อายุ 30 ทุกวันเขายุ่งอยู่กับการผ่าตัด เขาชอบ
อวดว่าตัวเองมีฝีมือดีที่สุดในเมืองไทย

phoŋsakɔɔn pen sănlayaphɛ̂ɛt aayú săam sìp, thúk wan kháw yûŋ yùu kàp
kaan phàa tàt, kháw chɔ̂ɔp ùːat wâa tuːa eeŋ mii fĭi mɯɯ dii thîi sùt nay
mɯːaŋ thay

ポンサコーンは外科医で 30 歳。毎日手術で忙しいわ。腕前がタイ一と
よく自分で自慢しているわ。

## ปวีณาเป็นพยาบาล ทำงานอยู่ในโรงพยาบาลใกล้ๆบ้านฉัน

pawiinaa pen phayaabaan, tham ŋaan yùu nay rooŋ phayaabaan klây klây
bâan chán

パウィーナーは看護師、私の家の近くの病院で勤務中。

## ไชยาเป็นตำรวจ ถ้าโทรไปหาเขาก็จะมาทันที

chayyaa pen tamrùːat, thâa thoo pay hăa kháw kɔ̂ɔ cà maa thanthii

チャイヤーは警察官、電話をかければすぐに来てくれるわ。

## สุธิดาเป็นอายุรแพทย์ ถ้าฉันมีอะไรเขาก็มาดูอาการให้ ถึงจะเป็นตอนกลางคืนก็ยังมา

sùthídaa pen aayúraphɛ̂ɛt thâa chán mii aray kháw kɔ̂ɔ maa duu aakaan hây,
thɯ̆ŋ cà pen tɔɔn klaaŋ khɯɯn kɔ̂ yaŋ maa

スティダーは内科医、何かあれば夜中でも往診してくれるのよ。

## จีระวัตร์ทำงานอยู่ที่ตลาดที่ใหญ่ที่สุดในเมืองนี้ ถ้าขอลดราคา ก็ลดให้ครึ่งนึง

ciirawát tham ŋaan yùu thîi talàat thîi yày thîi sùt nay mɯːaŋ níi, thâa khɔ̆ɔ
lót raakhaa, kɔ̂ɔ lót hây khrɯ̂ŋ nɯɯ

チーラワットはこの町でいちばん大きいマーケットで働いている。頼め
ば、半額にしてくれるわ。

## ชุติมาเป็นล่ามภาษาอังกฤษกับภาษาญี่ปุ่น อยู่ไกลจากที่นี่นิดหน่อย

chútimaa pen lâam phaasăa aŋkrìt kàp phaasăa yîipùn, yùu klay càak thîi nîi
nít nɔ̀y

チュティマーは英語と日本語の通訳、ここからちょっと遠いけれど。

## ศุภโชคเป็นช่างซ่อม ช่วยซ่อมทุกสิ่งทุกอย่างในบ้าน บอกฉันได้ 24 ชั่วโมงเลยนะ

sùpphachôok pen châŋ sɔ̂m, chûːay sɔ̂m thúk sìŋ thúk yàaŋ nay bâan, bɔ̀ɔk
chán dây yîi sìp sìi chûːa mooŋ lǝǝy ná

スパチョークは修理屋、家の中のどんなものでもすぐに（手伝いに来て）
直してくれる。私に言えば 24 時間 OK よ。

B : ดีจัง แล้วแกทำอะไร<u>อ่ะ</u>

dii caŋ lέεw kεε tham aray <u>à</u>

いいわね。あなたは？

A : ก็เป็นคนขับรถไง

kɔ̂ pen khon khàp rót ŋay

えっ、運転手よ。

B : เหรอ ดูพึ่งพาไม่ค่อยได้เลยนะ

rə̌ɔ, duu phûŋ phaa mây khɔ̂y dây ləəy ná

そう、あまり頼りにならなさそうね。

A : แต่ถ้าไม่มีฉัน ใครก็ทำอะไรไม่ได้ แล้วเวลาไปไหนไกลๆ ก็ต้องใช้รถของฉันใช่มั้ยล่ะ เพราะทุกคนเป็นญาติ และติดหนี้ฉันอยู่! เพราะฉะนั้น คนที่พึ่งพาได้ที่สุดก็คือฉันนี่ไง

tὲε thâa mây mii chán khray kɔ̂ tham aray mây dây lέεw weelaa pay nǎy klay klay kɔ̂ tôŋ cháy rót khɔ̌ɔŋ chán châay máy lâ, phrɔ́ thúk khon pen yâat lé tìt nîi chán yùu, phrɔ́chanán khon thîi phûŋ phaa dây thîi sùt kɔ̂ khɯɯ chán nîi ŋay

でもね、私がいないと誰も何もできないわよ。それに遠方には私の車が必要でしょ。

（実は）みんな私の親戚で、私に借金があるのよ。だからいちばん頼りになるのはね、私なのよ。

---

**確認事項**

■ ให้ [hây] は後続の語になるように努力・配慮するといったニュアンスがあります。

ทำให้ทันที [tham <u>hây</u> thanthii] 「すぐに（できるように）します」
ลดราคา<u>ให้</u>ครึ่งนึง [lót raakhaa <u>hây</u> khrɯ̂ŋ nɯŋ]

「半額に（なるよう）値引きする」

**文末に付く語**

■ อ่ะ [à] は文末に付く丁寧語の ครับ [khráp] /ค่ะ [khâ] と意味は同じですが、親しい間柄で使う言い方です。親しい目上の人には อ่ะ [à] のあとに ครับ [khráp] /ค่ะ [khâ] を続けることもあります。

答え

問 1　ポンサコーン（พงศกร［phoŋsakɔɔn］）
　　　パウィーナー（ปวีณา［pawiinaa］）
　　　スティダー（สุธิดา［sùthídaa］）
問 2　チャイヤー（ไชยา［chayyaa］）
問 3　ポンサコーン（พงศกร［phoŋsakɔɔn］）
問 4　スパチョーク（ศุภโชค［sùpphachôok］）
問 5　チャイヤー（ไชยา［chayyaa］）
問 6　チーラワット（จีระวัตร์［ciirawát］）
問 7　チュティマー（ชุติมา［chútimaa］）
問 8　話者（サリサー ศลิษา［salísǎa］）
　　　① 親戚なので
　　　② サリサー（話者）に借金がある
　　　③ 運転手なので遠方に行くときも便利だから
問 9　(A) サリサー
　　　(B) パウィーナー
　　　(C) チャイヤー
　　　(D) ポンサコーン
　　　(E) スパチョーク
　　　(F) チーラワット
　　　(G) スティダー
　　　(H) チュティマー


**聞き取りの相性**

　みなさんのなかにはAさんのタイ語はよく聞き取れるけどBさんのタイ語は分からないという経験をしたことがあると思います。その一方でBさんの方が聞き取りやすいという人もいるはずです。

　私見ですが聞き取りにくいと感じるのは話し手の語学センスとかではなく、ラジオのチャンネルがなかなか合わないように脳内で話者とあなたの音声の波長が合いにくいからだと思います。P12でも少し述べましたが可能なら聞き取りにくい相手に会話中の録音を頼み、（自宅などで）声を出し「ものまね」を繰り返し行ってください。相手がいないならタイ語のYouTubeなどで練習するのもお勧めです。ものまね練習によってあなたの頭の中に新しいチャンネルが作られ、「聞き取り受信機」の性能がアップするでしょう。

　また、ものまねは「話す」練習の際、発音規則だけに頼って話す以上の効果が期待できると思います──ぜひ試してください。

# 第8課 結婚相談

結婚相談所に4人の女性が来ました。各人の希望する条件はまちまちです。

🎧 20~23

**問1** 相談に来た女性の名前・年齢・希望する結婚相手の条件を書いてください。

| 名前 | | | | |
|---|---|---|---|---|
| 年齢 | | | | |
| 希望する結婚相手の条件 | | | | |

**問2** 次の内容に該当する人は誰ですか？（複数可）

| 外見重視 | |
|---|---|
| 体力重視 | |
| 家庭重視 | |
| 家庭事情による再婚 | |

**問3** 4人の相談者はどのような結婚相手を望んでいますか？　下欄に相談者の名前を1名記入してください。

(A) 　　(B) 　　(C) 　　(D)

_____　_____　_____　_____

---

**ヒント**

แข็งแรง [khɛ̌ŋ rɛɛŋ] 力が強い　　เท่ [thêe] カッコいい　　น้ำหนัก [námnàk] 体重　　นอกใจ [nɔ̂ɔk cay] 浮気する　　อารมณ์ขัน [aarom khǎn] ユーモア　　เป็นห่วง [pen hù:aŋ] 心配になる

## 聞き取りのポイント

　相談事には、相談したい内容と相談するに至った経緯があります。この2点を聞き取るのが本課の練習です。内容が結婚相談なので相談者は真剣です。話者と関連のないことや主観を述べがちな自己紹介や他者紹介と違い、話者の発言は一言一言が本音です。それだけに文章すべてがキーセンテンスとも言えるのが本課の特徴です。しっかり聞いてみましょう。

## スキット

🎧 **20**

ชื่ออภิสราค่ะ ฉันอายุ 18 เกิดที่บ้านชาวนา เพิ่งเรียนจบปีนี้ ชอบผู้ชายอายุประมาณ 25 แข็งแรง ไม่ต้องหล่อก็ได้ แต่ขอให้ใจดี

chûɯ aphítsarăa khâ, chán aayú sìp pὲὲt kὲ̀ɔt thîi bâan chaaw naa phɤ̂ŋ ri:an còʔ pii níi chɔ̂ɔp phûu chaay aayú pramaan yîi sìp hâa khὲ̌ŋ rεεŋ, mây tôŋ lɔ̀ɔ kô dây tὲε khɔ̌ɔ hây cay dii

アピッサラーです。私は農家生まれの18歳。今年卒業したばかり。25歳くらいの男性で力の強い人、カッコいい人じゃなくてもいいのでやさしい人がいいわ。

🎧 **21**

ชื่อสร้อยสุวรรณค่ะ ฉันเป็นพนักงานบริษัท อายุ 25 ทำงานที่กรุงเทพฯ ชอบผู้ชายเท่ๆ ที่เหมือนนักร้อง K-POP สูงกว่า 180 ซม. น้ำหนักประมาณ 70 กิโล ถ้าหล่อก็โอเค

chûɯ sɔ̂ysuwăn khâ, chán pen phanákŋaan bɔɔrisàt aayú yîi sìp hâa tham ŋaan thîi kruŋthêep, chɔ̂ɔp phûu chaay thê thêe thîi mǔ:an nák rɔ́ɔŋ K-POP sǔuŋ kwàa nùŋ rɔ́ɔy pὲὲt sìp senti mét, námnàk pramaan cὲt sìp kiloo thâa lɔ̀ɔ kô ookee

ソイスワンです。私はバンコク勤務の25歳の会社員。そうね、K-POPに出てくる歌手のようなとってもカッコいい人、身長は180センチ以上、体重は70キロくらいのカッコいい人だったら誰でもいいわ。

🎧 **22**

ชื่อวิภาวีค่ะ ฉันอายุ 35 เกิดที่อยุธยา เคยแต่งงานตอนอายุ 20 แต่สามี
นอกใจ คราวนี้ต้องการผู้ชายที่ให้ความสำคัญกับครอบครัว ถึงจะไม่มี
อารมณ์ขันก็ได้

chúɯɯ wíphaawii khâ, chán aayú săam sìp hâa kə̀ət thîi ayútthayaa khəəy
tɛ̀ŋŋaan tɔɔn aayú yîi sìp tɛ̀ɛ săamii nɔ̂ɔk cay, khraaw níi tôŋ kaan phûu chaay
thîi hây khwaam sămkhan kàp khrɔ̂ɔpkhru:a, thǔŋ cà mây mii aarom khăn kô
dây

ウィパーウィーです。私はアユタヤ出身の 35 歳。一度 20 歳のときに結婚
したけど夫が浮気したんです。今度はユーモアのない（＝面白みに欠ける）
人でもいいので、家族を大切にしてくれる人がいいわ。

🎧 **23**

ชื่อวันวิสาจ้ะ ยายอายุ 70 แล้วจ้ะ สามีเสียชีวิต 10 ปีก่อน ลูกๆก็ทำงานกัน
หมด ก็เลยอยู่คนเดียว พวกลูกๆเป็นห่วงยาย ยายก็เลยต้องการใครสักคน
มาอยู่ด้วย ช่วยเป็นเพื่อนคุยกับยายจ้ะ

chúɯɯ wanwísăa câ, yaay aayú cèt sìp lɛ́ɛw câ săamii sǐ:a chiiwít sìp pii kɔ̀ɔn,
lûuk lûuk kɔ̂ɔ tham ŋaan kan mòt kô ləəy yùu khon di:aw, phûak lûuk lûuk pen
hù:aŋ yaay, yaay kô ləəy tôŋ kaan khray sák khon maa yùu dû:ay chû:ay pen
phû:an khuy kàp yaay câ

ワンウィサーですじゃ。私はもう 70 歳のおばあちゃん。夫は 10 年前に亡
くなり、子どもたちもみんな働いているので一人暮らし。みんな心配してく
れるので、誰でもいいので、一緒にいてくれて、私の話し相手（話し友達）
になってほしいわ。

---

**確認事項**

- ให้ความสำคัญกับ～ [hây khwaam sămkhan kàp～]「～を重視する」

- สักคน [sák khon]「ほんの少しの人、ひとりだけ」
  - \*สัก [sák] は「ほんの少し、～だけ（英語の *only*）」のようなニュア
    ンスがあります。従って第4課で見た否定辞を伴う ไม่～สัก [mây～
    sák] は「ほんの少しも～ない、～だけしかない」のように完全否定
    を表します。

### 文末に付く語

■ จ๊ะ［câ］は年上女性が年下の男女に、また恋人同士や仲のよい間柄の場合、女性が（年齢を問わず）男性に対して使うことが多い文末詞です。かわいらしさ、穏やかさ、やさしさなどのニュアンスがあります。

（答え）

問 1

| 名前 | アピッサラー (อภิสรา [aphítsarǎa]) | ソイスワン (สร้อยสุวรรณ [sôysuwǎn]) | ウィパーウィー (วิภาวี [wíphaawii]) | ワンウィサー (วันวิสา [wanwísǎa]) |
|---|---|---|---|---|
| 年齢 | 18歳 | 25歳 | 35歳 | 70歳 |
| 希望する結婚相手の条件 | 外見よりも体力のある人 | K-POPに出てくる歌手のようなルックスのいい人 | 地味でも家族を大切にしてくれる人 | 一緒にいてくれて話し相手になってくれる人 |

問 2

| 外見重視 | ソイスワン |
|---|---|
| 体力重視 | アピッサラー |
| 家庭重視 | ウィパーウィー |
| 家庭事情による再婚 | ワンウィサー（ウィパーウィーも可） |

問 3　(A) ソイスワン
　　　(B) ワンウィサー
　　　(C) アピッサラー
　　　(D) ウィパーウィー

# 滞在

ある学者が休暇中に、研究のためにある町にやってきました。彼は宿泊先を探しています。幸いにもその町には昔の教え子（女性）がいるので、到着後、宿泊先の相談をしました。彼女は先生に宿泊先を紹介し、さまざまな情報を提供しました。スキットは第1部と第2部に分けてあります。

## 第1部　宿泊先と宿泊施設の周り 🎧 24

問**1** 当初、先生はどのようなタイプの宿泊施設を考えていましたか？

問**2** 教え子の提案した宿泊先はどのようなタイプの宿泊施設ですか？

問**3** どうして先生は教え子の提案した施設に宿泊を決めたのでしょうか？

問**4** 先生は何をしにこの町に来たのですか？

問**5** 最初、先生の考えていた宿泊施設と教え子が提案した宿泊施設の支払い方法の違いは？

問**6** 宿泊施設に付帯した店や設備で、あるものはどれですか？

(A) マッサージ店　　(B) ミニマート　　(C) 美容院　　(D) ATM

問**7** 洗濯屋で洗ってくれないものは何ですか？　それらはどのように洗濯しますか？

問**8** この宿泊施設は朝食料込みですか？

問 **9**　夕刻のレストランの開店時間は何時から何時までですか？

---

問 **10**　コインランドリーが使用できるのは何時から何時までですか？

---

## 第 2 部　部屋の中　

問 **11**　部屋の中はどんな感じでしょうか？　下の絵から選んでください。

(A)

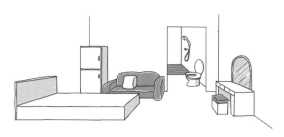

(B)

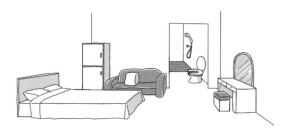

(C)

問**12** 部屋の掃除は誰がやってくれますか？

_____

問**13** これから必要なものを買いに行きます。何を買いに行きますか？

_____

問**14** 問 13 で買うもののサイズはどのくらいですか？

_____

問**15** 教え子がほしがったものは何ですか？

_____

問**16** レンタル用電化製品で現在部屋にないものは何ですか？　それを利
用したい場合どうしますか？

_____

問**17** この滞在地から別の町などに出かけたいときどうすればいいです
か？

_____

問**18** どうして教え子はこの宿泊施設に詳しいのですか？

_____

問**19** この教え子が別れ際に手渡してくれたものは何ですか？

_____

問**20** 教え子からの注意点があります。何でしょうか？

_____

## ヒント

### 第1部

ส่วนตัว [sù:an tu:a] プライベート（個人的に）　　งบประมาณ [ŋóppramaan]
予算　　รายเดือน [raay dɯ:an] 月極め　　ต่างหาก [tàaŋ hàak] ～とは別に
มื้อละ [mɯ́ɯ lá] 一食につき　　เหรียญ [rǐ:an] コイン

＊ เหรียญ10 [rǐ:an sìp] は「10バーツコイン」のこと

### 第2部

ว่าแต่ [wâa tɛ̀ɛ] ところで　　หมอนข้าง [mɔ̌:n khâaŋ] 抱き枕　　ไฟดับ [fay
dàp] 停電（する）　　ก็～นี่นา [kɔ̂ɔ～nîi naa] だって～だから

### 聞き取りのポイント

　ホテルやアパート（コンドミニアム）の滞在では、その環境はもちろん、部屋の間取りや設備・サービスが重要です。自分でしなければいけないこと、頼めばやってもらえること、便利・不便な点、宿泊施設の規則などを把握することが本課の練習です。なかには聞き手にとって不要な情報も出てきます。聞き手にとって何が必要なことなのか考えながら聞いてください。

### 第 1 部　宿泊先と宿泊施設の周り

**スキット** 🎧 **24**

**先生：** แถวนี้มีโรงแรมมั้ย
thɛ̌w níi mii rooŋrɛɛm máy
このあたりにホテルある？

**学生：** มีค่ะ แต่แพง อย่างน้อยก็คืนละ 1,800 อาจารย์จะอยู่นี่กี่วันคะ
mii khâ, tɛ̀ɛ phɛɛŋ, yàaŋ nɔ́ɔy kɔ̂ɔ khɯɯn lá phan pɛ̀ɛt, acaan cà yùu nîi kìi wan khá
ありますけど、高いですよ。一泊最低 1,800（バーツ）。先生、何日いらっしゃるんですか？

**先生：** ประมาณ 4 อาทิตย์ มาสำรวจที่ดินเป็นการส่วนตัว
pramaan sìi aathít maa sǎmrù:at thîi din pen kaan sù:an tu:a
4 週間くらいかな。プライベートで土地の調査に来たんだ。

**学生：** โอ้ ไม่มีงบประมาณ<u>เนอะ</u> งั้นพักอพาร์ทเม้นท์ABCดีกว่าค่ะ รายเดือน 4,200 ค่าไฟฟ้าต่างหาก
เช็คอินตั้งแต่เที่ยง ถ้าห้องว่างก็เข้าก่อนเที่ยงได้ แล้วก็เช็คเอาท์ตั้งแต่ 6 โมงเช้าถึงเที่ยงค่ะ
ôo, mây mii ŋóppramaan <u>nɔ́</u>, ŋán phák apáatmén ABC dii kwàa khâ, raay dɯ:an sìi phan sɔ̌ɔŋ
khâa fay fáa tàaŋ hàak, chék in tâŋ tɛ̀ɛ thî:aŋ, thâa hɔ̂ŋ wâaŋ kɔ̂ɔ khâw kɔ̀ɔn thî:aŋ dây, lɛ́ɛw kɔ̂ɔ chék áw tâŋ tɛ̀ɛ hòk mooŋ cháaw thɯ̌ŋ thî:aŋ khâ
あぁ、予算がないんですね。じゃあ、ABC アパートに滞在すればいいですよ。1 カ月極めで 4,200、電気代は別です。チェックインは 12 時からだけど、部屋が空いていれば 12 時前でも大丈夫。それからチェックアウトは 6 時から 12 時までです。

**先生：** ข้างนอกห้องเป็นยังไงมั่ง<u>ล่ะ</u>
khâŋ nɔ̂ɔk hɔ̂ŋ pen yaŋŋay <u>mâŋ lâ</u>
（アパートの）外はどのような感じなんだ？

**学生：** ข้างล่างมีร้านอาหาร มินิมาร์ท กับร้านซักรีดด้วยค่ะ มีอาหารเช้ามื้อละร้อยบาท
แต่ไม่กินที่นี่ก็ได้ค่ะ กลางคืนเปิด 5โมงเย็น และปิด 4 ทุ่ม ส่วนร้าน

ซักรีดนั้น ไม่รับซักกางเกงใน ถุงเท้า ถุงมือ ผ้าเช็ดตัวก็เลยต้องใช้เครื่อง
ซัก<u>โดย</u>ใส่เหรียญ 10 บาท 3 เหรียญ　เครื่องนี้มีอยู่ข้างๆร้านอาหาร
ใช้ได้ 24 ช.ม. จอดรถได้ด้วยค่ะ

khân lâaŋ mii ráan aahǎan mínímàat kàp ráan sák rîit dû:ay khâ, mii aahǎan
cháaw múɯ lá rɔ́ɔy bàat
tɛ̀ɛ mây kin thîi nîi kô dây khâ, klaaŋ khɯɯn pɔ̀ɔt hâa mooŋ yen lé pìt sìi
thûm, sù:an ráan sák rîit nán mây ráp sák kaaŋ keeŋ nay thǔŋ tháaw thǔŋ
mɯɯ phâa chét tu:a kô ləəy tôŋ cháy khrû:aŋ sák <u>dooy</u> sày rǐ:an sìp bàat
sǎam rǐ:an, khrû:aŋ níi mii yùu khâŋ khâaŋ ráan aahǎan cháy dây yîi sìp sìi
chû:a mooŋ cɔ̀ɔt rót dây dû:ay khâ

（アパートの）下にレストラン、ミニマートと洗濯屋があります。朝ごは
んは 1 回 100 バーツですが、ここで食べなくてもいいですよ。夜は 5
時開店で 10 時閉店です。洗濯屋さんは下着、靴下、手袋、タオルは洗っ
てくれないので、コインランドリーが使えます。（その際）10 バーツコ
インを 3 枚（30 バーツ）入れてください。（コインランドリーは）レス
トランの横にあり 24 時間使えます。駐車場もありますよ。

**先生：**　โอเคครับ

ookhee khráp

そこにしよう。

---

**確認事項**

■ โดย [dooy] は「文 A โดย [dooy] 文 B」のように文と文をつなぐ接続
詞で、一般に「文 B することによって文 A する」という意味になりま
す。ですが、聞き取りの場合、文 B がどこまで続くか分からないので
「文 A をして、<u>その際（そのとき）</u>文 B をします／しました」という
ように理解するといいでしょう。スキットの「10 バーツコインを 3 枚
（30 バーツ）入れることによって、コインランドリーが使えます」の
部分は「コインランドリーが使えます。その際 10 バーツコインを 3 枚
（30 バーツ）入れます」と理解してください。

### 文末に付く語

■ เนาะ [nó]

「（～です）ね」は นะ [ná] と意味は同じですが、語気がよりやわら
かくなり、穏やかで親しい感じが出ます。年配者や、地方（主に東北
地方）などでよく使います。

■ มั่งล่ะ [mâŋ lâ]

มั่ง [mâŋ] は複数の答えを期待するบ้าง [bâaŋ]（第１課）の短い言い方。ล่ะ [lâ] は疑問の確認（第5課）を表す文末詞です（参考：第2課のล่ะ [lâ] は確信を表す文末詞）。

（答え）

問１　(普通の)ホテル（โรงแรม [rooŋrɛɛm]）

問２　アパート（コンドミニアム）タイプ

問３　自費で予算がでないから。ホテルより安いから

問４　土地の調査（สำรวจที่ดิน [sǎmrù:at thîi din]）

問５　月極め払い（รายเดือน [raay dɯ:an]）だけど電気代（ค่าไฟฟ้า [khâa fay fáa]）は別払い

問６　(B)

問７　下着（กางเกงใน [kaaŋ keeŋ nay]）、靴下（ถุงเท้า [thǔŋ tháw]）、手袋（ถุงมือ [thǔŋ mɯɯ]、タオル（ผ้าเช็ดตัว [phâachét tu:a]）は自分自身でコインランドリー（เครื่องซัก [khrɯ̂:aŋ sák]）を使って洗濯する

問８　込みではない

問９　夕刻5時から10時まで

問10　24時間（終日）

## 第２部　部屋の中

### スキット

**先生：** ข้างในห้องเป็นยังไงมั่งล่ะ

khâŋ nay hôŋ pen yaŋ ŋay mâŋ lâ

部屋の中はどんな感じなんだ？

**学生：** เหมือนโรงแรมค่ะ　ในห้องมีตู้เย็น　โซฟา　โต๊ะเครื่องแป้งด้วยเฟอร์นิเจอร์โอเคค่ะ

ห้องอาบน้ำไม่มีอ่างอาบน้ำ นี่ไม่เป็นไรใช่มั้ยคะ　แล้วต้องทำความสะอาดเองนะคะ

mǔ:an rooŋrɛɛm khâ, nay hôŋ mii tûu yen soofaa tó khrɯ̂:aŋ pɛ̂ɛŋ dû:ay, fəənícɔə ookhee khâ

hôŋ àap náam mây mii àaŋ àap náam, nîi mây penray chây máy khá, lɛ́ɛw tôŋ tham khwaam sa àat eeŋ ná khá

ホテルと同じですよ。部屋には冷蔵庫、ソファー、鏡台もあります。

（だから）家具は大丈夫ですよ。

浴室なんですが、浴槽がないんですよ、（でも）大丈夫でしょ？　それと掃除は自分でやるんですよ。

**先生：** ไม่เป็นไร

mây penray

大丈夫だよ。

**学生：** โอ๊ เตียงยังไม่ใส่ผ้าปูที่นอน ผ้าห่มกับหมอนก็ยังไม่มี เดี๋ยวไปซื้อที่ตลาดดีกว่าค่ะ พันกว่าบาท ต้องซื้อ ชุด 6 ฟุตนะ หนูจะพาไปด้วย ว่าแต่อาจารย์ไม่ต้องใช้หมอนข้างใช่มั้ยคะ ขอให้หนูนะ

ôo, ti:aŋ yaŋ mây sày phâa puu thîi nɔɔn, phâa hòm kàp mɔ̌ɔn kɔ̂ɔ yaŋ mây mii, dǐ:aw pay súɯ thîi talàat dii kwàa khâ, phan kwàa bàat, tɔ̂ŋ súɯ chút hòk fút ná, nǔu cà phaa pay dû:ay, wâa tɛ̀ɛ acaan mây tɔ̂ŋ cháy mɔ̌ɔn khâaŋ cháy máy khá, khɔ̌ɔ hây nǔu ná

そうだ、ベッドにはまだシーツがないし、毛布と枕もまだないわ。いまからマーケットに買いに行った方がいいわね。1,000（バーツ）ちょっとです。6 フィート用を買わないとね。私、これから案内します。ところで先生、抱き枕はいらないでしょ？　私、ほしいんだけど。

**先生：** ได้ๆ

dây dây

どうぞ、どうぞ。

**学生：** ถ้าจะใช้รถตู้หรือตุ๊กๆ ไปไหนก็บอกพนักงานที่ล็อบบี้นะคะ

thâa cà cháy róttûu rɯ̌ɯ túk túk pay nǎy kɔ̂ɔ bɔ̀ɔk phanákŋaan thîi lɔ́pbîi ná khá

もし、バンやトゥクトゥクを使ってどこか行きたいなら、ロビーの従業員に言ってくださいね。

**先生：** สะดวกดี ว่าแต่มีทีวีมั้ย

sadù:ak dii, wâa tɛ̀ɛ mii thiiwii máy

便利だね。で、テレビはあるの？

**学生：** ไม่มีค่ะ ตอนนี้ไม่มีทีวีให้เช่า ดูได้ที่ล็อบบี้ ระวังไฟดับนะคะ

mây mii khâ, tɔɔn níi mây mii thiiwii <u>hây châw</u>, duu dây thîi lɔ́pbîi, rawaŋ fay dàp ná khá

ないんです、いま、レンタル用のテレビはないんです。（でも）ロビーで見られますよ。停電に注意してくださいね。

**先生：** เธอนี่รู้ดีนะ

thəə nîi rúu dii ná

君って（ABC アパートのことを）よく知っているね。

**学生：** ก็พี่สาวทำงานที่ล็อบบี้นี่นา นี่นามบัตรอพาร์ทเม้นท์ ABC ค่ะ

kɔ̂ɔ phîi sǎaw tham ŋaan thîi lɔ́pbîi nîi naa, nîi naambàt apáatmén ABC khâ

だって、姉がロビー（＝受付）で働いているからですよ。これ ABC アパー
トのショップカード（＝名刺）です。

---

┌─────────┐
│ **確認事項** │
└─────────┘

■ ให้เช่า [hây châw]「レンタル（する）、貸す」
　　＊A ให้ [hây] B เช่า [châw] C 「AがBにCをレンタルする、貸す」

■ นี่ [nîi] は第5課・場面1で強調の นี่ [nîi] として出てきました。強調の
　นี่ [nîi] は会話でよく使うので再度注目してください。語気によって
　は「A（文・語句）でしょ」のように突っぱねた言い方にもなります
　（第7課最後の文）。

■ ก็〜นี่นา [kɔ̂ɔ〜nîi naa]「だって〜だから」の ก็ [kɔ̂ɔ] は「（姉）も（先生
　です）」の「も」ではなく、相手の質問に対し「そうですね」「それ
　はですね」「だって」などを表す間投詞です。文末の นี่นา [nîi naa] はひ
　とつ上の「〜なんです」の นี่ [nîi]、นา [naa] は余韻「（〜なんです）
　よ」を表します。

答え

問 11　(A)

問 12　宿泊者自身が掃除する

問 13　(ベッド（เตียง［ti:aŋ］）の）シーツ（ผ้าปูที่นอน［phâa puu thîi nɔɔn］）

　　　　毛布（ผ้าห่ม［phâa hòm］）

　　　　枕（หมอน［mɔ̌ɔn］）

問 14　6フィート（6ฟุต［hòk fút］）

　　　　＊ベッド（シーツ）のサイズは、通常6フィート、5フィート、3.5フィートの3種類

　　　　　（1フィートは約30センチ）

問 15　抱き枕（หมอนข้าง［mɔ̌ɔn khâaŋ］）

問 16　テレビ（ทีวี［thiiwii］）　ロビー（ล็อบบี้［lɔ́pbîi］）で見る

問 17　ロビーの従業員に告げる

問 18　姉が（ABCアパートの）ロビー（ล็อบบี้［lɔ́pbîi］）で働いているから

問 19　ABCアパートのショップカード（นามบัตร［naambàt］：直訳は「名刺」）

問 20　停電

# 第10課 忙しい男<ruby>男<rt>ひと</rt></ruby>

ある忙しいタイ人営業職の男性の1週間の日記です。この男性の休日は日曜日だけです。

🎧 26~32

問1 次の出来事はいつ起こりましたか？

| ランプーン工業団地を訪問した日 | 月 | 日 | 曜日 | アンコールワットに行った日 | 月 | 日 | 曜日 |
|---|---|---|---|---|---|---|---|
| 夕方に中華料理を食べた日 | 月 | 日 | 曜日 | チョンブリーの顧客訪問をした日 | 月 | 日 | 曜日 |
| ナコーンナーヨックに行った日 | 月 | 日 | 曜日 | 休暇を取った可能性があると思われる日 | 月 | 日 | 曜日 |
| 日本人顧客と終日買い物をした日 | 月 | 日 | 曜日 | 会議のあった日（複数日） | 月<br>月 | 日<br>日 | 曜日<br>曜日 |
| 日本人顧客を観光案内した日（複数日） | 月<br>月 | 日<br>日 | 曜日<br>曜日 | ローイエットの工場訪問が決まった日 | 月 | 日 | 曜日 |

問2 チョンブリーで会議があった日の体調はどうでしたか？

_____

問3 ナコーンナーヨックには何のために行きましたか？

_____

問4 アユタヤへ行ったときの天候はどうでしたか？

_____

問5 北タイの工場訪問に行く日の朝、どこにどのくらい立ち寄りましたか？

_____

問 **6**　アンコールワットからの帰宅が遅れた理由は主に何ですか？

_____

問 **7**　（接待最終日）日本人顧客の帰国を見届け帰宅したときの体調はどんな具合でしたか？

_____

問 **8**　話者の父親はなぜナコーンナーヨックにいるのですか？

_____

問 **9**　今週中にレポートしなければならない議題は何ですか？

_____

問 **10** 日本人とのデートで既に予定していることは何ですか？

_____

**ヒント**

เยี่ยม [yî:am] 訪問する　　ตรงกลับ [troŋ klàp] 直帰する　　น้ำขิง [nám khǐŋ] 生姜スープ　　นิคมอุตสาหกรรม [nikhom ùtsǎahakam] 工業団地　　รายงาน [raay ŋaan] レポート　　นครวัด [nakhɔɔn wát] アンコールワット　　ร้อนตับแตก [rɔ́ɔn tàp tɛ̀ɛk] 暑さでばてる（日本語の「夏バテ」）　　ดีเลย์ [diilee] 遅れる　　ในที่สุด [nay thîi sùt] 結局　　ไข่เยี่ยวม้า [khày yî:aw máa] ピータン　　เลื่อนไป [lûːan pay] 〜まで延期する　　ยกเลิก [yók lɤ̂ɤk] キャンセル（する）　　อารมณ์ [aarom] 機嫌

**聞き取りのポイント**

　第1章は話者からの情報を正しく・詳しく聞き取ることが目標です。本課ではその基本となる5W1H（誰が、いつ、どこで、何を、なぜ、どのように）を念頭に置き、何日に何をしたか、何が起こったか、どうなったか、どのようにしたか、どこに何をしに行ったか、なぜしなければならなかったか、誰が何をしたかなどを聞き取ることに集中してください。

🎧 26

● วันจันทร์ที่26มีนา

ผมตื่น7โมงเช้า ช่วงเช้าทานข้าวต้มและไข่กระทะ หลังจากนั้นก็ท้องเสีย
และมีไข้ด้วย ตอนเที่ยงเลยกินแค่เส้นเล็กน้ำไก่ ตอนบ่ายไปเยี่ยมลูกค้าที่
ชลบุรี มีประชุมตั้ง5ชั่วโมง ประชุมเสร็จแล้วตรงกลับบ้าน
ส่วนอาหารเย็นกินแต่น้ำขิงอย่างเดียว กินยาแล้วก็เข้านอนเลย

wan can thîi yîi sìp hòk miinaa

phŏm tùuun cèt mooŋ cháaw, chû:aŋ cháaw thaan khâaw tôm lɛ́ khày krathá, lăŋ
càak nán kɔ̂ɔ thɔ́ɔŋ sĭ:a lɛ́ mii khây dû:ay, tɔɔn tî:aŋ lǝǝy kin khɛ̂ɛ sên lék náam
kày, tɔɔn bàay pay yî:am lûuk kháa thîi chonburii, mii prachum tâŋ hâa
chû:a mooŋ, prachum sèt lɛ́ɛw troŋ klàp bâan, sù:an aahăan yen, kin tɛ̀ɛ nám
khĭŋ yàaŋ di:aw, kin yaa lɛ́ɛw kɔ̂ɔ khâw nɔɔn lǝǝy

3月26日　月曜日

7時に起き、朝はお粥と目玉焼き。そのあとお腹をこわし、熱もあった。お
昼は鶏のセンレック（米麺）だけ食べた。午後、チョンブリーのお客を訪問。
5時間も会議があり、会議終了後、直帰。夕食は生姜スープだけ。薬を飲ん
でそのまますぐに寝た。

🎧 27

● วันอังคารที่27มีนา

มีลูกค้าคนญี่ปุ่น2คนมาเที่ยวเมืองไทย นัดกันที่โรงแรมเซ็นทรัล 9โมง
เช้า แล้วนั่งรถไฟไปอยุธยา อากาศก็ไม่ค่อยดี ถึงแม้จะเป็นฤดูแล้ง พวก
เขาชอบถ่ายรูป ถ่ายที่วัดหลายแห่ง เวลากลับพอดีฝนตก น้ำท่วมทำให้
กลับโรงแรมดึก

wan aŋkhaan thîi yîi sìp cèt miinaa

mii lûuk kháa khon yîipùn sɔ̌ɔŋ khon maa thî:aw mʉ:aŋ thay nát kan thîi
rooŋrɛɛm senthran kâw mooŋ cháaw

lɛ́ɛw nâŋ rót fay pay ayútthayaa, aakàat kɔ̂ɔ mây khɔ̂y dii thŭŋ mɛ́ɛ cà pen
rʉ́duu lɛ́ɛŋ, phû:ak kháw chɔ̂ɔp thàay rûup, thàay thîi wát lăay hèŋ, weelaa klàp
phɔɔ dii fŏn tòk, nám thû:am tham hây klàp rooŋrɛɛm dùk

3月27日　火曜日

日本人の顧客2人がタイに遊びに来た。セントラルホテルで朝9時に約束、
その後、列車に乗ってアユタヤに向かった。乾季にもかかわらず天気があま
りよくない。彼らは写真を撮るのが好きで、あちらこちらの寺を撮影した。

帰りはちょうど雨になり、洪水のためホテルには夜遅くに着いた。

### 🎧 28

● วันพุธที่28มีนา
ผมนั่งรถบัสไปแวะบริษัทล้านช้างบริการ  2  ชั่วโมง  ทำธุระเสร็จแล้วก็
มีประชุมประมาณชั่วโมงครึ่งที่บริษัท　หลังจากกินข้าวกับคุณสมชาย
ที่เป็นหัวหน้าของผม  ผมก็นั่งเครื่องบินไปเยี่ยมโรงงาน  3  แห่งที่นิคม
อุตสาหกรรมลำพูน  ตกลงกันว่าเยี่ยมโรงงานที่ร้อยเอ็ดด้วย  ต้องส่ง
รายงานในอาทิตย์นี้

wan phút thîi yîi sìp pὲεt miinaa

phŏm nâŋ rót bàt pay wέ bɔɔrisàt láan cháaŋ bɔɔrikaan sɔ̌ɔŋ chû:a mooŋ, tham
thúrá sèt lέεw kɔ̂ɔ mii prachum pramaan chû:a mooŋ khrûŋ thîi bɔɔrisàt, lǎŋ
càak kin khâaw kàp khun sŏmchaay thîi pen hû:a nâa khɔ̌ɔŋ phŏm, phŏm kɔ̂ɔ nâŋ
khrû:aŋbin pay yî:am rooŋŋaan sǎam hὲŋ thîi nikhom ùtsǎahakam lamphuun,
tòk loŋ kan wâa yî:am rooŋŋaan thîi rɔ́ɔy èt dû:ay, tɔ̂ŋ sòŋ raay ŋaan nay aathít
níi

3月28日　水曜日
私はバスに乗ってラーンチャーンボリカーン社を訪れ、2時間滞在した。用
事を済ませたあと、会社で1時間半ほど会議があった。私のボス、ソムチャ
イと食事をしたあと、飛行機に乗り（北タイの）ランプーン工業団地の工場
3カ所を訪れた。ローイエットの工場訪問の件が合意した。（この件を）今
週中にレポートしなければならない。

### 🎧 29

● วันพฤหัสที่29มีนา
ช่วงเช้าไปเยี่ยมพ่อที่โรงบาลที่นครนายก พ่อโดนรถตุ๊กๆ ชนแถวนั้น โชค
ดีที่ไม่เป็นอะไรมาก เดี๋ยวอีก2อาทิตย์ก็ออกจากโรงบาลแล้ว

wan phrúhàt thîi yîi sìp kâw miinaa

chû:aŋ cháaw pay yî:am phɔ̂ɔ thîi rooŋbaan thîi nakhɔɔnnaayók, phɔ̂ɔ doon rót
túktúk chon thὲw nán, chook dii thîi mây pen aray mâak, dǐaw ìik sɔ̌ɔŋ aathít
kɔ̂ɔ ɔ̀ɔk càak rooŋbaan lέεw

3月29日　木曜日
朝、ナコーンナーヨック（県）の病院に父を見舞った。父はこのあたりでトゥ
クトゥクとの衝突事故に遭った。幸いにもあと2週間で退院する。

🎧 **30**

● วันศุกร์ที่30มีนา
ลูกค้าคนญี่ปุ่น2คนกับผมนั่งเครื่องบินไปนครวัด　ข้างนอกร้อนจะตาย
ลูกค้า2คนก็ดูร้อนตับแตก ตอนเย็นก็บินกลับ แต่เครื่องบินดีเลย์ 4 ชั่วโมง
รอจนเบื่อ ในที่สุดกลับมาโรงแรมของลูกค้า2คนราวๆตี1 เหนื่อยมาก

wan sùk thîi săam sìp miinaa

lûuk kháa khon yîipùn sɔ̆ɔŋ khon kàp phǒm nâŋ khrɯ̂:aŋbin pay nakhɔɔn wát,
khâŋ nɔ̂ɔk rɔ́ɔn cà taay, lûuk kháa sɔ̆ɔŋ khon kɔ̂ɔ duu rɔ́ɔn tàp tɛ̀ɛk, tɔɔn yen kɔ̂ɔ
bin klàp, tɛ̀ɛ khrɯ̂:aŋbin diilee sìi chûa mooŋ rɔɔ con bɯ̀:a, nay thîi sùt klàp
maa rooŋrɛɛm khɔ̆ɔŋ lûuk kháa sɔ̆ɔŋ khon raaw raaw tii nɯ̀ŋ, nɯ̀:ay mâak

3月30日　金曜日
日本人顧客 2 人と、飛行機でアンコールワット（見物）に出かけた。外は死
にそうに暑く、2 人とも夏バテみたいな様子。夕刻に飛行機で帰ったが、4
時間遅れで待ちくたびれた。　結局 2 人がホテルに着いたのは午前 1 時ごろ
だった。とても疲れた。

🎧 **31**

● วันเสาร์ที่31มีนา
ผมพาลูกค้าคนญี่ปุ่น2คนไปซื้อของฝากเกือบทั้งวัน　ตอนเย็นไปร้านอาหาร
จีน　กินเป็ดปักกิ่งและไข่เยี่ยวม้าเยอะ　2คนจะกลับญี่ปุ่นโดยเที่ยวบินเที่ยว
คืน ผมก็เลยไปส่งสนามบินสุวรรณภูมิ จากกันประมาณ5ทุ่มแล้วก็ถึงบ้าน
ราวๆตี2 ท้องเสียอีกแล้ว เบื่ออาหารและมีไข้สูงด้วย

wan săw thîi săam sìp èt miinaa

phǒm phaa lûuk kháa khon yîipùn sɔ̆ɔŋ khon pay sɯ́ɯ khɔ̆ɔŋ fàak kɯ̀:ap tháŋ
wan, tɔɔn yen pay ráan aahăan ciin kin pèt pàkkìŋ lɛ́ khày yîːaw máa yɔ́, sɔ̆ɔŋ
khon cà klàp yîipùn dooy thîːaw bin thîːaw khɯɯɯn, phǒm kɔ̂ɔ ləəy pay sòŋ
sanăambin sùwannaphuum, càak kan pramaan hâa thûm lɛ́ɛw kɔ̂ɔ thɯ̆ŋ bâan
raaw raaw tii sɔ̆ɔŋ, thɔ́ɔŋ sĭːa ìik lɛ́ɛw bɯ̀:a aahăan lɛ́ mii khây sŭuŋ dû:ay

3月31日　土曜日
私は日本人顧客 2 人が土産物を買うのに終日付き合った。夕方は中華料理を
食べに行き、北京ダックとピータンをたくさん食べた。2 人は夜便で日本に
帰るようだ。そこで私はスワンナプーム空港まで送って行った。彼らと別れ
たのが夜 11 時ごろ、それから家に 2 時ごろ帰宅。またお腹をこわした。食
欲がなく、熱も上がってきた。

🎧 **32**

● วันอาทิตย์ที่ 1 เมษา

ตื่นไม่ไหว แต่วันนี้จะต้องไปเดทกับแฟนสาวญี่ปุ่น ที่นัดกันมานานแล้ว
วันนี้มีแผนจะซื้อของกับดูหนัง  ทานอาหารเย็นที่ร้านอาหารที่เซ็นทรัล
เวิลด์ เสร็จแล้วไปดูคอนเสิร์ต  ไม่ไหวหรอก  บางคนบอกว่าเลื่อนไป
ดีกว่ามั้ย? ไม่ได้! แฟนเป็นคนญี่ปุ่น ยกเลิกได้ยังไงล่ะ เขาอยู่เมืองไทย
แค่ 3 วัน  คนญี่ปุ่นครับ  ช่วยแนะนำวิธียกเลิกที่ไม่ทำให้เขาอารมณ์เสีย
หน่อยสิครับ

wan aathít thîi nùŋ meesǎa

tùɯɯn mây wǎy tɛ̀ɛ wan níi cà tôŋ pay dèet kàp fɛɛn sǎaw yîipùn, thîi nàt kan
maa naan lɛ́ɛw, wan níi mii phɛ̌ɛn cà sɯ́ɯ khɔ̌ɔŋ kàp duu nǎŋ, thaan aahǎan yen
thîi ráan aahǎan thîi senthranwɔɔn sèt lɛ́ɛw pay duu khɔɔnsɔ̀ət mây wǎy rɔ̀ɔk,
baaŋ khon bɔ̀ɔk wâa lûːan pay dii kwàa máy, mây dây, fɛɛn pen khon yîipùn
yók lɔ̂ɔk dây yaŋŋay lâ, kháw yùu mɯːaŋ thay khɛ̂ɛ sǎam wan, khon yîipùn
khráp, chûːay nɛ́nam wíthii yók lɔ̂ɔk thîi mây tham hây kháw aarom sǐːa nɔ̀y sì
khráp

4月1日　日曜日

起きるのがつらい。しかし、今日は日本人の恋人とデートに行かなければな
らない。かなり前からの約束だ。今日は、買い物と映画鑑賞、夕食はセント
ラルワールドのお店で。終わったらコンサートを見に行く予定だが、体力的
にとても無理。ある人が延期をしたらと言ってくれた。それはできない。彼
女は日本人、どうしてキャンセルできようか。彼女は 3 日しかタイにいない。
日本人よ、どうすれば彼女の機嫌を損ねない断り方ができるか？　その方法
をアドバイスしてほしい。

---

**確認事項**

本課では地名と場所名がたくさん出てきました。地名と場所名の前には
「行く」「出かける」「訪問する」「帰る」など移動を表す動詞がよく
使われます。またイベントやアクシデントの話題にも場所への言及があ
るはずです。スキットの地名（たとえばランプーン）がどこにあるかよ
り、場所を表す語であることが分かるようにしましょう。

答え

問 1

| ランプーン工業団地<br>（นิคมอุตสาหกรรม<br>ลำพูน<br>[nikhom ùtsǎahakam lamphuun]）<br>を訪問した日 | 3月28日 水曜日 | アンコールワットに行った日 | 3月30日 金曜日 |
|---|---|---|---|
| 夕方に中華料理を食べた日 | 3月31日 土曜日 | チョンブリー<br>（ชลบุรี [chonburii]）<br>の顧客訪問をした日 | 3月26日 月曜日 |
| ナコーンナーヨック<br>（นครนายก<br>[nakhɔɔn naayók]）<br>に行った日 | 3月29日 木曜日 | 休暇を取った可能性があると思われる日 | 3月29日 木曜日 |
| 日本人顧客と終日買い物をした日 | 3月31日 土曜日 | 会議のあった日（複数日） | 3月26日 月曜日<br>（チョンブリーで）<br>3月28日 水曜日<br>（会社で） |
| 日本人顧客を観光案内した日（複数日） | 3月27日 火曜日<br>アユタヤ（อยุธยา<br>[ayútthayaa]）<br>3月30日 金曜日<br>アンコールワット<br>（นครวัด<br>[nakhɔɔn wát]） | ローイエットの工場<br>（โรงงานที่ร้อยเอ็ด<br>[rooŋŋaan thîi rɔ́ɔy èt]）<br>訪問が決まった日 | 3月28日 水曜日 |

問 2　お腹をこわし（ท้องเสีย [thɔ́ɔŋ sǐ:a]）、熱もあった（มีไข้ด้วย [mii khây dû:ay]）

問 3　病院に入院している父を見舞いに行った

問 4　乾季（ฤดูแล้ง [rúuduu léɛŋ]）にもかかわらず天気があまりよくなかった

問 5　ラーンチャーンボリカーン社に2時間滞在した

問 6　飛行機が4時間も遅れたため

問 7　お腹をこわし、食欲がなく（เบื่ออาหาร [bùːa aahǎan]）、熱が上がってきた（มีไข้สูง [mii khây sǔuŋ]）

問 8　ナコーンナーヨック（県）でトゥクトゥクとの衝突事故に遭ったため

問 9　ローイエット工場（โรงงานที่ร้อยเอ็ด [rooŋŋaan thîi rɔ́ɔy èt]）訪問合意の件

問 10　買い物と映画鑑賞をする<br>　　　夕食はセントラルワールド（เซ็นทรัลเวิลด์ [senthranwəən]）（ショッピングモール内）で食べる<br>　　　食後コンサートを見に行く

### 「活きた言葉」を「生きた言葉」に

　第 2 章以降はタイでの実践聞き取りの準備に入ります。

　スピーキング練習では定型の「活きた言葉」のやりとりを覚え、現地で間違ってもいいので積極的に話そうとする姿勢を身につけるのが目的です。一方リスニングではタイ人から聞いた単語やフレーズを数多く覚え、その表現を別のタイ人に話して通じるかどうか試すことです。あなたがタイ人から実際に聞いた言葉が別のタイ人に通じたとき、覚えた言葉にはじめて生命が宿り「生きた言葉」になるのです。以後、その言葉・フレーズは必ず聞き取れるようになり、どんな状況で使えるかが自然に分かるようになると思います。短期旅行であれ、長期滞在であれ、「生きた言葉」の習得を常に心掛けましょう。以上を踏まえ第 2 章に進んでください。

### 生きた言葉習得の実践例──気持ちの意思疎通

　では、生きた言葉は具体的にどのような方法で習得するか──下記を参考にしてください。

　一例を挙げましょう。たとえば日本の職場ではよく「昨夜はお疲れさまでした」と言いますが、タイでこの言葉をタイ語に直訳して伝えても相手はピンとこないでしょう。日本人が「昨夜はお疲れさまでした」と言うタイミングで、タイ人なら「昨夜は何時に帰った？」、場合によっては「昨夜は楽しかったね」と言うかもしれません。これを価値観の違いとあきらめず、あなたの気持ちを伝えるため下記のアクションプランをお勧めします。

　①日本でよく使う（日本的な）フレーズを言うタイミングでタイ人は何と言っているか。

　②日常よく遭遇する場面（約束など事務的なことから、励まし・慰め・説得・言い訳や喜怒哀楽）をタイ人は（日本語に訳すと）どのような意味をもったフレーズを使うか。

　この①と②から習得したフレーズをさっそくタイ人に使ってみてください。

　①と②は日本語とタイ語の意味がまったく一致しないことも多々あると思いますが、日本人として心情的に理解できないフレーズでも（我慢して）そのフレーズを使いましょう。「それじゃ、私の気持ちが大好きな彼／彼女に伝わらない！」と感情的にならないで冷静に…　というのも、①②で覚えたフレーズを場面に応じて使うと（生きた言葉なので）あなたの発言が相手の心を動かし、結果的に相手から理解されやすくなり、また相手からの発言内容や気持ちも理解しやすくなるからです。あなたにタイ人を理解したいという気持ちがある限り、当初違和感があった相手の返答も好意的に受け入れられるようになるはずです。価値観の共有とはこのような作業によって成り立つと思います。そしてそれをサポートするのがリスニングの地味な学習なのです。

# 第 2 章 テーマ別理解

11 ———— 雨季は新車がお買い得

12 ———— 西向きの部屋に住む女性

13 ———— ルート 212

14 ———— 幻の館

15 ———— ホットナイト

16 ———— イメージ

# 11 課

## 雨季は新車がお買い得

毎日降り続く雨、特に雨季末期は雨量も増え、洪水になるといろいろなことが起こります。

🎧 33

登場人物　Aさん（女性）、友人Bさん（女性）

問**1**　次の中で正しいものをひとつ選んでください。

(A)　2階の部屋が雨漏りして大変になった。

(B)　エアコンの水漏れを修理したいが保証がきかない。

(C)　日本の中古車は修理保証が付いているので、雨季は特によく売れる。

(D)　まだ雨水が引いていない。

問**2**　あることをするために1階におりなければなりません。何をするためですか？

_____

問**3**　問2のようになった原因は誰にありますか？

_____

問**4**　買ったばかりの車があります。いつ買いましたか？

_____

問**5**　車を修理したくても、あまり気が乗らないのはどうしてですか？

_____

┌─ **ヒント** ─────────────────────────┐

ประกัน［prakan］保証、保険　　ซ่อม［sôm］修理（する）

มือสอง［mɯɯ sɔ̌ɔŋ］中古

└──────────────────────────────┘

＊第2章はすべて女性同士の会話です。いま誰が話しているか常に確認しましょう。

## 聞き取りのポイント

　この課のテーマは**原因と理由**。会話ではときどき、「なぜ？」と言いたくなる場合があります。「なぜこの家は雨季末期に新車がほしくなったのか？」——そこには聞き手の知らないわけや話し手の言いたくない事情がありますが、会話をすることでその「理由」が分かることがあります。その理由を聞き取るのが本課の練習です。

🎧 33

## スキット

**A :** ไม่ไหวเลย ฝนตกทุกวัน น้ำก็ยังไม่ลด
mây wǎy ləəy, fǒn tòk thúk wan náam kɔ̂ɔ yaŋ mây lót

**B :** แต่บ้านแกอยู่ชั้น 2 ส่วนชั้น 1 ไม่มีอะไรนี่นา
tɛ̀ɛ bâan kɛɛ yùu chán sɔ̌ɔŋ, sùːan chán nùɯŋ mây mii aray nîi naa

**A :** พี่ชายฉันตั้งห้องน้ำที่ชั้น 1 ก็ลำบากทุกครั้งเลย แล้วก็มีรถญี่ปุ่นที่เพิ่ง
ซื้อมาอาทิตย์ที่แล้วด้วย น่าจะเสียแล้วมั้ง
phîi chaay chán tâŋ hɔ̂ŋ náam thîi chán nùɯŋ kɔ̂ɔ lambàak thúk khráŋ ləəy
lɛ́ɛw kɔ̂ɔ mii rót yîipùn thîi phɤ̂ŋ súɯ maa aathít thîi lɛ́ɛw dûːay, nâa cà sǐːa
lɛ́ɛw máŋ

**B :** มีประกันซ่อมมั้ย
mii prakan sɔ̂m máy

**A :** ไม่มีประกัน เพราะเป็นรถมือสอง ถ้าซ่อมก็เสียเงินเยอะกว่าซื้อคันใหม่
mây mii prakan phrɔ́ pen rót mɯɯ sɔ̌ɔŋ, thâa sɔ̂m kɔ̂ɔ sǐːa ŋɤn yɤ́ kwàa súɯ
khan mày

71

---

和訳を見る前に

ยังไม่ลด［yaŋ mây lót］（水が）まだ引かない　　ชั้น 1［chán nùŋ］1階

ลำบาก［lambàak］大変、困難　　ประกันซ่อม［prakan sôm］修理保証

ใหม่［mày］新しい

---

　第 2 章からタイ語と和訳を分けて記載しています。「**和訳を見る前に**」を見て他の語句や注意すべき構文などを確認後、再度スキットを聞いて意味を考えてください。

---

和 訳

---

A ：　mây wǎy ləəy, fǒn tòk thúk wan náam kôo yaŋ mây lót
　　　やーねぇ。毎日雨が降って、水もまだ引かないの。

B ：　tὲε bâan kεε yùu chán sɔ̌ɔŋ, sù:an chán nùŋ mây mii aray nîi naa
　　　でもあなたの家は 2 階で、1 階は何もないじゃない。

A ：　phîi chaay chán tâŋ hôŋ náam thîi chán nùŋ kôo lambàak thúk khráŋ ləəy
　　　lέεw kôo mii rót yîipùn thîi phôŋ súɯɯ maa aathít thîi lέεw dû:ay, nâa cà sǐ:a
　　　lέεw máŋ
　　　兄がトイレを 1 階に作ったので、毎回大変よ。そして先週買ったばかりの日本車があるけどもうだめかも。

B ：　mii prakan sôm máy
　　　修理保証はある？

A ：　mây mii prakan phrɔ́ pen rót mɯɯ sɔ̌ɔŋ, thâa sôm kôo sǐ:a ŋən yɔ́ kwàa súɯɯ
　　　khan mày
　　　ないのよ、中古なので保証なし。もし修理すれば、新車を買った方が安くつくわ。

## 本課を学んで ✿✿✿

　あることが起こり、経過を述べず、いきなり起こった結末を先に話すと、タイ人に限らず聞き手は混乱するでしょう。ですが会話ではこうしたやりとりの方が自然かもしれません。スキットの流れは「雨が続く→雨水で車が壊れそう→かさむ修理代負担→中古なので保険なし→新車の方がまだいい」となります。途中、トイレの話が出てきますが、最初はこのような話題によって全体の流れが分からなくなるかもしれません。少しずつ大枠をつかむコツを本書から体得してください。

（答え）
問1　(D)
問2　トイレに行くため
問3　兄
問4　先週
問5　保証なしの中古車を修理するより新車を買う方が安上がりだから（と感じる）

---

### 発音の話（1）

ポイント☞リスニング学習の限界を知る

　タイ語には日本語にない有気音・無気音の区別、末子音、9つの母音に加え5つの声調があり、初学者はこれらを最初に学びます。「タイ人の口元の動きをよく見て聞き取ってください！」とタイ人講師から（善意の）スパルタ指導を受けた方、実際タイ人の口ばかり見て聞き取れましたか？　…というのも、日本語環境の中で育つと日本語の発音を頭の中で仕分ける「日本語音声の受け取りボックス」のようなものが幼少期に作られてしまいます。結果タイ語の音もいったんこのボックスのどこかに入るので（タイ人の口を見て）タイ語として聞いたつもりでも実際は日本語の音として認識してしまうのです。あなたがタイ語の発音規則通りに聞き取りたいという気持ちはよく分かります。ですが音声の受け入れは脳内の問題であって語学学習の範疇では限界があります。そこで割り切ってタイ語をカタカナ音として聞いてみませんか？　かえって聞く余裕ができ、今まで以上に内容の細かな情報収集や大意把握にも集中できるはずです。それともうひとつ、実際の会話における大意把握にはカンが重要になります。

　そこで2つのアクションプランの実践をお勧めします。（P87 発音の話（2）に続く）

# 西向きの部屋に住む女性

熱帯地方では日差しの強さが日本とは違います。あつさによってさま
ざまなことが起きるようです。

🎧 **34**

登場人物　A（西向きの部屋に住む女性）、B（彼女の友人（女性））

問 **1**　次の中で正しいものをひとつ選んでください。

（A）東向きの部屋に夫がいる。

（B）いまの部屋はトラブルも多いが好きな人の家がよく見える。

（C）スイッチが故障してエアコンが切れなくなり、水漏れが続いている。

（D）室内のトラブルが解消されるまで我慢する。

問 **2**　西向きの部屋に住む女性を襲った室内のトラブルを簡潔に述べてく
ださい。

_____

問 **3**　エアコンのトラブルが解消しない理由は何ですか？

_____

問 **4**　西向きの部屋に住む女性への友人のアドバイスは？

_____

問 **5**　西向きの部屋に住む女性がいちばん重要視していることは何でしょ
うか？

_____

ヒント

รั่ว［rûːa］（水、ガスなどが）漏れる　　ฝักบัว［fàk buːa］シャワー

หันไปทางทิศตะวันออก［hǎn pay thaaŋ thít tawan ɔ̀ɔk］東向き

ขี้ร้อน［khîi rɔ́ɔn］暑がり　　ถูกใจ［thùuk cay］気に入る

　この課のテーマは**目的**。不便な部屋でも不便と思わず住み続ける目的は何か？　それが分かれば、多少知らない語句が出てきても全体の内容把握ができたことになります。スキットには2つの話題がありますが、どこで2つ目の話題になるかを注意して聞いてください。

**スキット**　🎧 34

**A** : ชิบหาย! น้ำแอร์รั่ว น้ำจากฝักบัวกับห้องน้ำก็ไหลไม่หยุดด้วย ห้องฉันเหมือนน้ำท่วมเลย

chíp hăay, náam ɛɛ rû:a, náam càak fàk bu:a kàp hɔ̂ŋ náam kɔ̂ɔ lǎy mây yùt dû:ay hɔ̂ŋ chán mǔ:an nám thû:am lə:y

**B** : ช่างซ่อมจะมามั้ย

châŋ sɔ̂m cà maa máy

**A** : มา แต่ว่าถ้าเปิดแอร์ทิ้งไว้ในห้องทางทิศตะวันตก น้ำก็จะรั่วง่าย

maa, tɛ̀ɛ wâa thâa pə̀ət ɛɛ thíŋ wáy nay hɔ̂ŋ thaaŋ thít tawan tòk náam kɔ̂ɔ cà rû:a ŋâay

**B** : งั้นเปลี่ยนไปอยู่ห้องทางทิศตะวันออกสิ เพราะแกเป็นคนขี้ร้อนด้วยหนิ

ŋán plì:an pay yùu hɔ̂ŋ thaaŋ thít tawan ɔ̀ɔk sì, phrɔ́ kɛɛ pen khon khîi rɔ́ɔn dû:ay nì

**A** : แต่ฉันถูกใจห้องนั้น ห้องนั้นเห็นบ้านแฟนชัดที่สุด

tɛ̀ɛ chán thùuk cay hɔ̂ŋ nán, hɔ̂ŋ nán hěn bâan fɛɛn chát thîi sùt

**B** : ตามใจแกละกัน!

taam cay kɛɛ lá kan

**A** : ฉันตกหลุมรักตั้งแต่แรกเห็นอ่ะ เค้ามีแฟนแล้ว แต่ฉันก็ทำใจไม่ได้ แต่ก็ไม่อยากเป็นมือที่ 3เลยอ่ะ

chán tòk lǔm rák tâŋ tɛ̀ɛ rɛ̂ɛk hěn à, kháw mii fɛɛn lɛ́ɛw, tɛ̀ɛ chán kɔ̂ɔ tham cay mây dây tɛ̀ɛ kɔ̂ɔ mây yàak pen mɯɯ thîi sǎam lə:y à

ชิบหาย [chíp hǎay] 畜生、クソ（運の悪いときに使う）　ตามใจ [taam cay] 好きにする　ตกหลุมรัก [tòk lǔm rák] 一目惚れする　ทำใจ [tham cay] 諦める　ละกัน [lá kan]（แล้วกัน [lɛ́ɛw kan] そのようにしよう（やや一方的に合意に持ち込むフレーズ）の省略）　เป็นมือที่ 3 [pen mɯɯ thîi sǎam] 第3の手になる（本文訳「不倫関係になる」）

## 和　訳

**A** ： chíp hǎay, náam ɛɛ rû:a, náam càak fàk bu:a kàp hɔ̂ŋ náam kɔ̂ mây yùt dû:ay hɔ̂ŋ chán mɯ̌:an nám thû:am ləəy

もう最悪！　エアコンの水は漏れるし、シャワーとトイレの水が止まらないの。部屋中、洪水みたい。

**B** ： châŋ sôm cà maa máy

修理屋はちゃんと来てくれるの？

**A** ： maa, tɛ̀ɛ wâa thâa pə̀ət ɛɛ thíŋ wáy nay hɔ̂ŋ thaaŋ thít tawan tòk náam kɔ̂ cà rû:a ŋâay

来るけど、西向きの部屋でエアコンかけっぱなしだから。すぐ水漏れがするの。

**B** ： ŋán plì:an pay yùu hɔ̂ŋ thîi hǎn pay thaaŋ thít tawan ɔ̀ɔk sì, phrɔ́ kɛɛ pen khon khîi rɔ́ɔn dû:ay nì

じゃあ、東向きの部屋に変わったら？　あなた暑がりだから。

**A** ： tɛ̀ɛ chán thùuk cay hɔ̂ŋ nán, hɔ̂ŋ nán hěn bâan fɛɛn chát thîi sùt

でもあの部屋、結構気に入っているの。あの部屋だと好きな人の家がいちばんよく見えるの。

**B** ： taam cay kɛɛ lá kan

もう、好きにしたら。

**A** ： chán tòk lǔm rák tâŋ tɛ̀ɛ rɛ̂ɛk hěn à, kháw mii fɛɛn lɛ́ɛw, tɛ̀ɛ chán kɔ̂ tham cay mây dâay tɛ̀ɛ kɔ̂ mây yàak pen mɯɯ thîi sǎam ləəy à

私、最初（彼を）見たときに一目惚れしたの。彼、もう彼女（＝奥さん）がいるけど諦められない。でも不倫関係には絶対なりたくないの…

**本課を学んで** ✎✎

　「西向き、暑い、エアコン故障による水漏れ」という語から部屋の話題に限定すると西向きの部屋に住む女性の真意が分からなくなります。途中「バーン・フェーン」という語が出てきたところから第2の話題になり、西向きの部屋にこだわる目的が直感できるでしょう。スキットは3往復半の短い会話ですが、外国語（タイ語）の場合、話題の転換点が聞き取れなくなる原因になり得ます。

　また มือที่ 3 [muu thii săam] の意味が分からなかったかもしれません（分からなくてもかまいません）。重要なことは意味の分かる語句とそうでない語句の判別ができるよう意識することです。

（答え）

問 1　　（B）
問 2　エアコンの水が漏れ、シャワーとトイレの水が止まらない
問 3　エアコンをかけっぱなしにしているため
問 4　暑がりだから東向きの部屋に変わること
問 5　好きになった男性のこと

# 第13課 ルート212

バンコクに住む日本人女性ユキは、友人のペム（女性）に呼び出され、東北タイのムクダハーン県を訪れます。途中、国道212号線で不思議な経験をし、やっとペムに会えました。

🎧 35

登場人物 ペム（女性）、ユキ（日本人女性）

問1 次の中で正しいものをひとつ選んでください。

(A) ユキがバスでムクダハーンに着いたとき、小柄なので誰にも人が乗っていると気付かれなかった。

(B) 最初の出発時、洪水でムクダハーン行きの飛行機に乗り遅れた。

(C) 飛行機に乗り遅れ、バスに乗ったユキが乗ったのはラオスのサワンナケート行きだった。

(D) 迷ったユキはいったんラオスのサワンナケートからタイのスワンナプーム空港（バンコク）まで戻った。

問2 最初に目覚めたのはどこでしたか？

＿＿＿＿＿＿＿＿＿＿＿＿＿＿＿＿＿＿＿＿＿＿＿＿＿＿＿＿

問3 2度目に目覚めた所は意外な場所でした。どこでしょうか？

＿＿＿＿＿＿＿＿＿＿＿＿＿＿＿＿＿＿＿＿＿＿＿＿＿＿＿＿

問4 ペムの頼み事は何ですか？

＿＿＿＿＿＿＿＿＿＿＿＿＿＿＿＿＿＿＿＿＿＿＿＿＿＿＿＿

問5 なぜペムはユキに頼み事をするため、実家まで呼び寄せたのでしょうか？

＿＿＿＿＿＿＿＿＿＿＿＿＿＿＿＿＿＿＿＿＿＿＿＿＿＿＿＿

> **ヒント**
>
> ตกเครื่องบิน [tòk khrû:aŋbin] 飛行機に乗り遅れる　ป้าย [pâay] 標識、看板　มองเห็น [mɔɔŋ hěn] 見える　ธุระด่วน [thúrá dù:an] 急用
> ยืม [yɯɯm] 借りる

78

## 聞き取りのポイント

　この課のテーマは**順序**（経緯）。ユキがペムに会うまでどのような交通
手段を使い、そのときどきでどんな体験をしたかを聞き取る練習です。ス
キットではペムの返答内容が多岐にわたるので、内容理解の混乱になるか
もしれません。まずはユキの発言に集中し、ペムに会うまでの経緯を把握
してください。

## スキット　🎧 35

**ペム：** แป๊มคิดว่ายูกิไม่มาแล้วนะเนี่ย
pěm khít wâa yuki mây maa lɛ́ɛw ná nî:a

**ユキ：** ตกเครื่องบินน่ะ　น้ำท่วมเดินทางมาไม่ได้　ก็เลยต้องนั่งรถบัสไป
มุกดาหารนั่งๆไปก็หลับ　ตื่นมาตอนเย็นก็ยังเห็นป้ายบอกทางไป
สุวรรณภูมิอยู่เลย สงสัยรถติดมั้ง
tòk khrɯ̂:aŋbin nà, nám thû:am dəən thaaŋ maa mây dây kô ləəy tôŋ nâŋ
rótbàt pay múkdaahǎan nâŋ nâŋ pay kô làp, tɯ̀ɯn maa tɔɔn yen kô yaŋ
hěn pâay bɔ̀ɔk thaaŋ pay sùwaanaphuum yùu ləəy sǒŋsǎy rót tìt máŋ

**ペム：** ดูผิดมั้งแก ไม่น่าใช่สุวรรณภูมิ แต่เป็นสุวรรณเขตในลาวตะหาก
duu phìt máŋ kɛɛ mây nâa chây sùwaanaphuum tɛ̀ɛ pen sùwaanakhèet nay
laaw tahàak

**ユキ：** จริงเหรอ งงเลยอ่ะ แล้วหลังจากนั้น เราก็หลับไปอีกรอบ ตื่นมาอีกที
ก็ถึงกรุงเทพฯแล้ว
ciŋ rə̌ə, ŋoŋ ləəy à, lɛ́ɛw lǎŋ càak nán raw kô làp pay ìik rɔ̂ɔp, tɯ̀ɯn maa ìik
thii kô thǔŋ kruŋthêep lɛ́ɛw

**ペム：** บ้าเนอะ　ตอนที่ตื่นครั้งแรกก็คงจะถึงมุกอยู่แล้ว ยูกิตัวเล็กก็เลยไม่มี
ใครมองเห็นมั้ง
bâa ná, tɔɔn thîi tɯ̀ɯn khráŋ rɛ̂ɛk kô khoŋ cà thǔŋ múk yùu lɛ́ɛw yukì tu:a
lék kô ləəy mây mii khray mɔɔŋ hěn máŋ

**ユキ：** ใช่ คราวนี้เลยนั่งแท็กซี่มา
chây, khraaw níi ləəy nâŋ théksîi maa

**ペム：** โอ้โห เสียเงินเยอะเลย ไม่ต้องรีบมาก็ได้
ôohǒo, sǐ:a ŋən yɔ́ ləəy, mây tôŋ rîip maa kô dây

**ユキ：** ว่าแต่ธุระด่วนของแก คืออะไรเหรอ?

wâa tὲὲ thúrá dù:an khɔ̌ɔŋ kὲὲ khɯɯ aray rɤ̌ɤ

**ペム：** ฉันอยากจะขอยืมเงินจากแก จะขอทางโทรศัพท์ก็ยังไงๆอยู่ ขอตอน
เจอหน้ากันดีกว่า

chán yàak cà khɔ̌ɔ yɯɯm ŋən càak kὲὲ, cà khɔ̌ɔ thaaŋ thoorasàp kɔ̂ɔ yaŋŋay
yaŋŋay yùu, khɔ̌ɔ tɔɔn cɤɤ nâa kan dii kwàa

---

和訳を見る前に

เนี่ย [nîːa]（「（何）なのよ！」のように意外・呆れ・怒り・驚きなどを表す文
末詞）　ไม่น่า<u>ใช่</u>สุวรรณภูมิ [mây nâa <u>chây</u> sùwaanaphuum] スワンナプーム
（空港）であるはずがない（下線の<u>ใช่</u> [chây] は会話では一致を表す英語の *be* 動
詞に似た使い方をします（以後のスキットにも出てきます））　งง [ŋoŋ] 分から
ない、混乱する　บ้าเนอะ [bâa nə] ばかね（บ้า [bâa] ばか、เนอะ [nə]（呆
れや嘲笑などを表す文末詞））　โอ้โห [ôohǒo]（驚きを表す間投詞）
ยังไงๆอยู่ [yaŋŋay yaŋŋay yùu] どうかなあ（と思う）

---

和　訳

**ペム：** pěm khít wâa yuki mây maa lέεw ná nîːa

私（＝ペム）、ユキは来ないと思っていたわよ。

**ユキ：** tòk khrûːaŋbin nà, nám thûːam dəən thaaŋ maa mây dây kô ləəy tôŋ nâŋ
rótbàt pay múkdaahǎan nâŋ nâŋ pay kɔ̂ɔ làp, tɯ̀ɯn maa tɔɔn yen kɔ̂ɔ yaŋ
hěn pâay bɔ̀ɔk thaaŋ pay sùwaanaphuum yùu ləəy sɔ̌ŋsǎy rót tìt máŋ

飛行機に乗り遅れたの。洪水で通行止めになったのよ。それでムクダハー
ン行のバスに乗るしかなかったのよ。ずっと座っている間に眠ってしまっ
たんだけど、夕方、目を覚ましてみると、まだスワンナプーム（空港）
方面行きの道路標識が見えたので、渋滞かなと思ったのよ。

**ペム：** duu phìt máŋ kɛɛ mây nâa chây sùwaanaphuum tὲὲ pen sùwaanakhèet nay
laaw tahàak

あなた見間違えたんじゃない？　スワンナプーム（空港）じゃなくて、（そ
れは）ラオスのサワンナケートよ。

**ユキ：** ciŋ rɔ̌ə, ŋoŋ ləəy à, lɛ́ɛw lǎŋ càak nán raw kɔ̂ɔ làp pay ìik rɔ̂ɔp, tɯ̀ɯɯn maa ìik thii kɔ̂ɔ thɯ̌ŋ kruŋthêep lɛ́ɛw

本当!?　もうわけが分からなくって。それからもう一度寝たのよ。起きたらバンコクだったのよ。

**ペム：** bâa nɔ́, tɔɔn thîi tɯ̀ɯɯn khráŋ rɛ̂ɛk kɔ̂ɔ khoŋ cà thɯ̌ŋ múk yùu lɛ́ɛw yukì tu:a lék kɔ̂ɔ ləəy mây mii khray mɔɔŋ hěn máŋ

ばかね、最初に起きたときは、もうムック（ムクダハーン）に着いていたのよ。ユキは、身体が小さいから誰にも（ユキの姿が）見えなかったんじゃない？

**ユキ：** chây, khraaw níi ləəy nâŋ thɛ́ksîi maa

そうね、それで今回は（バンコクから）タクシーで来たの。

**ペム：** ôohɔ̌o, sǐ:a ŋən yɔ́ ləəy, mây tôŋ rîip maa kô dây

へえ、お金いっぱいかかったでしょ、そんな急いで来ることないのに。

**ユキ：** wâa tɛ̀ɛ thúrá dù:an khɔ̌ɔŋ kɛɛ khɯɯ aray rɔ̌ə

ところで、急用って何なの？

**ペム：** chán yàak cà khɔ̌ɔ yɯɯm ŋən càak kɛɛ, cà khɔ̌ɔ thaaŋ thoorasàp kɔ̂ɔ yaŋŋay yaŋŋay yùu, khɔ̌ɔ tɔɔn cəə nâa kan dii kwàa

私、あなたにお金を借りたかったのよ。電話をしたいけどやっぱりどうかと思って、会って（顔を見ながら）話したかったの。（直訳：面と向かったときにお願いしたほうがいい）

## 本課を学んで

　スキットではペムがお金を借りるためにユキを実家まで呼び寄せたのですが、第 11、12 課のように具体的理由は述べられずバス内で起こったユキの話題が中心です。さらにペムの返答の「スワンナプーム空港、ラオス、身体が小さい」など関連性がない語彙だけが耳に入ると、日本語で聞けば何でもない事柄もタイ語だと内容のつながりが分からなくなるかもしれません。このような状況に陥った場合、以後の会話は（ペムかユキの）どちらかひとりの話に集中して聞きましょう。ここではユキがムクダハーンからいったんバンコクに戻った流れが把握できれば十分です。またペムの発言なのかユキの発言なのか区別できるようにしましょう。

答え

問1　（A）
問2　ムクダハーン
問3　バンコク
問4　お金を借りること
問5　電話で話すことをはばかったから　（または）会って話したかったから

参考

　ユキが看板を見間違えたラオスの「サワンナケート」（現在タイ領のムクダハーンの対岸のラオスの県名）は、フランス領時代に「黄金の国」（スヴァンナブーミ）と名付けられたのが変音して、「サワンナケート」になったと言われています。そして現在のバンコクの国際空港名「スワンナプーム」の意味も「黄金の国」で、「スヴァンナブーミ」の音写です。

# 幻の館

フォーム（女性）は所用で小さな田舎町に出かけました。夜にホテルを出て散歩にでかけたところ、道に迷ってしまいました。

🎧 36

登場人物　フォーム（女性）、友人（女性）

問 **1**　次の中で正しいものをひとつ選んでください。

(A)　カッコいい男性が、寝ていたフォームを起こした。

(B)　フォームは以前この村に来たことがあることを思い出した。

(C)　フォームの行った村にはホテルが 2 軒あった。

(D)　昨夜はベッドでなく椅子で寝た。

問 **2**　道に迷ったとき、連絡手段の携帯電話が使えなかった理由を 2 つ挙げてください。

_____　_____

問 **3**　せっかく一夜を明かせたフォームはちょっと不服そうです。どうしてですか？

_____

問 **4**　問 3 のフォームの不服に友人がひとこと指摘しました。どんなことですか？

_____

問 **5**　フォームが男性に導かれ建物に案内された話を聞いて、友人はどう答えましたか？

_____

## ヒント

ชนบท［chonnabòt］村、田舎（同語は公用語で「村道」などを表すときに使います。よく「田舎」とも訳しますが、本来見下した意味はありません）　โหมดประหยัดพลังงาน［mòod prayàt plaŋŋaan］省エネモード（直訳：節約モード）　พลังงาน［phlaŋŋaan］（電)力　นิยาย［níyaay］物語、神話
โรแมนติก［roomɛɛntìk］ロマンチック

## 聞き取りのポイント

　この課のテーマは**推測**。ときとして話題が転換することがあり、別の話題についていけないこともあるでしょう。その際、手助けとなるのが推測ですが、極端になると架空の話や妄想になる可能性があります。一度妄想すると本題に戻ったとき混乱することもあるので注意しましょう。

## スキット

🎧 36

**フォーム** : เมื่อวานโฟมไปเมืองเล็กๆในชนบท　รู้สึกไม่มีอะไรเลย　กลางคืนตอนเดินเล่นก็หลงทาง กลับโรงแรมไม่ได้ ไม่รู้ว่าอยู่ตรงไหน เพราะเพิ่งจะมาถึง

mûːa waan foom pay mɯːaŋ lék lék nay chonnabòt, rúu sùk mây mii aray ləəy, klaaŋ khɯɯn tɔɔn dəən lên kɔ̂ lǒŋ thaaŋ klàp rooŋrɛɛm mây dây, mây rúu wâa yùu troŋ nǎy phrɔ́ phôŋ cà maa thɯ̌ŋ

**友人** : น้องโฟมไม่มีมือถือเหรอ

nɔ́ɔŋ foom mây mii mɯɯ thɯ̌ɯ rɵ̌ə

**フォーム** : มือถืออยู่ในโหมดประหยัดพลังงาน แล้วก็ไม่ได้เอาแว่นมาด้วย

mɯɯ thɯ̌ɯ yùu nay mòod prayàt phlaŋŋaan lɛ́ɛw kɔ̂ mây dây aw wɛ̂n maa dûːay

**友人** : แล้วทำยังไง

lɛ́ɛw tham yaŋŋay

**フォーム** : ง่วงนอนมาก　พอดีมีหนุ่มหล่อแนะนำให้เข้าไปนั่งพักผ่อนที่เก้าอี้ในตึกแปลกๆใกล้ๆ ก็เลยเข้าไปนอนถึงเช้า

ŋûːaŋ nɔɔn mâak, phɔɔ dii mii nùm lɔ̀ɔ nénam hây khâw pay nâŋ phák phɔ̀ɔn thîi kâwîi nay tùk plɛ̀ɛk plɛ̀ɛk klây klây kɔ̂ ləəy khâw pay nɔɔn thɯ̌ŋ cháaw

**友人** : ก็ดีเนาะ

kɔ̂ dii nɔ́

**フォーム** : งั้นมั้ง

ŋán máŋ

**友人** : น่าประหลาดใจจัง ยังกับอยู่ในนิยายเลยแน่ะ โรแมนติกดี

nâa pralàat cay caŋ, yaŋ kàp yùu nay níyaay ləəy nè, roomɛɛntìk dii

**フォーム** : แต่นั่นเป็นโรงแรมของโฟมเอง ตอนแรกไม่รู้ เพราะเข้าทางประตู
หลัง

tɛ̀ɛ nân pen rooŋrɛɛm khɔ̌ɔŋ foom eeŋ, tɔɔn rɛ̂ɛk mây rúu phrɔ́ khâw
thaaŋ pratuu lǎŋ

**友人** : บ้าจริง น้องเคยบอกว่าเมืองที่โฟมไปมีโรงแรมแค่แห่งเดียวไม่ใช่
เหรอ!

bâa ciŋ, nɔ́ɔŋ khəəy bɔ̀ɔk wâa mɯːaŋ thîi foom pay mii rooŋrɛɛm khɛ̂ɛ
hὲŋ diːaw mây chây rə̌ə

---

和訳を見る前に

หนุ่มหล่อ [nùm lɔ̀ɔ] カッコいい若い男性　　ก็ดี [kɔ̂ dii] （〜であれば）いい
งั้นมั้ง [ŋán máŋ] まあね　　น่าประหลาดใจ [nâa pralàat cay] 不思議な
ยังกับ [yaŋ kàp]（まるで）〜みたい　　แน่ะ [nὲ]（相手に注意を促す文末詞）
เอง [eeŋ] 〜なのよ／〜なんだよ（文末詞）（「こんな感じなのよ」「（これだけ）
なんですよ」のように理由や結果の強調を表す）　　แห่งเดียว [hὲŋ diːaw] 一カ所
だけ

---

**和訳**

**フォーム** : mûːa waan foom pay mɯːaŋ lék lék nay chonnabòt, rúu sùk mây mii
aray ləəy, klaaŋ khɯɯn tɔɔn dəən lên kɔ̂ lǒŋ thaaŋ klàp rooŋrɛɛm mây
dây, mây rúu wâa yùu troŋ nǎy phrɔ́ phə̂ŋ cà maa thǔŋ

昨日、とても小さな田舎町に行ったんだけど、何もないって感じ。夜、
散歩をしていたら道に迷ってホテルに帰れなかったの。着いたばかり
だったから、どこにいるかさっぱり分からなかったわ。

**友人** : nɔ́ɔŋ foom mây mii mɯɯ thɯ̌ɯ rə̌ə

フォーム、携帯電話は持っていなかったの？

**フォーム** : mɯɯ thɯ̌ɯ yùu nay mòod prayàt phlaŋŋaan lɛ́ɛw kɔ̂ɔ mây dây aw wên
maa dûːay

　　　　　　　　それが、省エネモードになってすぐ暗くなるし、眼鏡も持っていかな
　　　　　　　　かったの。

**友人**　　　：lɛ́ɛw tham yaŋŋay

　　　　　　　　それからどうしたの？

**フォーム**：ŋû:aŋ nɔɔn mâak, phɔɔ dii mii nùm lɔ̀ɔ nénam hây khâw pay nâŋ phák
　　　　　　　phɔ̀ɔn thîi kâwîi nay tùk plɛ̀ɛk plɛ̀ɛk klây klây kɔ̂ lǝǝy khâw pay nɔɔn
　　　　　　　thǔuŋ cháaw

　　　　　　　　眠くなったちょうどそのとき、カッコいい若い男性が近くのとても不
　　　　　　　　思議な建物に連れて行ってくれて、椅子で休ませてくれたの。それで
　　　　　　　　朝まで寝られたのよ。

**友人**　　　：kɔ̂ dii nɔ́

　　　　　　　　よかったじゃない。

**フォーム**：ŋán máŋ

　　　　　　　　まあね。

**友人**　　　：nâa pralàat cay caŋ, yaŋ kàp yùu nay níyaay lǝǝy nɛ̀, roomɛɛntik dii

　　　　　　　　不思議ね、まるで物語の世界にいるみたいじゃないの、ロマンチック
　　　　　　　　だわ。

**フォーム**：tɛ̀ɛ nân pen rooŋrɛɛm khɔ̌ɔŋ foom eeŋ, tɔɔn rɛ̂ɛk mây rúu phrɔ́ khâw
　　　　　　　thaaŋ pratuu lǎŋ

　　　　　　　　ところが、そこが私のホテルだったのよ。最初は分からなかったのよ、
　　　　　　　　裏口から入ったから。

**友人**　　　：bâa ciŋ, nɔ́ɔŋ khǝǝy bɔ̀ɔk wâa mɯ:aŋ thîi foom pay mii rooŋrɛɛm khɛ̂ɛ
　　　　　　　hɛ̀ŋ di:aw mây chây rɤ̌ǝ

　　　　　　　　バカね、あなたの行った町にはホテルは 1 軒しかないって、（あなた）
　　　　　　　　言っていたことあったでしょ。

## 本課を学んで

　道に迷っているフォームの前に男性が現れたときが聞き手を混乱させる点です。ここで友人の「ロマンチック」や「物語」という語から過度な推測をしないよう注意しましょう。フォームは「道に迷ったけどホテルに帰れた」という事実を述べている点に注目してください。

（答え）

問1　(D)
問2　省エネモードになってすぐ画面が暗くなり見えなくなる
　　　眼鏡も持っていかなかった
問3　建物が自分の宿泊しているホテルなのに椅子で一夜を明かすことになったので
問4　フォームが以前「町にはホテルは1件しかない」と言ったことを指摘した
問5　まるで物語の世界にいるみたいでロマンチックだ

---

### 発音の話（2）

ポイント☞リスニング学習も発想の転換期
聞き取りのアクションプラン

Ⅰ．タイ語はカタカナ音で聞く：本書の発音記号に聞こえた通りのカタカナをつけて「私はこの単語をこう聞いている」と分析しながら単語やフレーズをカタカナ音で覚えてください。

Ⅱ．会話の聞き取りは「カン」を駆使する：たとえばผัดผัก［phàt phàk］（野菜炒め）は初めて聞くと「パッパッ」と聞こえると思いますが聞いた場所（多分レストラン）や目的（注文）などの状況からカンで意味を想像してください。ไปไป［pay pay］（はやく行って！）もくだけた会話では「パッパッ」と聞こえるでしょう。

　タイ語を特殊言語と称し、音声学の専門用語や難しい記号を使った得体の知れない聞き取り学習はもう時代遅れだと思います。いまでは家や外出先の街角など日本からタイの友達の顔を見ながら話ができ、それにともない「会話の楽しみや喜び・おもしろさ」を体感できる時代になりました。リスニングへのアプローチも時代とともに変化し、過去のあなたの思い込み——聞き取り練習の「苦痛」——はやがて「楽しみ」に変わっていくはずです。「まだ実感がわかない」という方は、突破口として上記アクションプランを実践してみましょう。

# ホットナイト

タイ人も年末のカウントダウンが好きです。友人2人はどんな正月を
迎えたでしょうか？

🎧 **37**

登場人物　ミーン（女性）、ビーム（女性）

問**1**　次の中で正しいものをひとつ選んでください。

(A) カウントダウンはよく川沿いで行う。

(B) カウントダウンの日はタイでも仕事がある。

(C) カウントダウンの日は満月の夜だった。

(D) カウントダウンの日に風邪を引いた。

問**2**　外国に行く予定だった女性について

① 彼女の名前は？

(A) ミーン　　(B) ビーム　　(C) ヤイ

② 外国行きは取りやめました。どうしてですか？

③ 外国行きが取りやめになったあと、彼女はどうしましたか？

(A) 彼と喧嘩した　　(B) 彼の家に行った

(C) 実家に帰った　　(D) 風邪を引いた

問**3**　タイ東北部（実家）に行った女性について

① 彼女の名前は？

(A) ミーン　　(B) ビーム　　(C) ヤイ

② カウントダウンはどこで、誰と、どのような夜に行いましたか？

問**4**　スキットの中に出てくる次の諺は、誰が誰に言った台詞ですか？

① 3日離れりゃ他人のもの

（สามวันจากนารีเป็นอื่น ［sǎam wan càak naarii pen ùuun］）

(A) ミーンがビームに　　(B) ビームがヤイに　　(C) ビームがミーンに

② 愛しすぎると冷める（รักนักมักหน่าย［rák nák mák nàay］）

（A）ミーンがビームに　　（B）ミーンがヤイに　　（C）ビームがミーンに

**問 5**　タイ東北部に行った女性の話を聞いて、相手はひとこと注文しました。どんなことですか？

---

### ヒント

มีแผนจะ［mii phěɛn cà］〜する計画がある　　สุภาษิต［sùphaasìt］諺
ชวน［chu:an］誘う　　ทั้งคู่［tháŋ khûu］2人とも、2つとも　　แถม［thěɛm］
おまけ（に）　　ว่ากันว่า［wâa kan wâa］〜と言われている

**●● 親密度を表す文末詞 ●●**
第7課で親しい間柄で使う อ่ะ［à］（ครับ［khráp］／ค่ะ［khâ］と同じ意味）が出てきました。この課では อ่ะ［à］よりくだけた言い方 ว่ะ［wâ］／วะ［wá］が出ています。อ่ะ［à］は誰に対しても使えますが、ว่ะ［wâ］／วะ［wá］や代名詞 กู［kuu］（第2課）はよほど親しい間柄でないと使いません。

### 聞き取りのポイント

　この課のテーマは**対比**。特別な日は普段と違った状況におかれます。ここではカウントダウンが効果的だったのか、逆効果だったのか？　明暗を分けた2人の会話に注目してください。

🎧 37

### スキット

ビーム：ไอ้มีน กูกะว่า หลังจากไปเคาท์ดาวน์กับแฟนแล้ว กูกับเขามีแผนจะไปฮาวายด้วยกัน แต่เขาโทรมาบอกว่ารู้สึกเหนื่อย ขี้เกียจไป เพราะต้องทำงานถึงวันที่ 31
ây miin, kuu ka wâa lǎŋ càak pay kháwdaaw kàp fɛɛn lɛ́ɛw, kuu kàp kháw mii phěɛn cà pay haawaay dû:ay kan, tɛ̀ɛ kháw thoo maa bɔ̀ɔk wâa rúu sùk nù:ay khîi kì:at pay, phrɔ́ tɔ̂ŋ tham ŋaan thǔŋ wan thîi sǎam sìp èt

ミーン： ห๊ะ เสียดายจัง งั้นบีมไปฮาวายคนเดียวเหรอวะ
há, sǐ:a daay caŋ, ŋán biim pay haawaay khon di:aw rǒ̌ɔ wá

ビーム： ไปคนเดียวได้ยังไง ทะเลาะกันอยู่น่ะ ไม่อยากเห็นหน้าแล้ว
pay khon di:aw dây yaŋ ŋay, thalɔ́ kan yùu nà, mây yàak hěn nâa lɛ́ɛw

ミーン： คืนดีกันสิ มีสุภาษิตว่า "สามวันจากนารีเป็นอื่น"
khɯɯn dii kan sì, mii sùphaasìt wâa "sǎam wan càak naarii pen ɯ̀ɯn"

ビーム： แล้วมีนล่ะ
lɛ́ɛw miin lâ

ミーン： พี่ใหญ่ชวนกูไปบ้านเกิดที่บึงกาฬว่ะ
phîi yày chu:an kuu pay bâan kɔ̀ɔt thîi bɯŋkaan wâ

ビーム： พวกแกทั้งคู่มาจากที่เดียวกัน แถมหมู่บ้านเดียวกันด้วย แล้วได้เคาท์
ดาวน์รึเปล่า
phû:ak kɛɛ tháŋ khûu maa càak thîi di:aw kan, thěɛm mùu bâan di:aw kan
dû:ay, lɛ́ɛw dây kháwdaaw rú plàw

ミーン： ได้เคาท์ดาวน์กับพี่ใหญ่ริมแม่น้ำโขง พระจันทร์เต็มดวงสวยมาก
dây kháwdaaw kàp phîi yày rim mɛ̂ɛ náam khǒoŋ, phracan tem du:aŋ sǔ:ay
mâak

ビーム： แต่หมู่บ้านแกไม่มีอะไรเลยหนิ กลางคืนก็หนาวมาก แกเป็นหวัดรึ
เปล่าวะ
tɛ̀ɛ mùu bâan kɛɛ mây mii aray ləəy nì, klaaŋ khɯɯn kɔ̂ɔ nǎaw mâak, kɛɛ
pen wàt rú plàw wá

ミーン： ไม่เป็นว่ะ หลังจากเคาท์ดาวน์ พี่ใหญ่ก็ขอฉันแต่งงาน! ดีใจสุดๆ
เลยเว้ย หายหนาวเลย
mây pen wâ, lǎŋ càak kháwdaaw, phîi yày kɔ̂ɔ khɔ̌ɔ chán tɛ̀ŋŋaan! dii cay
sùt sùt ləəy wɔ́əy, hǎay nǎaw ləəy

ビーム： เค้าพูดว่าอะไร?
kháw phûut wâa aray

ミーン： เค้าบอกว่า "จะอยู่ด้วยกันตลอดไป"
kháw bɔ̀ɔk wâa "cà yùu dû:ay kan talɔ̀ɔt pay"

ビーム： หูย อิจฉาจังว่ะ อย่ามาจู๋จี๋ให้กูเห็นละกัน แต่ระวังนะ เค้าว่ากันว่า
"รักนักมักหน่าย"

hǔuy ìtchǎa caŋ wâ, yàa maa cǔu cǐi hây kuu hěn lá kan, tὲε rawaŋ ná,
kháw wâa kan wâa "rák nák mák nàay"

和訳を見る前に

คืนดีกัน [khɯɯn dii kan] 仲直りする　　พระจันทร์เต็มดวง [phracan tem
du:aŋ] 満月　　สุดๆ [sùt sùt] とても（うれしい）　　หายหนาว [hǎay
nǎaw] 寒くなくなる　　อิจฉา [itchǎa] 羨ましい、嫉妬する　　จู๋จี๋ [cǔu cǐi]
イチャイチャする　　ระวัง [rawaŋ] 注意する　　หาย [hǎay]（病気が）なお
る（หายไวๆนะ [hǎay way way ná]「お大事に」）、（問題が）なくなる
เคาท์ดาวน์ [kháwdaaw] カウントダウンする／カウントダウン（動詞と名詞の2
通りで使われています。タイ語の（動作性のある）名詞は動詞としても使えます）

和　訳

ビーム： ây miin, kuu ka wâa lǎŋ càak pay kháwdaaw kàp fεεn lέεw, kuu kàp kháw
mii phěen cà pay haawaay dû:ay kan, tὲε kháw thoo maa bɔ̀ɔk wâa rúu sùk
nὺ:ay khîi kì:at pay, phrɔ́ tôŋ tham ŋaan thǔŋ wan thîi sǎam sìp èt

ミーン、私、（彼と）カウントダウンをしに行ったあと、一緒にハワイ
に行く予定だったのよ。ところが（カウントダウンの前に）彼から電話
がきて、12 月 31 日まで仕事をしなければならなかったので、疲れた、
（ハワイに）行くのが面倒臭くなったって言うの。

ミーン： há, sǐ:a daay caŋ, ŋán biim pay haawaay khon di:aw rɔ̌ɔ wá

えっ！　もったいない。じゃあ、ビーム（あなた）はひとりでハワイに
行ったの？

ビーム： pay khon di:aw dây yaŋ ŋay, thalɔ́ kan yùu nà, mây yàak hěn nâa lέεw

ひとりで行くわけないでしょ、喧嘩したのよ。もう顔も見たくないわ！

ミーン： khɯɯn dii kan sì, mii sùphaasìt wâa "sǎam wan càak naarii pen ùɯɯn"

仲直りしなさいよ。「3 日離れりゃ他人のもの」っていう諺があるじゃ
ない。

ビーム： lέεw miin lâ

それで、ミーンは？

ミーン： phîi yày chu:an kuu pay bâan kòət thîi buŋkaan wâ

ヤイさんに誘われて、故郷のブンカン（県）に行ったの。

ビーム： phû:ak kεε tháŋ khûu, maa càak thîi di:aw kan, thěεm mùu bâan di:aw kan dû:ay, lέεw dây kháwdaaw rúu plàw

あなたたち、同じ方面の出身でおまけに（実家も）同じ村だし。で、カ ウントダウンしたの？

ミーン： dây kháwdaaw kàp phîi yày rim mêε náam khǒoŋ, phracan tem du:aŋ sǔ:ay mâak

したわよ。ヤイさんとメコン川のほとりで。満月だったのですごくきれ いだったわ。

ビーム： tὲε mùu bâan kεε mây mii aray lə̀əy nì, klaaŋ khuɯɯn kôo nǎaw mâak, kεε pen wàt rú plàw wá

でもあなたの村って何もないじゃない。それに夜はとても寒いでしょ。 風邪引かなかった？

ミーン： mây pen wâ, lǎŋ càak kháwdaaw, phîi yày kôo khǒo chán tὲŋŋaan! dii cay sùt sùt lə̀əy wə́əy, hǎay nǎaw lə̀əy

大丈夫。カウントダウンのあとヤイさんがプロポーズしてくれたの！ うれしかったわ、寒さなんて飛んじゃった。

ビーム： kháw phûut wâa aray

で、彼、何て言ったの？

ミーン： kháw bòok wâa "cà yùu dû:ay kan talòot pay"

「ずっと一緒にいるよ」って言ってくれたわ。

ビーム： hǔuy ìtchǎa caŋ wâ, yàa cǔu cǐi hây kuu hěn lá kan, tὲε rawaŋ ná, phró wâa kan wâa "rák nák mák nàay"

へぇー、羨ましいわね。イチャイチャしているところ、私に見せつけな いでよ！　でも気を付けなさい、「愛しすぎると冷める」って言うから。

**本課を学んで** ✺✺✺

　　本課はミーンとビームが「何でも言い合える間柄」であることを、文末詞などから把握しましょう。文末詞は親密度を知る手がかりになるので、軽視せず常に注目してください。本課に出てくるว่ะ［wâ］などの語は侮蔑的なセリフにも使うので、こちらから話すとタイ人から「使わない方がいい」と指摘されることがあります。ですがこのような経験の積み重ねから語句やフレーズを習得することはとても大切です。本文のように明暗を分けた2人の会話では、喜怒哀楽や自慢・嫉妬など感情に関連したフレーズをよく使います。会話の相手が毎回使うフレーズから覚え、「生きた言葉習得の実践例」（P68）で述べたように覚えたものが他の人に使えるか、ぜひ試してください。結果、誤解しない／されない感情表現が増えていくとタイ人との親密感もより深まるはずです。

（答え）

問1　(C)

問2　① (B)　ビーム（บีม［biim］）
　　　②「12月31日まで仕事をして疲れたのでハワイに行くのが面倒臭くなった」と彼が連絡してきたため
　　　③ (A)

問3　① (A)　ミーン（มีน［miin］）
　　　② メコン川のほとりで　ヤイさんと　満月のきれいな夜

問4　① (A)
　　　② (C)

問5　イチャイチャしているところ私に見せつけないで
　　　（อย่ามาจู๋จี๋ให้กูเห็นละกัน［yàa maa cǔu cǐi hây kuu hěn lá kan］）

# 第16課 イメージ

ヌック（女性）が、行きつけのマーイおばさんの美容院に来ました。

🎧 38

登場人物　マーイおばさん（美容師）、常連客のヌック（女性）

問**1**　次の中で正しいものをひとつ選んでください。

（A）ヌックの恋人はショートカットが好み。

（B）ヌックの恋人はカラーヘアが好み。

（C）ヌックはツインテールがあまり好きではない。

（D）ヌックはロングヘアが好き。

問**2**　マーイおばさんの手違いの原因は？

_____

問**3**　マーイおばさんはカツラで緊急対応をしましたが、ヌックはさらに
怒りました。なぜでしょうか？

_____

問**4**　ヌックの入店時の髪型と希望していた髪型、出来上がった髪型を選ん
でください。

入店時の髪型 _____　希望していた髪型 _____　出来上がった髪型 _____

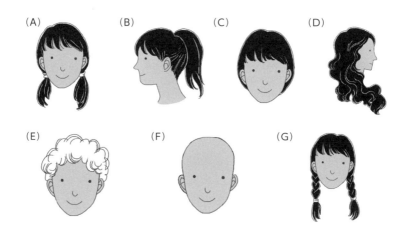

## ヒント

ผมหางม้า [phǒm hǎaŋ máa] ポニーテール　　ทรงนี้ [soŋ níi] この (髪) 型

ล้าสมัย [láa samǎy] 時代遅れ　　ซอยผม [sɔɔy phǒm] 髪をすく

สระผม [sà phǒm] 洗髪する　　ผมบ๊อบ [phǒm bɔ́ɔp] ボブ

## 聞き取りのポイント

　この課のテーマは**油断・不注意**。気が緩むことで起こるトラブルは予想がつきません。特に本課では、話し手も聞き手もどこで何が起きたか分からないまま、トラブルに見舞われました。その原因となった会話が、どんなやりとりによって起こったのか、注意して聞いてください。

## スキット

🎧 38

**ヌック:** พี่มาย พรุ่งนี้หนูมีเดทกับแฟนอ่ะ
phîi maay, phrûːŋ níi nǔu mii dèet kàp fɛɛn à

**マーイ:** งั้น นุ้กลองเปลี่ยนลุคมั้ยจ๊ะ น้องไว้ผมหางม้ามาตลอด
ŋán, núk lɔɔŋ plìːan lúk máy cá, nɔ́ɔŋ wáy phǒm hǎaŋ máa maa talɔ̀ɔt

**ヌック:** ก็ดีนะ ทรงนี้ดีมั้ยอ่ะพี่
kɔ̂ dii ná, soŋ níi dii máy à phîi

**マーイ:** มันดูล้าสมัยไปหน่อย แฟนนุ้กชอบผมยาวหรือสั้นล่ะ
man duu láa samǎy pay nɔ̀y, fɛɛn núk chɔ̂ɔp phǒm yaaw rǔɯ sân lâ

**ヌック:** น่าจะสั้น เหมือนคนในรูปนี้
nâa cà sân, mǔːan khon nay rûup níi

**マーイ:** โอ้โห น้องชอบทรงแบบนี้จริงเหรอ
ôohǒo, nɔ́ɔŋ chɔ̂ɔp soŋ bɛ̀ɛp níi ciŋ rǒ̌ə

**ヌック:** ค่ะ อารมณ์นี้ ซอยผมเยอะๆได้เลย
khâ, aarom níi, sɔɔy phǒm yɔ́ yɔ́ dây ləəy

マーイ： งั้นสระผมก่อน
　　　　ŋán, sà phǒm kɔ̀ɔn

ヌック： หนูเหนื่อย ขอหลับนะ
　　　　nǔu nù:ay, khɔ̌ɔ làp ná

**＊＊＊＊＊＊＊＊＊＊＊＊**

ヌック： ทำไมตัดนานจัง นี่ทรงอะไรอ่ะ ผมขาวหยิกเชียว ยังกับป้าแก่
　　　　thammay tàt naan caŋ, nîi soŋ aray à, phǒm khǎaw yìk chi:aw, yaŋ kàp pâa kὲɛ

マーイ： ก็น้องบอกว่าอยากได้เหมือนคนในรูปนี้นี่
　　　　kɔ̂ɔ nɔ́ɔŋ bɔ̀ɔk wâa yàak dây mǔ:an khon nay rûup níi nîi

ヌック： ไม่ใช่คนนี้ หนูหมายถึงเอาผมสั้นแบบคนนี้
　　　　mây chây khon níi, nǔu mǎay thʉ̌ŋ aw phǒm sân bὲɛp khon níi

マーイ： ไหนล่ะ
　　　　nǎy lâ

ヌック： คนนี้ไง　หนูอยากได้ทรงผมบ๊อบแบบคนนี้　พี่ตัดสั้นเกินไป　แบบนี้แฟนหนูไม่ปลื้มแน่　หนูอยากได้ผมตรงๆ
　　　　khon níi ŋay, nǔu yàak dây soŋ phǒm bɔ́ɔp bὲɛp khon níi, phîi tàt sân kəən pay, bὲɛp níi fɛɛn nǔu mây plʉ̂ʉm nɛ̂ɛ, nǔu yàak dây phǒm troŋ troŋ

マーイ： ถ้าหนูไม่ชอบทรงนี้ เดี๋ยวพี่ให้ยืมวิกผมของพี่ไปใส่ก่อนนะ
　　　　thâa nǔu mây chɔ̂ɔp soŋ níi, dǐ:aw phîi hây yʉʉm wík phǒm khɔ̌ɔŋ phîi pay sày kɔ̀ɔn ná

ヌック： อี๋ ไม่เอาค่ะ วิกทรงนี้ทำให้ดูแก่กว่าเดิมอีก
　　　　ǐi, mây aw khâ, wík soŋ níi tham hây duu kὲɛ kwàa dəəm ìik

マーイ： ใจเย็นๆนะนุ๊ก
　　　　cay yen yen ná núk

ヌック： อะไรเนี่ย วิกนี้เหม็นโฉ่ ไม่ได้ซักตั้งนานแล้วละมั้ง
　　　　aray nî:a, wík níi měn chòo, mây dây sák tâŋ naan lέɛw lá máŋ

マーイ： ไม่หรอก พรุ่งนี้วันเดียวเอง อีก 2 เดือนค่อยมาตัดใหม่นะจ๊ะ

mây rɔ̀ɔk, phrûŋ níi wan diːaw eeŋ, ìik sɔ̌ɔŋ dɯːan khôy maa tàt mày ná cá

**ヌック：** ไม่มาแล้วค่ะ
mây maa lɛ́ɛw khâ

---

和訳を見る前に

เปลี่ยนลุค [plìːan lúk] イメージチェンジ（する）　　อารมณ์นี้ [aarom níi]
こんな感じ　ขอหลับนะ [khɔ̌ɔ làp ná] ちょっと寝かせてね　ผมขาว
[phǒm khǎaw] 白髪　หยิก [yìk] 縮れる　ป้าแก่ [pâa kɛ̀ɛ] おばあさん
（直訳：老けたおばさん）　ปลื้ม [plɯ̂ɯm] 喜ぶ　ให้ยืม [hây yɯɯm]
〜を貸す　วิก [wík] カツラ　อี๋ ไม่เอา [ǐi, mây aw] えー、いやよ
เหม็นโฉ่ [měn chòo] 悪臭がする　　อีก 2 เดือนค่อย〜 [ìik sɔ̌ɔŋ dɯːan
khôy〜] 2カ月してそれから〜する

---

## 和　訳

**ヌック：** phîi maay, phrûːŋ níi nǔu mii dèet kàp fɛɛn à
マーイおばさん、明日、彼とデートなの。

**マーイ：** ŋán, núk lɔɔŋ plìːan lúk máy cá, nɔɔŋ wáy phǒm hǎŋ máa maa talɔ̀ɔt
じゃあ、ヌック、一度イメージチェンジしてみたら？　いつもポニーテー
ルだからね。

**ヌック：** kô dii ná, soŋ níi dii máy à phîi
それもいいわね、おばさん、この髪型でいいんじゃない？

**マーイ：** man duu láa samǎy pay nɔ̀y, fɛɛn núk chɔ̂ɔp phǒm yaaw rǔɯ sân lâ
ちょっと時代遅れよ。あなたの彼、ロングとショートのどちらが好みな
の？

**ヌック：** nâa cà sân, mǔːan khon nay rûup níi
ショートのはず。この写真のように。

**マーイ：** ôohǒo, nɔ́ɔŋ chɔ̂ɔp soŋ bɛ̀ɛp níi ciŋ rǎə
えー、あなた、本当にこんな髪型でいいの？

97

**ヌック**： khâ, aarom níi, sɔ̌ɔy phǒm yɔ́ yɔ́ dây ləəy

そう、こんな感じ。いっぱいすいちゃっていいわよ。

**マーイ**： ŋán, sà phǒm kɔ̀ɔn

じゃ、とりあえず洗髪しましょ。

**ヌック**： nǔu nùːay, khɔ̌ɔ làp ná

私、疲れたから、ちょっと寝かせてね。

\* \* \* \* \* \* \* \* \* \* \*

**ヌック**： thammay tàt naan caŋ, nîi soŋ aray à, phǒm khǎaw yìk chiːaw, yaŋ kàp pâa kɛ̀ɛ

結構時間かかったわね。えっ、何、この髪型！　まったくもう、こんな白髪のちりちりにしちゃって。おばあさんみたい。

**マーイ**： kɔ̂ɔ nɔ́ɔŋ bɔ̀ɔk wâa yàak dây mǔːan khon nay rûup níi nîi

だって、あなた、この写真の人のようにしたいって言ってたじゃない。

**ヌック**： mây chây khon níi, nǔu mǎay thǔŋ aw phǒm sân bɛ̀ɛp khon níi

この人じゃないわよ。私が言ったのは、この人のような短い髪のこと。

**マーイ**： nǎy lâ

どれなの？

**ヌック**： khon níi ŋay, nǔu yàak dây soŋ phǒm bɔ́ɔp bɛ̀ɛp khon níi, phîi tàt sân kəən pay, bɛ̀ɛp níi fɛɛn nǔu mây plûɯm nêɛ, nǔu yàak dây phǒm troŋ troŋ

この人よ、この人のようなボブにしたかったの。こんなに短くしちゃって。これじゃ、彼が絶対嫌がるわ。ストレートヘアがよかったのに。

**マーイ**： thâa nǔu mây chɔ̂ɔp soŋ níi, dǐːaw phîi hây yɯɯm wík phǒm khɔ̌ɔŋ phîi pay sày kɔ̀ɔn ná

この髪型がいやなら、おばさんのカツラを貸すから、これを付けて行ってらっしゃい。

**ヌック**： ĭi, mây aw khâ, wík soŋ níi tham hây duu kɛ̀ɛ kwàa dəəm ìik

えー。いやよ。このカツラだと前よりももっと老けて見えちゃうわ。

マーイ： cay yen yen ná núk

ヌック、ちょっと落ち着きなさい。

ヌック： aray nî:a, wík níi měn chòo, mây dây sák tâŋ naan lέεw lá máŋ

何これ！　このカツラなんか変な匂いがして臭いわ、長い間洗ってない
でしょう？

マーイ： mây rɔ̀ɔk, phrûŋ níi wan di:aw eeŋ, ìik sɔ̌ɔŋ dɯ:an khôy maa tàt mày ná cá

そんなことないわ、明日1日だけじゃない。2カ月くらいたったらま
たカットにいらっしゃい。

ヌック： mây maa lέεw khâ

もう来ないわ。

## 本課を学んで

　ヌックの「この髪型でいいんじゃない」「この写真のように」といっ
た注文に対し、マーイおばさんも変だと思い「本当にこんな髪型でい
いの？」と聞いていますが、年齢的にあり得ない髪型にもかかわらず、
再度写真を見せるなどの確認をしなかったことが、トラブルを引き起こ
しました。ヌックも疲れていたせいかおまかせ調です。大切な決め事
は、親しくても曖昧なやりとりは避けるべきです。特に会議など重要
な場面での不注意は、マイペンライ（なんとかなる）で済まなくなるの
で、相手の発言が不自然に感じたらしつこいくらい聞き直しましょう。

（答え）

問1　(A)

問2　参考にしたヘアスタイルの写真で、ヌックの希望したものとの見間違い

問3　洗っていなくて臭くなったカツラを急場しのぎに渡されたから

問4　入店時 (B)

　　　希望した髪型 (C)

　　　出来上がった髪型 (E)

**参考**

**ヘアスタイル** ทรงผม［soŋ phǒm］

| | | |
|---|---|---|
| ツインテール | ผมมัดแกละสองข้าง［phǒm mát klɛ̀ sɔ̌ɔŋ khâaŋ］ | |
| ポニーテール（にする） | (มัด)ผมหางม้า［(mát) phǒm hǎaŋ máa］ | |
| | （直訳：馬の尻尾（を束ねる）） | |
| ボブ | ผมบ๊อบ［phǒm bɔ́ɔp］ | |
| おかっぱ | ผมหน้าม้า［phǒm nâa máa］ | （直訳：馬の前髪） |
| (少し)ウェーブのかかったロング | | |
| | ผมยาวหยิก(เล็กน้อย)［phǒm yaaw yìk (lék nɔ́ɔy)］ | |
| ツーブロック | ผมสั้นไถข้าง［phǒm sân thǎy khâaŋ］ | |
| 丸刈り | โกนหัว［koon hǔːa］ | |
| 三つ編み（にする） | ถักเปีย［thàk piːa］ | |

第 **3** 章 状況別理解

17 ──────── パニック

18 ──────── 自然治癒のすすめ

19 ──────── 割り勘必勝法

20 ──────── あなたはどんな人？

21 ──────── フラッシュバック

22 ──────── ローイカトン

# 第17課 パニック

不運な男がいました。彼は大切な用事を明日に控え、突如歯のトラブルに見舞われたのです。待合室から大騒ぎする患者の声が聞こえます。状況は深刻そうです。

🎧 39

登場人物　患者（男性）、歯科医（女性）

問1　次の中で間違っているものをひとつ選んでください。

(A) 患者は明日、結婚式で司会をしなければならない。

(B) 患者の今日の治療代は 500 バーツかからなかった。

(C) 患者はさっき財布を盗まれた。

(D) 患者は昨日ドアにぶつかって歯を 2 本折った。

問2　治療を急ぐ患者に対し、歯科医はどのように返答しましたか？

_____

問3　帰り際、受付で応急処置用にあるものを渡されました。それは何ですか？　またその効力は？

_____

次の問 4、5 の答えに当たる部分のタイ語（カタカナ可）を書き出し、分かる範囲で和訳してください。分からなくても、大体このあたりかなと思った箇所を書いてください。第 18 課以降も同様に。

問4　明日の大切な用事に際し、歯科医からどんな注意事項を言われましたか？

_____

問5　患者のトラブルで歯とは関係ないことがあります。どんなことでしょうか？

_____

> **ヒント**
>
> ฟันปลอม [fan plɔɔm] 差し歯　　หลุด [lùt] 取れる　　เอ็กซเรย์ [èksaree] レントゲン　　อ้าปาก [âa pàak] 口を開ける　　พิธีกร [phíthiikɔɔn] 司会者　　กะทันหัน [kathanhǎn] 急に、突然　　เมื่อกี้ [mûːa kíi] いまさっき

　本課では、あせっている患者と冷静に対応する歯科医のやりとりです。特にパニックに陥ると、聞き手に関係のないことまで話すこともありがちです。感情の起伏によって起こる本題と関係ない語句を区別できるようにしましょう。母語（日本人なら日本語）でない場合、会話についていけない原因になる可能性があります。

**スキット**　🎧 39

**患者** ： คุณหมอครับ เมื่อวานผมเดินชนประตู ฟันปลอมหน้าหลุด 2 ซี่ ใส่ฟันปลอมได้มั้ยครับ

khun mɔ̌ɔ khráp, mûːawaan phǒm dəən chon pratuu, fan plɔɔm nâa lùt sɔ̌ɔŋ sîi, sày fan plɔɔm dây máy khráp

**歯科医** ： ยังไงก็เอ็กซเรย์ก่อนนะคะ ข้างในเป็นแผลอยู่นะคะ คงจะใส่ฟันปลอมทันทีไม่ได้ ต้องรักษาก่อนประมาณ 1 เดือน

yaŋŋay kɔ̂ɔ ʔèksaree kɔ̀ɔn ná khá, khâŋ nay pen phlɛ̌ɛ yùu ná khá, khoŋ cà sày fan plɔɔm thanthii mây dây, tɔ̂ŋ ráksǎa kɔ̀ɔn pramaan nùŋ dɯːan

**患者** ： คุณหมอครับ พรุ่งนี้ผมต้องไปงานแต่งงานของพี่สาวนะครับ

khun mɔ̌ɔ khráp, phrûŋ níi phǒm tɔ̂ŋ pay ŋaan tèŋŋaan khɔ̌ɔŋ phîi sǎaw ná khráp

**歯科医** ： ถ้าใส่ฟันปลอมตอนนี้จะหลุดง่ายนะคะ

thâa sày fan plɔɔm tɔɔn níi cà lùt ŋâay ná khá

**患者** ： ทำยังไงมันถึงจะไม่หลุดเหรอครับ

tham yaŋŋay man thɯ̌ŋ cà mây lùt rɤ̌ɤ khráp

**歯科医** ： อย่ากินอะไร อย่าพูดเยอะ แล้วก็อย่าอ้าปากดีกว่านะคะ

yàa kin aray, yàa phûut yɤ́, lɛ́ɛw kɔ̂ɔ yàa âa pàak dii kwàa ná khá

**患者** ： แต่คุณหมอครับ ผมต้องเป็นพิธีกรนะครับ

tɛ̀ɛ khun mɔ̌ɔ khráp, phǒm tɔ̂ŋ pen phíthiikɔɔn ná khráp

**歯科医** ： โอ้ งั้นเหรอ

ôo, ŋán rɤ̌ɤ

**患者** ： คุณหมอครับ　เมื่อวานทำคอนแทคเลนส์หาย　แล้วยังคันขาขึ้นมา
กะทันหันเพราะโรคน้ำกัดเท้าด้วย เมื่อกี้กระเป๋าตังค์ก็ถูกขโมย เข็ด
แล้วอ่ะ　ทำยังไงดี คุณหมอ

khun mɔ̌ɔ khráp, mûːawaan tham khɔɔnthêɛklen hǎay, lɛ́ɛw yaŋ khan khǎa
khûn maa kathanhǎn phrɔ́ rôok nám kàt tháw dûːay, mûːa kíi krapǎwtaŋ
kɔ̂ɔ thùuk khamooy, khèt lɛ́ɛw à, tham yaŋŋay dii khun mɔ̌ɔ

**歯科医** ： อย่าเอะอะสิคะ คนไข้คนอื่นมองอยู่
yàa èà sì khá, khon khây khon ɯ̀ɯn mɔɔŋ yùu

**患者** ： เอ้า ฟันปลอมที่ใส่เมื่อกี้กับฟันปลอมด้านซ้ายหลุดซะแล้ว
âw! fan plɔɔm thîi sày mûːa kíi kàp fan plɔɔm dâan sáay lùt sa lɛ́ɛw

**歯科医** ： บอกแล้วไงคะว่าอย่าพูดเยอะ เดี๋ยวจะใส่ให้อีกค่ะ
นี่ ซีเมนต์เผื่อฟันหลุด แต่ใช้ได้แค่ครึ่งชั่วโมง น่าจะดีกว่าไม่มีค่ะ
วันนี้ทั้งหมด 450 บาทค่ะ

bɔ̀ɔk lɛ́ɛw ŋay khá wâa yàa phûut yɔ́ , dǐːaw cà sày hây ìik khâ
nîi siimeen phɯ̀ːa fan lùt, tɛ̀ɛ cháy dây khɛ̂ɛ khrɯ̂ŋ chûːa mooŋ, nâa cà dii
kwàa mây mii khâ
wan níi tháŋ mòt sìi rɔ́ɔy hâa sìp bàat khâ

**患者** ： อ้าว! ตายห่า กระเป๋าตังค์อยู่ไหน
âaw! taay hàa, krapǎwtaŋ yùu nǎy

---

┌─ 和訳を見る前に ─┐

ซี่ [sîi]（歯が）〜本（類別詞）　　　ทันที [thanthii] すぐに　　　รักษา [ráksǎa]
治療する　　คัน [khan] かゆい　　เข็ดแล้ว [khèt lɛ́ɛw] やってられない、懲り
た　　กระเป๋าตังค์ก็ถูกขโมย [krapǎwtaŋ kɔ̂ɔ thùuk khamooy] 財布も盗まれる
（A ถูกขโมย [A thùuk khamooy] Aが盗まれる）　　เอะอะ [èà] 大騒ぎする
ซะแล้ว [sá lɛ́ɛw]（悪い結果に）なってしまった

＊ ซะ [sá] は เสีย [sǐːa] の短縮。物事が悪い方向に向かう「消滅する」「なくなる」と
　いった意味をもつ

＊第 3 章の和訳にスキットのタイ語の発音記号は付けていません

## 和　訳

**患者** ： 先生、昨日ドアにぶつけて、前の差し歯が 2 本取れたんです。差し歯を入れてもらえますか？

**歯科医：** とりあえず、レントゲンを撮ってみましょう。中が炎症を起こしていますね。この分だとすぐに差し歯を付けるのは無理ですね、まず 1 カ月ほどの治療が必要です。

**患者** ： 先生、明日姉の結婚式に行かなければならないんです。

**歯科医：** でもいま入れると、すぐ取れてしまいますよ。

**患者** ： 取れないようにするにはどうしたらいいですか？

**歯科医：** 何も食べないこと、あまり話さないこと、それに口を開けない方がいいですよ。

**患者** ： 先生、私（明日の結婚式の）司会者なんですが。

**歯科医：** ああ、そうだったの。

**患者** ： 先生、昨日はコンタクトレンズをなくすし、水虫で急に足がかゆくなるし、いまさっきは財布も盗まれるし、もうやってられないですよ。先生、どうしたらいいですか？

**歯科医：** そんなに大騒ぎしないでくださいね、他の患者さんが見ていますよ。

**患者** ： あっ、さっきの差し歯と左の差し歯が取れちゃった。

**歯科医：** だから言ったでしょ、話しすぎないようにって。もう一度入れてあげますよ。
これは歯が取れたときのセメントです。半時間ほどしかもちませんが、ないよりいいでしょう。今日は全部で 450 バーツです。

**患者** ： あれ！　ヤバい。財布がない。

## 本課を学んで 🌿

　　この課では冷静な歯科医とパニックに陥った患者の会話です。さて、あなたが患者ならどうしますか？　狼狽の内容だけは医師もよく分かってくれると思います。ですがパニック状態の場合であっても、医師はあなたの都合より症状や治療法に関心を向けるでしょう。結論として患者であるあなたは医師のアドバイスだけをしっかり聞くことに専念すればいいのです。その方が現実的なパニック回避につながると思われます(スキットなら最後のセメントによる応急処置)。医療の場面に限らず、体力・気力が弱っているとリスニング力もかなり低下し、その結果余計な不安・誤解のもとになりかねません。

（答え）

問 1　(D)　＊歯が折れたのではなく、差し歯が取れた

問 2　レントゲンの結果、中が炎症を起こしていて、1カ月ほどの治療が必要。すぐに差し歯を付けられない

問 3　歯が取れたときのセメント　　半時間ほどしかもたない

問 4　อย่ากินอะไร อย่าพูดเยอะ (แล้วก็)อย่าอ้าปากดีกว่านะคะ
　　　yàa kin aray, yàa phûut yá, (lɛ́ɛw kɔ̂ɔ) yàa âa pàak dii kwàa ná khá
　　　ヤー・キン・アライ、ヤー・プート・ユッ、(レオ・コー・)ヤー・アー・パーク・ディー・クワァー・ナ・カ
　　　何も食べないこと、あまり話さないこと、(それに) 口を開けない方がいいですよ

問 5　เมื่อวานทำคอนแทคเลนส์หาย แล้วยังคันขาขึ้นมากะทันหันเพราะ โรคน้ำกัดเท้าด้วย เมื่อกี้กระเป๋าตังค์ก็ถูกขโมย
　　　mû:awaan tham khɔɔnthɛ̂ɛklen hǎay, lɛ́ɛw yaŋ khan khǎa khûn maa kathanhǎn phrɔ́ rôok nám kàt tháw dûːay, mûːa kíi krapǎwtaŋ kɔ̂ɔ thùuk khamooy
　　　ムーア・ワーン・タム・コーンテークレーン・ハーイ・レーオ・ヤン・カン・カー・クン・マー・カタンハン・プロ・　ローク・ナム・カット・タオ・ドゥーアイ、ムーアキー・クラッパオタン・コー・トゥーク・カモーイ
　　　昨日はコンタクトレンズを失い、水虫で急に足がかゆくなり、いまさっきは財布も盗まれた

　　　＊「コンタクトレンズ」や「水虫」は分からなくても大丈夫です。繰り返しになりますが上記が答えの部分であると気付くことを目標にしましょう。

# 自然治癒のすすめ

ある中高年の女性が薬局に来ました。ベテラン薬剤師（女性）が休みで新人（男性）が応対しましたが、客は不満をかかえ、1週間後に再び来店しました。ベテラン薬剤師も対応に大変そうです。

🎧 40

登場人物　客（女性）、薬剤師（男・女）

問**1**　最初の男性薬剤師がアドバイスをしていないものをひとつ選んでください。

(A) 水をたくさん飲むように。

(B) 野菜をたくさん食べるように。

(C) 客の求めている薬はアレルギーがある人には危険。

(D) 客の求めている薬には人によって副作用があるので危険。

問**2**　客の悩みは何ですか？

_____

問**3**　女性薬剤師によれば、次のことに効果があるものは何ですか？　タイ語（カタカナ可）で答えてください。

① 食物繊維がたくさんとれる　_____

② 心臓が強くなる　_____

③ 胃の調子を整える　_____

④ 暑さ対策　_____

問**4**　客は女性薬剤師の勧める次のものに対して、どう答えていますか？タイ語（カタカナ可）で答えてください。

① ハチミツ　_____

② パパイヤ　_____

問**5**　結局、客は薬局で何を買いましたか？

_____

ヒント

สมุนไพร [samǔnphray] ハーブ　　น้ำผึ้ง [nám phûŋ] ハチミツ　　แพ้ [phέε]（～に）アレルギーがある　　กากใยอาหาร [kàakyay aahǎan] 食物

107

繊維　เบาหวาน [bawwǎan] 糖尿病　รูปร่าง [rûup râaŋ] 体形、体格

หัวใจ [hǔ:acay] 心臓　ท้องเสีย [thɔ́ɔŋ sǐ:a] お腹をこわす

ไม่สบายใจ [mây sabaaycay] 心配（心が晴れない）

**聞き取りのポイント**

　本課では、客が求めていた薬に対し客がひとこと言うたびに薬剤師がいろいろと提案し、最終的に薬剤師もどうすればいいか困惑してしまいます。薬剤師の提案と客の個人的都合を整理しながら聞いてください。

**スキット** 🎧 40

客　　　　：น้อง พี่ท้องผูกมาเดือนนึงแล้ว มียาแก้ท้องผูกมั้ยคะ
　　　　　nɔ́ɔŋ, phîi thɔ́ɔŋ phùuk maa dɯ:an nɯŋ lɛ́ɛw, mii yaa kɛ̂ɛ thɔ́ɔŋ phùuk máy khá

薬剤師 (男)：หมดแล้วครับ กินน้ำเยอะๆสิครับคุณพี่
　　　　　mòt lɛ́ɛw khráp, kin náam yɔ́ yɔ́ sì khráp khun phîi

客　　　　：พี่ก็กินน้ำเยอะแล้วนะ แต่ก็ไม่ออกอยู่ดี
　　　　　phîi kɔ̂ɔ kin náam yɔ́ lɛ́ɛw ná, tɛ̀ɛ kɔ̂ɔ mây ɔ̀ɔk yùu dii

薬剤師 (男)：งั้นคุณพี่ต้องกินผักเยอะๆดีกว่า ยาแก้ท้องผูกนี่ บางคนมีผลข้าง
　　　　　เคียงแรง อันตรายนะครับพี่
　　　　　ŋán khun phîi tôŋ kin phàk yɔ́ yɔ́ dii kwàa, yaa kɛ̂ɛ thɔ́ɔŋ phùuk nîi,
　　　　　baaŋ khon mii phǒn khâaŋ khi:aŋ rɛɛŋ antaraay ná kháp phîi

　　　　　( 1 อาทิตย์ต่อมา [nùŋ aathít tɔ̀ɔ maa])

客　　　　：พี่กินน้ำกับผักเยอะๆตามที่พนักงานแนะนำเมื่ออาทิตย์ที่แล้วนะ
　　　　　แต่ก็ยังท้องผูกอยู่เลย แล้วก็อ้วนขึ้นด้วย มีแต่ตดออกมา
　　　　　phîi kin náam kàp phàk yɔ́ yɔ́ taam thîi phanák ŋaan né nám mɯ̂:a
　　　　　aathít thîi lɛ́ɛw ná, tɛ̀ɛ kɔ̂ɔ yaŋ thɔ́ɔŋ phùuk yùu ləəy, lɛ́ɛw kɔ̂ɔ û:an
　　　　　khûn dû:ay, mii tɛ̀ɛ tòt ɔ̀ɔk maa

薬剤師 (女) : พนักงานที่พี่เจออาทิตย์ที่แล้วเป็นคนใหม่ค่ะ　เขายังมีความรู้น้อย
นี่ค่ะ ยาสมุนไพรแก้ท้องผูก　แล้วกินมะละกอ สับปะรด น้ำผึ้ง
มะนาว น่าจะช่วยได้นะคะ

phanákŋaan thîi phîi cɔɔ aathít thîi lɛ́ɛw pen khon mày khâ, kháw yaŋ
mii khwaam rúu nɔ́ɔy, nîi khâ, yaa samǔnphray kɛ̂ɛ thɔ́ɔŋ phùuk lɛ́ɛw
kin malakɔɔ sàpparót nám phûŋ manaaw nâa cà chû:ay dây ná khá

客 : พี่ไม่ชอบสับปะรดและมะนาวแล้วก็แพ้น้ำผึ้งด้วย

phîi mây chɔ̂ɔp sàpparót lɛ́ manaaw lɛ́ɛw kɔ̂ɔ phɛ́ɛ nám phûŋ dû:ay

薬剤師 (女) : งั้น มะละกอล่ะคะ มีกากใยอาหารสูง

ŋán malakɔɔ lâ khá, mii kàakyay aahǎan sǔuŋ

客 : มะละกอนี่ มีน้ำตาลมากด้วยใช่มั้ย กลัวเบาหวานอ่ะ พี่ขี้ร้อนก็
เลยกินน้ำบ่อยๆ ถ้าเป็นเบาหวานก็น่าจะกินน้ำเยอะกว่านี้ <u>ทำให้</u>
อ้วนขึ้นอีกแน่ๆ

malakɔɔ nîi mii námtaan mâak dû:ay chây máy, klu:a bawwǎan à, phîi
khîi rɔ́ɔn kɔ̂ɔ ləəy kin náam bɔ̀y bɔ̀y, thâa pen bawwǎan kɔ̂ɔ nâa cà kin
náam yɔ́ kwàa níi <u>tham hây</u> û:an khûn iik nɛ̂ɛ nɛ̂ɛ

薬剤師 (女) : ผลไม้ไม่ทำให้เป็นเบาหวานหรอกมั้งคะ　ถ้าเป็นคนขี้ร้อนแนะนำ
ให้ทานเก๊กฮวยนะคะ　จะได้ไม่หิวน้ำบ่อย　กระเจี๊ยบจะช่วยให้
หัวใจแข็งแรง ให้ทานยา 2 อย่างนี้ วันละ 3 ครั้ง ครั้งละ 15 เม็ด
นะคะ

phǒnlamáay mây tham hây pen bawwǎan rɔ̀ɔk máŋ khá, thâa pen khon
khîi rɔ́ɔn nɛ́nam hây thaan kék hu:ay ná khá, <u>cà dây</u> mây hǐw náam bɔ̀y,
krací:ap cà chû:ay hây hǔ:acay khɛ̌ŋrɛɛŋ, hây thaan yaa sɔ̌ɔŋ yàaŋ níi
wan lá sǎam khráŋ khráŋ lá sìp hâa mét ná khá

客 : อย่างงี้ ต้องกินน้ำเยอะๆอีกใช่มั้ย กินยาเยอะก็ไม่ดีต่อกระเพาะ
แล้วก็อ้วนขึ้นอีก

yàaŋŋíi tɔ̂ŋ kin náam yɔ́ yɔ́ iik chây máy, kin yaa yɔ́ kɔ̂ɔ mây dii tɔ̀ɔ
kraphɔ́ lɛ́ɛw kɔ̂ɔ û:an khûn iik

薬剤師 (女) : งั้นแนะนำให้ทานตะไคร้บำรุงกระเพาะนะคะ

ŋán nɛ́nam hây thaan takhráy bamruŋ kraphɔ́ ná khá

客 : พอแล้วค่ะ โอ๊ย ปวดหัวเลย มีอะไรกินมั้ย ไม่ได้กินอะไรเลย

ตั้งแต่เช้าเพราะกลัวอ้วน

phɔɔ lɛ́ɛw khâ, óoy, pùːat hǔːa lə̀əy, mii aray kin máy, mây dây kin aray
lə̀əy tâŋ tɛ̀ɛ cháaw phrɔ́ kluːa ûːan

**薬剤師 (女)：** มีส้มตำค่ะ เพิ่งซื้อมาเป็นอาหารเที่ยง

mii sômtam khâ, phə̂ŋ súɯɯ maa pen aahǎan thîːaŋ

**客 ：** ไม่เอาส้มตำอ่ะ เพราะกินแล้วท้องเสียทุกทีเลย

mây aw somtam à, phrɔ́ kin lɛ́ɛw thɔ́ɔŋ sǐːa thúk thii lə̀əy

**薬剤師 (女)：** งั้น พี่กินส้มตำทุกวันดีกว่า   แต่ถ้ายังไม่สบายใจ <u>แนะนำให้</u>ไป
ปรึกษาแพทย์ค่ะ

ŋán, phîi kin somtam thúk wan dii kwàa, tɛ̀ɛ thâa yaŋ mây sabaaycay,
<u>nɛ́nam hây</u> pay prɯ̀ksǎa phɛ̂ɛt khâ

---

( 和訳を見る前に )

ท้องผูก [thɔ́ɔŋ phùuk] 便秘　　ผลข้างเคียง [phǒn khâaŋ khiːaŋ] 副作用（「後遺
症」という意味でも使う）　　แรง [rɛɛŋ] 強い　　ตด [tòt] おなら
กระเพาะ [kraphɔ́] 胃　　บำรุง [bamruŋ] 改善する

**••構文••**

A จะช่วย B <u>ได้</u> [A cà chûːay B <u>dây</u>] AがBの<u>ため</u>（Bの手助け）<u>になる</u>

A (จะ)<u>ทำให้</u> B [A (cà) <u>tham hây</u> B] Aによって<u>B</u>という結果に<u>なる</u>

A จะ<u>ได้</u> B [A cà <u>dây</u> B]

　　　A<u>をすることで</u>（Aによって）B<u>になる</u>（する）<u>ことができる</u>

A (จะ)<u>แนะนำให้</u> B [A (cà) <u>nɛ́nam hây</u> B] AがB<u>するように</u><u>勧める</u>（アドバイス
する）

＊ จะ [cà] が動詞や形容詞の前に付くことで未確定であることを暗に示したり明言を避け
る働きがあります。จะ [cà] がなければ強い意思や確信を表します

---

**和 訳**

**客 ：** すみません！　私、便秘になって１カ月になるの。便秘薬あります
か？

| 薬剤師 (男)： | ちょっと（在庫が）切れていますね。お客様、水をたくさん飲んでください。 |
|---|---|
| 客 ： | 私も水分はたくさんとっているわ、でもちゃんと出ないの。 |
| 薬剤師 (男)： | じゃあ、お客様、野菜をたくさん食べてください。便秘薬って人によって強い副作用があって危険ですよ。 |

（それから 1 週間後）

| 客 ： | 先週（の薬剤師さんに）言われたように、水と野菜をたっぷりとりました。でもまだ便秘のままで、前より太ってしまったのよ。出るのはおならだけだわ。 |
|---|---|
| 薬剤師 (女)： | （ああ、）先週お客様に対応したものは新人で、まだ知識不足（でご迷惑をおかけしました）。これがいいですね。便秘に効くハーブで、パパイヤ、パイナップル、ハチミツ、レモン（など）と召し上がると効果的ですよ。 |
| 客 ： | 私はパイナップルとレモンが嫌いなの。それにハチミツアレルギーなのよ。 |
| 薬剤師 (女)： | では、パパイヤはどうですか？　食物繊維がいっぱい取れますよ。 |
| 客 ： | パパイヤって糖分（砂糖）が多いでしょ。糖尿病になるのが心配で、ただでさえ暑がりなのに糖尿になると、もっと水を飲みたくなるに決まっているわ。そしてもっと太っちゃうわ。 |
| 薬剤師 (女)： | フルーツは糖尿病と（因果）関係はないと思います。暑がりの人ならケックフワイ（菊）をお勧めします。あまりのどが渇かなくなりますよ。カチアップ（ローゼル）は心臓が強くなります。この 2 種類を日に 3 回、1 回 15 錠召し上がってください。 |
| 客 ： | こんなにだと、水をいっぱい飲むことになるでしょ。薬をたくさん飲むと胃にも悪く、また余計に太るわ。 |
| 薬剤師 (女)： | じゃあ、レモングラスもお勧めします。胃の調子を整えてくれますよ。 |
| 客 ： | もう結構です。（聞いていると）なんだか頭痛がしてきたわ。何か食べるものありませんか？　太るのが心配で朝から何も食べていないの。 |

薬剤師 **(女)** ： ソムタム（パパイヤサラダ）があります。お昼ごはん用に買ってき
　　　　　　　たばかりですが。

客 　　　　： ソムタムはいいです。食べるといつも下痢をするから。

薬剤師 **(女)** ： じゃあ、ソムタムを毎日食べましょう。でも心配なら、お医者さん
　　　　　　　に相談することをお勧めしますよ。

### 本課を学んで

　　人気のあるハーブ名は後々までも使える語彙です。日々使い（聞い
て）、今後も使えそうな語彙をたくさん覚えておきましょう。特定の
地域によく行く人は、その土地でよく聞く言葉やホテル名、有名な店、
人々がよく待ち合わせする場所、その町でよく使う隠語、ちょっとした町
の歴史などを知っておくと、聞き取りの余裕につながるでしょう。「単語
を覚えるのは大変」とよく耳にします。何度タイに行っても聞いたことが
ないものは、無理に覚える必要はないと思います。逆に、いつも聞くけど
意味が分からない語はカタカナでメモしておきましょう。ひょっとして重
要語の省略形や、よく使うタイ製英語の可能性があります。

（答え）

問 1　(C)　＊スキットでは言及していない

問 2　便秘　＊便秘改善のために薬剤師が提案するハーブに対し、糖尿病になることと太るこ
　　　　とに客が心配している部分を再度音声で確認しましょう

問 3　① มะละกอ［malakɔɔ］パパイヤ
　　　② กระเจี๊ยบ［kracíːap］カチアップ（ローゼル）
　　　③ ตะไคร้［takhráy］レモングラス
　　　④ เก๊กฮวย［kék huːay］ケックフワイ（菊）

問 4　① ハチミツ　แพ้น้ำผึ้งด้วย
　　　　　　　　　phɛ́ɛ nám phûŋ dûːay
　　　　　　　　　ペー・ナムプン・ドゥーアイ
　　　　　　　　　ハチミツアレルギーなの
　　　② パパイヤ　มีน้ำตาลมากด้วยใช่มั้ย กลัวเบาหวาน
　　　　　　　　　mii námtaan mâak dûːay chây máy, kluːa bawwǎan
　　　　　　　　　ミー・ナムターン・マーク・ドゥーアイ、チャイ・マイ、クルア・バオワーン
　　　　　　　　　糖分（砂糖）が多いでしょ。糖尿病になるのが心配

問 5　何も買っていない

**病院の診療科**

| | | |
|---|---|---|
| 外科 | แผนกศัลยกรรม | [phanɛ̀ɛk sǎnlayakam] |
| 整形外科 | แผนกศัลยกรรมตกแต่ง | [phanɛ̀ɛk sǎnlayakam tòk tɛ̀ɛŋ] |
| 内科 | แผนกอายุรกรรม | [phanɛ̀ɛk aayúrakam] |
| 産婦人科 | แผนกสูตินรีเวชกรรม | [phanɛ̀ɛk sùutinariiwêetchakam] |
| 皮膚科 | แผนกผิวหนัง | [phanɛ̀ɛk phǐw nǎŋ] |
| 美容外科 | แผนกศัลยกรรมความงาม | [phanɛ̀ɛk sǎnlayakam khwaam ŋaam] |

＊形成外科も含む

| | | |
|---|---|---|
| 眼科 | แผนกจักษุ / แผนกตา | [phanɛ̀ɛk càksù / phanɛ̀ɛk taa] |
| 耳鼻咽喉科 | แผนกหู คอ จมูก | [phanɛ̀ɛk hǔu khɔɔ camùuk] |
| 精神科 | แผนกจิตเวช | [phanɛ̀ɛk cittawêet] |
| 小児科 | แผนกกุมารเวช | [phanɛ̀ɛk kumaarawêet] |
| 救急処置科 | แผนกฉุกเฉินและอุบัติเหตุ | [phanɛ̀ɛk chùkchɔ̌ən lé ùbàtihèet] |
| 脳神経外科 | แผนกศัลยกรรมประสาท | [phanɛ̀ɛk sǎnlayakam prasàat] |
| 歯科 | แผนกทันตแพทย์ | [phanɛ̀ɛk tantaphɛ̂et] |
| 泌尿器科 | แผนกทางเดินปัสสาวะ | [phanɛ̀ɛk thaaŋ dəən pàtsǎawá] |
| 麻酔科 | แผนกวิสัญญี | [phanɛ̀ɛk wísǎnyii] |
| 消化器科 | แผนกทางเดินอาหาร | [phanɛ̀ɛk thaaŋ dəən aahǎan] |
| リハビリテーション科 | | |
| | แผนกกายภาพบำบัด | [phanɛ̀ɛk kaayya phâap bambàt] |

＊リハビリは一般にエクササイズ（*exercise*）と言います
＊薬剤師は**เภสัชกร** [pheesàtchakɔɔn] と言います

**参考**

マスク หน้ากากอนามัย [nâakàak anaamay]
（マスクをする ใส่หน้ากากอนามัย [sày nâakàak anaamay]）
手洗い（する）ล้างมือ [láaŋ mɯɯ]
うがい（する）กลั้วคอ [klûa khɔɔ]
検温（する）วัดอุณหภูมิ [wát unhaphuum]
消毒（する）ฆ่าเชื้อ [khâa chɯ́ːa]
感染（する）ติดเชื้อ [tìt chɯ́ːa]
免疫 ภูมิคุ้มกัน [phuumkhúm kan]
蔓延（する）แพร่กระจ่าย [phrɛ̂ɛ kracàay]
伝染病、疫病 โรคระบาด [rôok rabàat]
非常事態宣言 ประกาศสถานการณ์ฉุกเฉิน [prakàat sathǎanakaan chùk chɔ̌ən]

#  割り勘必勝法

ペーンとソーンは、バンコクにある東北料理店に入りました。珍しいものばかりで注文に迷っています。ふたりは相談しながら注文するので混乱気味です。何をどれだけ注文したのでしょうか？

🎧 41

登場人物 ペーン（女性）、ソーン（男性）、店員（女性）

問1 ペーンとソーンの注文に関し、間違っているものをひとつ選んでください。

(A) ペーンはナムトックが好きでない。

(B) ペーンは今日のチムチュムの値段に好意的。

(C) ソーンの支払いは 240 バーツ。

(D) ソーンはソムタムが好きでない。

問2 ペーンとソーンの注文を下の表にまとめてください。

| ペーンの注文（店員のオーダー確認前） |
|---|
| |
| ソーンの注文（店員のオーダー確認前） |
| |
| 店員のオーダー確認後のペーンの追加とキャンセル |
| オーダー後の追加： |
| オーダー後のキャンセル： |

問3 店員が注文を聞き間違えたり、聞き落とした料理が4つあります。この4つの正誤表を作ってください。

| 店員が聞き間違えた料理名 | 実際の注文 |
|---|---|
| | |
| | |
| | |
| 店員が聞き落とした料理名 | 実際の注文 |
| | |

問 **4**　お勘定のとき、ソーンはペーンに苦情を言いました。何が原因だったのでしょうか？

_____

問 **5**　次の表現は、スキットではどう言っていますか？（カタカナ可）

　　① なんでもいいよ、ペーンにまかせるよ。＿＿＿＿＿＿＿＿
　　② ちょっと、注文をお願いします。＿＿＿＿＿＿＿＿
　　③ 豚のナムトックは辛くしないでね。＿＿＿＿＿＿＿＿
　　④ 水（コップで）2 人分。＿＿＿＿＿＿＿＿
　　⑤ 別々に会計できますか？＿＿＿＿＿＿＿＿

以後、第 22 課まで問 5 のような出題がありますが、答えと完全に一致しなくてもかまいません。おおよその場所を把握することが目的です。

**ヒント**

本課に出てくる主な東北料理：

ส้มตำ [sômtam] ソムタム　　น้ำตก [nám tòk] ナムトック（辛い豚のスープ）
ต้มแซ่บ [tômsɛ̂ɛp] トムセープ（東北風スパイシースープ）
จิ้มจุ่ม [cîmcùm] チムチュム（タイスキに似た土鍋料理）　　ไก่ย่าง [kày yâaŋ]
ガイヤーン(焼き鳥)　　ปลาร้า [plaaráa] パラー(魚を発酵させたもの。日本の
「くさや」に近い)　　ข้าวเหนียว [khâaw nǐ:aw] もち米　　ขนมจีน [khanǒm
ciin] カノムチーン（そうめんに似た米麺にカレースープなどをかけたもの）
ปลาเค็ม [plaa khem] 魚の塩焼き　　ลาบ [lâap] ラープ（スパイシーサラダ）

**聞き取りのポイント**

　本課では注文内容を整理することに集中しましょう。長文の聞き取りなので、メモを取りながら聞いてください。聞き落としたと思った箇所は、最初から再度聞きましょう。何回か聞いて、問の表が整理できることを目指してください。

🎧 **41**

**スキット**

ペーン：　สอง อยากกินอะไรนะ
　　　　　sɔ̌ɔŋ, yàak kin aray ná

ソーン : เฉยๆ แล้วแต่แป้งอ่ะ อ้อ ร้านนี้ใช่ป่ะ ที่แกชอบมา อะไรอร่อยอ่ะ
chǒy chǒəy, lɛ́ɛw tɛ̀ɛ pɛ̂ɛŋ à, ɔ̂ɔ ráan níi chây pà thîi kɛɛ chɔ̂ɔp maa, aray arɔ̀y à

ペーン : ส้มตำไทยกับน้ำตกอร่อยนะ
sômtam thay kàp nám tòk arɔ̀y ná

ソーン : งั้นเอาน้ำตกหมูดีกว่า
ŋán, aw nám tòk mǔu dii kwàa

ペーン : เราไม่ชอบทั้งส้มตำกับน้ำตก เราว่าจะสั่งต้มแซ่บ
raw mây chɔ̂ɔp tháŋ sômtam kàp nám tòk, raw wâa cà sàŋ tômsɛ̂ɛp

ソーン : งั้นสั่งแบบแชร์มาทานด้วยกันมั้ย พี่ๆ สั่งอาหารครับ
ŋán sàŋ bɛ̀ɛp chɛɛ maa thaan dû:ay kan máy, phîi phîi sàŋ aahǎan khráp

店員 : รับอะไรดีคะ ตอนนี้มีจิ้มจุ่มลด 50% นะคะ
ráp aray dii khá, tɔɔn níi mii cîmcùm lót hâa sìp pəəsen ná khá

ペーン : ดีเหมือนกัน เอาต้มแซ่บหมู ไก่ย่างครึ่งตัว แล้วก็ปลาร้า
dii mǔ:an kan, aw tômsɛ̂ɛp mǔu, kày yâaŋ khrûŋ tu:a, lɛ́ɛw kɔ̂ɔ plaaráa

ソーン : จ่ายแยกได้มั้ย
càay yɛ̂ɛk dây máy

店員 : ไม่ได้ค่ะ
mây dây khâ

ソーン : งั้นน้ำตกหมู ใส่พริก 1 เม็ดนะครับ
ŋán nám tòk mǔu, sày phrík nùŋ mét ná khráp

ペーン : แล้วข้าวเหนียว 2 ขนมจีน 1
lɛ́ɛw khâaw nǐ:aw sɔ̌ɔŋ, khanǒm ciin nùŋ

店員 : ข้าวเหนียวขาวหรือข้าวเหนียวดำคะ
khâaw nǐ:aw khǎaw rɯ̌ɯ khâaw nǐ:aw dam khá

ペーン : ข้าวเหนียวขาว อ้อ สองไม่ชอบข้าวเหนียวขาวใช่มะ
khâaw nǐ:aw khǎaw, ɔ̂ɔ, sɔ̌ɔŋ mây chɔ̂ɔp khâaw nǐ:aw khǎaw chây má

ソーン ： งั้นเอาข้าวเหนียวดำ 2 ที่ แล้วก็ปลาร้า, ปลาเค็มก็น่าอร่อยนะ เอา
ปลาเค็มด้วย

ŋán aw khâaw nǐːaw dam sɔ̌ɔŋ thîi lɛ́ɛw kɔ̂ɔ plaaráa, plaa khem kɔ̂ɔ nâa
arɔ̀y ná, aw plaa khem dûːay

店員 ： ขอโทษค่ะ ตอนนี้ปลาเค็มหมดค่ะ น้ำอะไรดีคะ

khɔ̌ɔ thôot khâ, tɔɔn níi plaa khem mòt khâ, náam aray dii khá

ソーン ： น้ำเปล่า 2

nám plàw sɔ̌ɔŋ

店員 ： เอาน้ำแข็งมั้ย

aw nám khěŋ máy

ソーン ： เอาด้วย

aw dûːay

店員 ： ทวนรายการที่ลูกค้าสั่งนะคะ มีจิ้มจุ่ม 1 ต้มแซ่บหมู 1, ไก่ย่าง 1 ตัว
ขนมจีน 1 น้ำตกหมูใส่พริก 1 เม็ด ข้าวเหนียวขาว 2 น้ำเปล่า 2 น้ำ
แข็ง 2

thuːan raay kaan thîi lûuk kháa sàŋ ná khá, mii cîmcùm nùŋ, tômsɛ̂ɛp mǔu
nùŋ, kày yâaŋ nùŋ tuːa, khanǒm ciin nùŋ, nám tòk mǔu sày phrík nùŋ
mét, khâaw nǐːaw khǎaw sɔ̌ɔŋ, nám plàw sɔ̌ɔŋ, nám khěŋ sɔ̌ɔŋ

ペーン ： ไม่ได้สั่งจิ้มจุ่มนะคะ อ๊ะ พี่เอาปลาร้าด้วยนะ ยกเลิกน้ำตก เปลี่ยน
เป็นลาบไก่ ส่วนข้าวเหนียว ข้าวเหนียวดำนะ ไม่ใช่ข้าวเหนียวขาว

mây dây sàŋ cîmcùm ná khá, á phîi aw plaaráa dûːay ná, yók lôək nám tòk,
plìːan pen lâap kày, sùːan khâaw nǐːaw, khâaw nǐːaw dam ná, mây chây
khâaw nǐːaw khǎaw

店員 ： ค่ะ

khâ

＊＊＊＊＊＊＊＊＊＊＊

ペーン ： เก็บตังค์ค่ะ

kèp taŋ khâ

店員 ： ค่ะ ทั้งหมด494บาทค่ะ

khâ, tháŋ mòt sìi rɔ́ɔy kâw sìp sìi bàat khâ

**ペーン：** หาร2 คนละ247บาทนะ สอง 240ก็ได้ 7บาทไม่ต้อง

hăan sɔ̌ɔŋ khon lá sɔ̌ɔŋ rɔ́ɔy sìi sìp cèt bàat ná, sɔ̌ɔŋ, sɔ̌ɔŋ rɔ́ɔy sìi sìp kɔ̂ dây, cèt bàat mây tôŋ

**ソーン：** ผมได้กินแต่ข้าวเหนียวไก่ย่างนิดหน่อยเอง แป้งกินตั้งเยอะ แถมสั่ง มาแต่ของที่ผมไม่ชอบ

phŏm dây kin tὲɛ khâaw nǐ:aw, kày yâaŋ nít nɔ̀y eeŋ, pɛ̂ɛŋ kin tâŋ yɔ́, thɛ̌ɛm sàŋ maa tὲɛ khɔ̌ɔŋ thîi phŏm mây chɔ̂ɔp

**店員：** เดี๋ยวไปรับออเดอร์โต๊ะข้างๆก่อนนะคะ ตกลงได้แล้วค่อยเรียกนะคะ

dǐ:aw pay ráp ɔɔdəə tó khâŋ khâaŋ kɔ̀ɔn ná khá, tòk loŋ dây lɛ́ɛw khɔ̂y rî:ak ná khá

---

**和訳を見る前に**

เฉยๆ [chɔ̌y chɔ̌əy]（無関心な気持ちを表す） เรา [raw] 私（ここでは1人 称単数） ว่าจะ~ [wâa cà ~] ～と思う（คิดว่าจะ [khít wâa cà] の略） สั่งแบบแชร์ [sàŋ bὲɛp chɛɛ] 別々に注文し分け合って食べる ดีเหมือนกัน [dii mǔ:an kan] いいですね（好意的同意） จ่ายแยก [càay yɛ̂ɛk] 別々に 支払う ใส่พริก 1 เม็ด [sày phrík nὺŋ mét] 辛くしないで（直訳は「唐辛子を 一粒入れて」） มะ [má]（มั้ย [máy] の短縮） ทวนรายการ [thu:an raay kaan] 注文を復唱する ยกเลิก [yók lə̂ək] 中止する หาร2 [hăan sɔ̌ɔŋ] 2 で割る（＝割り勘にすること）

---

**和 訳**

**ペーン：** ソーン、何が食べたい？

**ソーン：** 何でもいいよ、ペーンにまかせるよ。あ、この店でしょ、ペーンがよ く来るのは。何がおいしいの？

**ペーン：** ソムタムとナムトックがおいしいわよ。

**ソーン：** じゃあ、僕は豚のナムトックがいい。

**ペーン：** 私はソムタムもナムトックも好きじゃないので、トムセープにしよう

と思う。

ソーン ： 別々に注文し（て分け合って食べ）よう。ちょっと、注文をお願いします。

店員 ： 何になさいますか？　いま、チムチュムが半額ですよ。

ペーン ： それいいわね。じゃあ、豚のトムセープ、ガイヤーン半分、それにパラー。

ソーン ： 別々に会計できますか？

店員 ： できません。

ソーン ： じゃあ、豚のナムトックは辛くしないで（＝唐辛子は一粒で）ね。

ペーン ： それからもち米 2 つとカノムチーン 1 つ。

店員 ： もち米は、白のもち米ですか、それとも黒のどちらにされますか？

ペーン ： 白のもち米ですが…、そうだソーン、あなた白が嫌いだったわね？

ソーン ： じゃあ、黒のもち米 2 つください。それからパラーも、魚の塩焼きも
　　　　 おいしそうだね。魚の塩焼きもください。

店員 ： 申し訳ございません。いま、魚の塩焼きの方は切らしております。飲
　　　　 み物は何がいいですか？

ソーン ： 水（コップで）2 人分。

店員 ： 氷は？

ソーン ： ください。

店員 ： では、ご注文の確認をします。チムチュム 1 つ、豚のトムセープ 1 つ、
　　　　 ガイヤーン丸ごと（1 つ）、カノムチーン 1 つ、豚のナムトック辛さ控
　　　　 えめ 1 つ、白のもち米 2 つ、水 2 杯に氷 2 つですね。

ペーン ： チムチュムは注文していません。あ、パラーをお願いします。ナムトッ
　　　　 クはキャンセルして鶏のラープに変更してください。もち米は黒のもち
　　　　 米、白じゃないです。

店員 ： はい。

　　　　 ＊＊＊＊＊＊＊＊＊＊＊

ペーン ： お会計をお願いします。

店員 ： はい。全部で 494 バーツです。

ペーン：　割り勘で（2 で割ると）、ひとり 247 バーツね。ソーンは 240 バーツ でいいわ。7 バーツはいらない。

ソーン：　僕はもち米とガイヤーンを少し食べただけだよ。ペーンはいっぱい食 べて、おまけに僕の嫌いなものばかり注文して。

店員　：　ちょっと、隣の席のオーダーを取っていますね、お話がまとまったら 呼んでください。

## 本課を学んで ✎

　本課では　①ふたりの好みの違い　②実際注文した料理　③店員の確認ミ ス（そのミスに気づいたものと気づかないもの）④追加注文や取り消しなど が絡み、話し手同士も混乱しています。

　会話を聞くときは話者の発言をノートにメモし、徐々に頭にメモをする（つ まり、聞きながら、頭の中で情報を整理する）訓練も行いましょう。この課 をきっかけに、タイ人同士が話すタイ語を最初は単語数個から、次第に項目 別情報（本課では上の①から④）の整理ができ始めたら、ステップアップし ている証しです。この練習が習慣化すればしめたもの。結果、聞き取りの集 中力や持続力が自然と身に付くはずです。

答え

問1　(D)

問2

| ペーンの注文（店員確認前） |
| --- |
| 豚のトムセープ1つ（ต้มแซ่บหมู 1 [tôm sɛ̂ɛp mǔu nùŋ]） |
| ガイヤーン半分（ไก่ย่างครึ่งตัว [kày yâaŋ khrûŋ tu:a]） |
| パラー（ปลาร้า [plaaráa]） |
| カノムチーン（ขนมจีน [khanǒm ciin]）1つ |

| ソーンの注文（店員確認前） |
| --- |
| 黒のもち米2つ（ข้าวเหนียวดำ 2 [khâaw nǐ:aw dam sɔ̌ɔŋ]） |
| 豚のナムトック（น้ำตก หมู [nám tòk mǔu]） |
| パラー（ปลาร้า [plaaráa]） |
| 魚の塩焼き（ปลาเค็ม [plaa khem]）（今日は売り切れ） |
| 水2杯（น้ำเปล่า2 [nám plàw sɔ̌ɔŋ]） |
| 氷2つ（น้ำแข็ง2 [nám khɛ̌ŋ sɔ̌ɔŋ]）＊水と氷は有料 |

| 店員のオーダー確認後のペーンの追加とキャンセル |
| --- |
| オーダー後の追加：鶏のラープ（ลาบไก่ [lâap kày]）<br>　　　　　　　　パラー（ปลาร้า [plaaráa]）（ペーンもソーンも注文しているが店員が<br>　　　　　　　　聞き落としていた）<br>オーダー後のキャンセル：ナムトック（น้ำตก [nám tòk] ソーンが注文したもの） |

問3

| 店員が聞き間違えた料理名 | 実際の注文 |
| --- | --- |
| チムチュム（จิ้มจุ่ม [cîmcùm]） | オーダーしていないことをペーンが<br>店員に指摘 |
| ガイヤーン丸ごと（1つ）<br>（ไก่ย่าง 1 ตัว [kày yâaŋ nùŋ tu:a]） | ガイヤーン半分（ペーンは気づかず）<br>（ไก่ย่างครึ่งตัว [kày yâaŋ khrûŋ tu:a]） |
| 白のもち米（2つ）<br>（ข้าวเหนียวขาว (2)<br>[khâaw nǐ:aw khǎaw (sɔ̌ɔŋ)]） | 黒のもち米（2つ）<br>（ข้าวเหนียวดำ (2)<br>[khâaw nǐ:aw dam (sɔ̌ɔŋ)]）<br>ペーンが指摘 |
| 店員が聞き落とした料理名 | 実際の注文 |
| パラー（ปลาร้า [plaaráa]） | パラー（ปลาร้า [plaaráa]）<br>ペーンだけの指摘なので数量は1つ |

問4　ソーンの嫌いなものが出てきて、ソーンがあまり食べなかったのに割り勘にされたこと。

問5　① เฉยๆ แล้วแต่แป้ง(อ่ะ)<br>chǒy chǒoy léɛw tɛ̀ɛ pɛ̂ŋ (à)<br>チュイチューイ、レオ・テー・ペーン（・ア）

② พี่ๆ สั่งอาหาร(ครับ)<br>phîi phîi sàŋ aahǎan (khráp)<br>ピー・ピー、サン・アーハーン（・クラップ）

③ น้ำตกหมู ใส่พริก 1 เม็ดนะ(ครับ)<br>nám tòk mǔu, sày phrík nùŋ mét ná (khráp)<br>ナムトック・ムー、サイ・プリック・ヌン・メット・ナ（・クラップ）

④ น้ำเปล่า 2<br>nám plàw sɔ̌ɔŋ<br>ナム・プラオ・ソーン

⑤ จ่ายแยกได้มั้ย<br>càay yɛ̂ɛk dây máy<br>チャーイ・イェーク・ダイ・マイ

＊④のように類別詞（2個、2杯の「個、杯」）は省略できます

## あなたはどんな人？

ソムはペーに友人たちの性格について説明し始めました。ペーはソムの知識に圧倒されるばかりです。

🎧 42

登場人物　ソム（女性）、ペー（男性）

問1　次の中で間違っているものがあれば選んでください。

(A)　ペーはバイト料で子どもたちの面倒をみている。

(B)　ペーとソムは相性がいい。

(C)　ボスのポンは8月13日生まれ。

(D)　オーイは几帳面な性格。

問2　ソムは（曜日別）性格診断の知識を、どのようにして得ましたか？

_____

問3　ペーはどうして本業以外の仕事をボランティアでやっているのですか？　タイ語（カタカナ可）で答えてください。

_____

問4　スキットの範囲で、曜日ごとの性格をタイ語でまとめてみましょう。

| 曜日 | スキット内で述べられている性格（意味は分かる範囲で記入してください） |
|---|---|
| 日曜日 | |
| 月曜日 | |
| 火曜日 | |
| 水曜日 | |
| 木曜日 | |
| 金曜日 | |
| 土曜日 | |

問 **5**　次の表現はスキットではどう言っていますか？（カタカナ可）

① （ソム）当たりすぎだよ。　　　　　_____

② （カンでいいから）当ててみて。　_____

③ こっそりと仕事に就く（仕事を得る）。_____

④ 魅力がある。　　　　　　　　　　_____

⑤ 私、照れちゃうわ（＝恥ずかしいわ）。_____

＊本課からヒントはありません

聞き取りのポイント

　本課では、曜日と性格の関係に対する具体例が出てきます。具体例が出てくることで、ある程度の性格内容は把握できても、ヒントがないので聞いたことのない性格用語は推測が困難だと思います。ポイントは意味の分からない用語が原因で聞き取りを放棄するのではなく、意味が分からない言葉を音声で把握し、会話を聞き続ける持久力を身に付けましょう。会話内容を整理するという点で、第 19 課の応用練習ととらえてください。

🎧 **42**

**スキット**

ソム： นี่ๆ เป้ เราว่าออยมันต้องเกิดวันจันทร์แน่ๆเลยว่ะ
nîi nîi, pêe, raw wâa ɔɔy man tɔ̂ŋ kə̀ət wan can nɛ̂ɛ nɛ̂ɛ ləəy wâ

ペー： หา? อยู่ๆแกพูดอะไร ทำไมถึงคิดว่าออยเกิดวันจันทร์อ่ะ
hǎa? yùu yùu kɛɛ phûut aray, thammay thʉ̌ŋ khít wâa ɔɔy kə̀ət wan can à

ソム： ก็ออยเป็นคนสุภาพ มีมารยาท พูดจาดีอ่อนหวาน ทำอะไรก็ละเอียด
รอบคอบไปซะทุกอย่าง แถมยังใจบุญด้วย นี่เป็นลักษณะเด่นของคน
เกิดวันจันทร์เลยนะ เราเคยอ่านจากคอลัมน์ดูดวงวันเกิดในนิตยสาร
หลายๆเล่ม
kɔ̂ɔ ɔɔy pen khon sùphâap, mii maarayâat, phûut caa dii ɔ̀ɔn wǎan, tham
aray kɔ̂ɔ laị:at rɔ̂ɔp khɔ̂ɔp pay sá thúk yàaŋ, thɛ̌ɛm yaŋ cay bun dû:ay, nîi pen
láksaná dèn khɔ̌ɔŋ khon kə̀ət wan can ləəy ná, raw khəəy àan càak khɔɔlam
duu du:aŋ wan kə̀ət nay nítayasǎan lǎay lǎay lêm

ペー : เฮ้ย จริงดิ เราพึ่งรู้ว่าวันเกิดสามารถทำนายนิสัยของคนเราได้ด้วย
แล้วคนเกิดวันอื่นๆนิสัยเป็นไงมั่งอ่ะ

hóoy ciŋ dì, raw phôŋ rúu wâa wan kòot sǎamâat thamnaay nísǎy khɔ̌ɔŋ khon
raw dây, dû:ay lɛ́ɛw khon kòot wan ùɯɯn ùɯɯn nísǎy pen ŋay mâŋ à

ソム : อืม อย่างคนเกิดวันอาทิตย์ก็จะเป็นคนที่มีความเป็นผู้นำสูง รักเพื่อน
ใจร้อน อะไรงี้ เป้จำไอ้พงหัวหน้าห้องของเราได้ป่ะ ดูเป็นผู้นำที่
พึ่งพาได้ ค่อนข้างใจร้อน แล้วก็รักเพื่อนสุดๆเลย เราว่าไอ้พงน่าจะ
เกิดวันอาทิตย์นะ

ɯɯm, yàaŋ khon kòot wan aathít kɔ̂ɔ cà pen khon thîi mii khwaam pen
phûu nam sǔuŋ, rák phɯ̂:an, cay rɔ́ɔn, aray ŋíi, pêe cam ây phoŋ hǔ:a nâa
hɔ̂ŋ khɔ̌ɔŋ raw dây pà, duu pen phûu nam thîi phɯ̂ŋ phaa dây, khɔ̂n khâaŋ
cay rɔ́ɔn lɛ́ɛw kɔ̂ɔ rák phɯ̂:an sùt sùt ləəy, raw wâa ây phoŋ nâa cà kòot wan
aathít ná

ペー : เราจำวันเกิดไอ้พงได้ว่าเป็นวันที่ 13 สิงหาอ่ะ รอแป๊บนะส้ม เดี๋ยว
เราขอเช็คก่อนว่าเป็นวันอะไร เออจริงด้วย วันอาทิตย์! ส้มเป๊ะเวอร์
อ่ะ ทำไมแม่นอย่างงี้

raw cam wan kòot ây phoŋ dây wâa pen wan thîi sìp sǎam sǐŋ hǎa à, rɔɔ
pép ná sôm, dǐ:aw raw khɔ̌ɔ chék kɔ̀ɔn wâa pen wan aray, əə, ciŋ dû:ay wan
aathít! sôm pé wəə à, thmmay mên yàaŋŋíi

ソム : โหย ไม่หรอก เราก็แค่พูดไปตามที่เราเคยอ่านมาน่ะแหละ

hǒoy, mây rɔ̀ɔk, raw kɔ̂ɔ khɛ̂ɛ phûut pay taam thîi raw khəəy àan maa nâ lɛ̀

ペー : ไหนๆ แล้วคนเกิดวันอื่นๆนิสัยเป็นยังไงอีก

nǎy nǎy, lɛ́ɛw khon kòot wan ùɯɯn ùɯɯn nísǎy pen yaŋŋay ìik

ソム : อย่างคนเกิดวันอังคารก็จะเป็นคนที่พูดอะไรตรงไปตรงมา ไม่ค่อย
ยอมใครอ่ะนะ ส่วนคนวันพุธก็จะเป็นคนที่ฉลาดในการเจรจา พูด
โน้มน้าวเก่ง คนวันพฤหัสชอบศึกษาหาความรู้ คนวันศุกร์รักสวยรัก
งาม คนวันเสาร์มีความหนักแน่นมั่นคง ไม่พูดอะไรเล่นๆ

yàaŋ khon kòot wan aŋkhaan kɔ̂ɔ cà pen khon thîi phûut aray troŋ pay troŋ
maa, mây khɔ̂y yɔɔm khray à ná, sù:an khon wan phút kɔ̂ɔ cà pen khon thîi
chalàat nay kaan ceeracaa, phûut nóom náaw kèŋ, khon wan phrɯ́hàt chɔ̂ɔp
sɯ̀ksǎa hǎa khwaam rúu, khon wan sùk rák sǔ:ay rák ŋaam, khon wan sǎw
mii khwaam nàk nɛ̂n mân khoŋ mây phûut aray lên lên

ベー： โอ้ อย่างนี้นี่เอง แล้วส้มคิดว่าเราเกิดวันไหนอ่ะ ให้ทายๆ
ôo, yàaŋ níi nîi eeŋ, lɛ́ɛw sôm khít wâa raw kə̀ət wan nǎy à? hây thaay hây thaay

ソム： เราว่าเป็เกิดวันพฤหัสนะ เพราะเป็ชอบซักถาม หาความรู้เพิ่มเติม คนวันพฤหัสเป็นคนที่ชอบศึกษาหาความรู้เพิ่มเติมอยู่ตลอด แล้วก็ชอบสอนคนอื่นด้วย
raw wâa pêe kə̀ət wan phrʉ́hàt ná phrɔ́ pêe chɔ̂ɔp sák thǎam, hǎa khwaam rúu phə̂əm təəm, khon wan phrʉ́hàt pen khon thîi chɔ̂ɔp sʉ̀ksǎa hǎa khwaam rúu phə̂əm təəm yùu talɔ̀ɔt, lɛ́ɛw kɔ̂ɔ chɔ̂ɔp sɔ̌ɔn khon ʉ̀ʉn dû:ay

ベー： เฮ้ย ตรงอ่ะ รู้ได้ไง ที่จริงเราแอบรับจ๊อบสอนพิเศษเด็กๆด้วยแหละ ส้มนี่ทายเก่งจัง
hə́əy troŋ à, rúu dây ŋay, thîi ciŋ raw ɛ̀ɛp ráp cɔ́ɔp sɔ̌ɔn phísèet dèk dèk dû:ay lɛ̀, sôm nîi thaay kèŋ caŋ

ソム： ว่าแล้วเชียว เป็ไม่ได้ทำเป็นงานเพื่อหาเงิน แต่เป็นอาสาสมัครใช่มั้ย
wâa lɛ́ɛw chi:aw pêe mây dây tham pen ŋaan phʉ̂:a hǎa ŋən, tɛ̀ɛ pen aasǎasamàk chây máy

ベー： รู้ได้ยังไงอ่ะ เด็กๆแต่ละคนที่บ้าน ไม่มีเงินส่งให้เรียนน่ะ
rúu dây yaŋŋay à, dèk dèk tɛ̀ɛ lá khon thîi bâan mây mii ŋən sòŋ hây ri:an nà

ソム： รู้เพราะคนเกิดวันพฤหัสชอบช่วยเหลือคนอื่นไง
rúu phrɔ́ khon kə̀ət wan phrʉ́hàt chɔ̂ɔp chû:ay lʉ̌:a khon ʉ̀ʉn ŋay

ベー： แล้วส้มล่ะ เกิดวันไหน ถูกชะตากับคนเกิดวันพฤหัสมั้ย
lɛ́ɛw sôm lâ, kə̀ət wan nǎy, thùuk chataa kàp khon kə̀ət wan phrʉ́hàt máy

ソム： ฮ่าๆๆ วันศุกร์จ้า
hâa hâa hâa wan sùk câa

ベー： งั้นก็เป็นคนน่ารัก มีเสน่ห์น่ะสิ น่าจะเข้ากับคนวันพฤหัสได้ด้วยเนาะ
ŋán kɔ̂ɔ pen khon nâa rák, mii sanèe nâ si, nâa cà khâw kàp khon wan phrʉ́hàt dây dû:ay nɔ́

ソム： บ้า เป็เนี่ยพูดอะไรก็ไม่รู้ เค้าเขินนะ
bâa, pêe nî:a phûut aray kɔ̂ɔ mây rúu, kháw khə̌ən ná

---

### 和訳を見る前に

อยู่ๆ [yùu yùu] 突然　คอลัมน์ [khɔɔlam] コラム　นิตยสาร [nítayasǎan] 雑誌　ทำนาย [thamnaay] 占う　ค่อนข้าง [khɔ̂n khâaŋ] むしろ（どちらか といえば）　แป๊บ [pép] ちょっと（待って）　ไหนๆ [nǎy nǎy] どれどれ ตรง [troŋ] 正確／ぴったりだ　แอบ [ʔɛ̀ɛp] こっそり〜する　ว่าแล้วเชียว [wâa lɛ́ɛw chi:aw] やはり　อาสาสมัคร [aasǎasamàk] ボランティア ถูกชะตา [thùuk chataa] 相性がいい（直訳は「運命（の人）と遇う」）

●●構文●●

ซะทุกอย่าง [sá thúk yàaŋ] すべて完璧に

*ซะ [sá] はP104で物事が悪い方向に向かう意味をもつと説明しましたが、ここでは 「すべてが消滅するくらい完璧に」という肯定的なニュアンスになります

<u>อย่างคนเกิดวันอาทิตย์ก็</u> [<u>yàaŋ</u> khon kɔ̀ət wan aathít <u>kɔ̂ɔ</u>]

日曜日生まれ<u>なら</u>〜（<u>อย่าง</u> A <u>ก็</u> [<u>yàaŋ</u> A <u>kɔ̂ɔ</u>] A（という部類）であれば〜）

---

### 和 訳

**ソム：** ねえねえ、ペー。私、思うんだけど、オーイって絶対月曜生まれだわ。

**ペー：** はあー？　突然何言い出すんだ。どうしてオーイが月曜生まれだと思うんだよ？

**ソム：** だって、オーイはきちっとして、礼儀正しいし、もの静かに話すじゃない。何をやってもマジ几帳面で、おまけに、ちょっと癒し系。これって月曜日生まれの特徴なのよ。私、いろいろな雑誌の誕生日の運勢コラムで読んだことがあるわ。

**ペー：** へぇー、本当なんだ。僕、曜日で人の性格が分かるなんて初めて知ったよ。じゃあ他の曜日生まれの人の性格はどうなの？

**ソム：** うーん、日曜生まれならリーダーシップがあるわね。友愛の精神があるけど、せっかち。そんな感じね。ペー、私たちのボスのポンを知っているでしょ？　頼りになりそうなリーダーに見えるわ。どちらかといえばせっかちで人好きすぎるわ。ポンって日曜生まれのはずよ。

**ペー：** 僕、ポンの誕生日覚えているよ、8 月 13 日。ソム、ちょっと待って。いま、

何曜日か聞いてくる。ああ、本当だ。（彼、）日曜日生まれ。ソム、当たりすぎだよ。どうしてこんなに当たるの？

**ソム：** だから、そんなんじゃないの。ただ書いてあったことを話しただけなの。

**ペー：** ちょっと、ちょっと、他の人の性格はどうなんだ？

**ソム：** 火曜日生まれだとね、正直だけどズケズケものを言うわ。失敗を認めないのよ。水曜日はね、会話上手で説得力があるわ。木曜日は勉強家、金曜日は美しいもの（や人）を愛するわ。土曜日はドンと構えていて、冗談は言わないわね。

**ペー：** へぇー、なるほどね。ソム、僕が何曜日生まれか当ててみて。

**ソム：** ペーは木曜日生まれね。だってペーは質問好きで、知識欲があるわ。木曜日生まれの人は勉強家で知識欲も豊富。教え好きでもあるからよ。

**ペー：** へぇー、当たっている、どうして分かったの？　実はこっそりバイトとして、子どもたちに教えているんだよ。さすがソム、よく当てるね。

**ソム：** やっぱり。ペー、その仕事、お金を稼ぐためじゃなく、ボランティア（無料）でやっているんでしょ？

**ペー：** どうして分かったの？　どの子も家計が苦しくって、学費にまでお金が回らないんだ。

**ソム：** 木曜日生まれの人はよく人助けをするからよ。

**ペー：** で、ソムは？　何曜日生まれ？　木曜日（生まれ）と相性がいいでしょ？

**ソム：** ははは、金曜日でした。

**ペー：** それなら、（ソムは）かわいくって、魅力があるので、木曜日生まれ（の僕）とは相性がいいはずだよね。

**ソム：** ばか、ぺーったら何言い出すのよ、知らない。私、恥ずかしいわ。

## 本課を学んで

　　見知らぬ人と友人になり、彼らの会話に入っていくには、この課の
ような話題の一部を切り出すと、相手との距離感が縮まります。距離感
が縮まると、より分かりやすいタイ語を使ってくれるでしょう（分かっ
てもらいたい力が働くからです）。聞き取れなくなったとき、試しに本
課の話題を使ってください。仕事や恋愛の話題は普遍的です。聞き取れ
ないと嘆くのではなく、聞き取れるような環境を作る姿勢も大切です。

答え

問1　(A)　＊アルバイト収入はない

　　　(B)　＊スキットでは相性への言及はない

問2　いろいろな雑誌の誕生日の運勢コラムから知識を得た

問3　เด็กๆแต่ละคนที่บ้านไม่มีเงินส่งให้เรียนน่ะ
　　　dèk dèk tɛ̀ɛ lá khon thîi bâan mây mii ŋɘn sòŋ hây riːan nà
　　　デック・デック・テーラ・コン・ティー・バーン・マイ・ミー・グン・ソン・ハイ・リーアン・ナ
　　　どの子も家計が苦しくって、学費にまでお金が回らない。

問4

| 曜日 | スキット内で述べられている性格 |
|---|---|
| วันอาทิตย์<br>[wan aathít]<br>日曜日 | มีความเป็นผู้นำสูง [mii khwaam pen phûu nam sǔuŋ]<br>　　　リーダーシップがある<br>รักเพื่อน [rák phɯ̂ːan] 人好き、友人を愛する、友愛心がある<br>ใจร้อน [cay rɔ́ɔn] せっかち |
| วันจันทร์<br>[wan can]<br>月曜日 | สุภาพ [sùphâap] 丁寧<br>มีมารยาท [mii maarayâat] 礼儀正しい（直訳：礼儀がある）<br>พูดจาดีอ่อนหวาน [phûut caa dii ɔ̀ɔn wǎan] 話し方が柔らかい<br>ละเอียดรอบคอบ [laːiat rɔ̂ɔp khɔ̂ɔp] 几帳面、慎重派<br>ใจบุญ [cay bun] 癒し系、慈悲深い、情が深い |
| วันอังคาร<br>[wan aŋkhaan]<br>火曜日 | พูดอะไรตรงไปตรงมา [phûut aray troŋ pay troŋ maa]<br>　　　正直、話し方が率直、歯に衣着せない<br>ไม่ค่อยยอมใคร [mây khɔ̂y yɔɔm khray]<br>　　　失敗を認めない、負けず嫌い |
| วันพุธ<br>[wan phút]<br>水曜日 | ฉลาดในการเจรจา [chalàat nay kaan ceeracaa] 会話上手<br>พูดโน้มน้าวเก่ง [phûut nóom náaw kèŋ] 説得力がある |

| | |
|---|---|
| วันพฤหัส<br>[wan phrúhàt]<br>木曜日 | ชอบศึกษาหาความรู้ [chɔ̂ɔp sùksǎa hǎa khwaam rúu] 勉強家<br>ชอบซักถาม หาความรู้เพิ่มเติม [chɔ̂ɔp sák thǎam, hǎa khwaam rúu phə̂əm təəm] 知識欲がある<br>ชอบสอนคนอื่น [chɔ̂ɔp sɔ̌ɔn khon ʉ̀ʉn] 教え好き<br>ชอบช่วยเหลือคนอื่น [chɔ̂ɔp chûay lʉ̌a khon ʉ̀ʉn]<br>　　人助けを好む、面倒見がよい |
| วันศุกร์<br>[wan sùk]<br>金曜日 | รักสวยรักงาม [rák sǔ:ay rák ŋaam]<br>　　美しい物（人）を愛する |
| วันเสาร์<br>[wan sǎw]<br>土曜日 | หนักแน่นมั่นคง [nàk nɛ̂n mân khoŋ]<br>　　ドンと構えている、安定感がある（どっしりしている）<br>ไม่พูดอะไรเล่นๆ [mây phûut aray lên lên] 冗談を言わない、堅物 |

**参考**

生まれた曜日による性格診断も、診断する人によってまちまちです。上例は占いで言えば総合運のごく一部です。他に恋愛、仕事、健康など詳細に分かれ、男女によっても違います。1月1日生まれの人は、1月1日の朝6時から1月2日朝5時59分までに生まれた人を指します。したがって1月1日朝5時に生まれた場合、12月31日の曜日が生まれた日の曜日となります。

問5　① (ส้ม) เป๊ะเวอร์อ่ะ [(sôm) pé wəə à]
　　　（ソム・）ペ・ウォー・ア

　　② ให้ทาย [hây thaay]
　　　ハイ・ターイ

　　③ แอบรับจ๊อบ [ʔɛ̀ɛp ráp cɔ́ɔp]
　　　エープ・ラップ・チョップ

　　④ มีเสน่ห์ [mii sanèe]
　　　ミー・サネー

　　⑤ เค้าเขินนะ [kháw khə̌ən ná]
　　　カオ・クーン・ナ

# フラッシュバック

ピックは大学生で、教育学部の4年生です。今日は早朝から、日本人の友人カナを連れて、母校の高校を訪れました。ピックはタイの習慣を紹介しながら学校内を案内します。

🎧 43

登場人物　ピック（タイ人女性）、カナ（日本人女性）、先生（男性）

問**1**　次の中で間違っているものがあれば選んでください。

(A)　入試科目に仏教がある大学がある。

(B)　仏教は（日本の地理、歴史のように）社会科のひとつ。

(C)　学生が教室に入るとき靴を脱ぐのは、仏教の教えに基づいたものではない。

(D)　タイでは必須科目に仏教がある。

問**2**　ピックはどのような先生になりたいと言っていますか？

_____

問**3**　カナが仏陀の教え「過去に執着するな、いまを生きろ」（อย่ายึดติดกับ
อดีต ให้อยู่กับปัจจุบัน [yàa yút tit kàp adìit hây yùu kàp pàtcùban]）をピックに言
った理由をタイ語（カタカナ可）と日本語で答えてください。

_____

_____

問**4**　カナから「愛さないより、失恋した方がよい」（อกหักดีกว่ารักไม่เป็น [òk
hàk dii kwàa rák mây pen]）と言われたピックは、カナがなぜこのフレーズ
を知っているのか不思議に思いました。カナはどうして知っていたのでしょうか？　理由をタイ語（カタカナ可）と日本語で答えてください。

_____

_____

問**5**　次の表現はスキットではどう言っていますか？（カタカナ可）

① 日本人らしいわ。　　_____

② いたずらっこ　　　　_____

③ おてんば　　　　　　_____

④（授業を）サボっている。　　　　　　　　　　　　　　　　　

⑤ この学校で教育実習をする。　　　　　　　　　　　　　　　

＊タイの高校（高等教育）は日本の中学 1 年から高校 3 年までです。高校 5 年生（ม.5［mɔɔ hâa]）は、日本では高校 2 年生です

### 聞き取りのポイント

　本課では、次々と出てくる話題を整理して、把握してください。タイの高校の習慣をもとに、ピックの学校案内や学内の習慣、教師志望動機から学生時代の失恋話などです。その都度の話題についていけるよう、注意しながら聞きましょう。

### スキット　　　　　　　　　　　　　　　🎧 43

**ピック：** คานะ ที่เมืองไทย ศาสนาพุทธเป็นวิชาบังคับในหมวดสังคมศึกษาในโรงเรียน และเป็นวิชาสอบในมหาลัยของเมืองไทยด้วย เช่น จุฬาฯ ธรรมศาสตร์ โรงเรียนต่างจังหวัดก็มีพระมาสอน

kana, thîi mɯːaŋ thay sàatsanaaphút pen wíchaa baŋkháp nay mùːat sǎŋkhomsùksǎa nay rooŋriːan lɛ́ pen wíchaa sɔ̀ɔp nay mahǎalay khɔ̌ɔŋ mɯːaŋ thay dûːay, chên cùlaa thammasàat, rooŋriːan tàaŋ caŋwàt kɔ̂ɔ mii phrá maa sɔ̌ɔn

**カナ：** ดูสิปิ๊ก นักเรียนถอดรองเท้าก่อนเข้าห้อง แต่ครูไม่ถอดรองเท้า นั่นก็เป็นคำสอนศาสนาพุทธเหรอ

duu sì pík, nák riːan thɔ̀ɔt rɔɔŋ tháw kɔ̀ɔn khâw hɔ̂ŋ, tɛ̀ɛ khruu mây thɔ̀ɔt rɔɔŋ tháw, nân kɔ̂ɔ pen kham sɔ̌ɔn sàatsanaaphút rɤ̌ɤ

**ピック：** ไม่ใช่ ปิ๊กว่า นั่นเป็นธรรมเนียมของคนไทยที่เคารพครู

mây chây, pík wâa nân pen thamniːam khɔ̌ɔŋ khon thay thîi khawróp khruu

**カナ：** แต่ครูผู้ชายคนนั้นรองเท้าสกปรก จะทำให้ถุงเท้านักเรียนสกปรกตามไปด้วย อย่างงี้ร้านขายถุงเท้ารวยแน่

tɛ̀ɛ khruu phûu chaay khon nán rɔɔŋ tháw sòkkapròk, cà tham hây thǔŋ tháw nák riːan sòkkapròk taam pay dûːay, yàaŋ ŋíi ráan khǎay thǔŋ tháw ruːay nɛ̂ɛ

ピック： คานะจัง คิดเรื่องธุรกิจเก่งจัง สมเป็นคนญี่ปุ่นเลย
kana caŋ khít rûː:aŋ thúrakìt kèŋ caŋ, sŏm pen khon yîipùn ləəy

カナ ： แล้วนักเรียนที่เหมือนกำลังออกกำลังกายข้างหน้าครู นั่นก็
เป็นการทำความเคารพครูเหรอ
lɛ́ɛw nák riːan thîi mǔː:an kamlaŋ ɔ̀ɔk kamlaŋ kaay khâŋ nâa khruu, nân
kɔ̂ɔ pen kaan tham khwaam khawróp khruu rǒ:ə

ピック： ไม่ใช่ เป็นการทำโทษที่เรียกว่า"กระโดดตบ" เด็กคนนั้นคงทำผิด
อะไรมา ส่วนคนนั้นเป็นครูแนะแนว
mây chây, pen kaan tham thôot thîi rîː:ak wâa "kradòot tòp" dèk khon nán
khoŋ tham phìt aray maa, sù:an kon nán pen khruu nɛ́nɛɛw

カナ ： สมัยเรียน ปิ๊กก็เป็นเด็กดื้อใช่มั้ย
samǎy riːan, pík kɔ̂ɔ pen dèk dûːɯ chây máy

ピック： งั้นมั้ง โดนตีด้วยไม้เรียวบ่อยๆ
ŋán máŋ, doon tii dûː:ay máy riː:aw bɔ̀y bɔ̀y

カナ ： ปิ๊กก็เลยอยากเป็นครูเหรอ
pík kɔ̂ɔ ləəy yàak pen khruu rǒ:ə

ピック： ถูกต้อง ปีหน้าต้องมาฝึกสอนที่โรงเรียนนี้
thùuk tɔ̂ŋ, pii nâa tɔ̂ŋ maa fùk sǒ:on thîi rooŋriː:an níi

カナ ： ฮ่าๆ เจตนาไม่ดีเลยนะ ทั้งๆที่สมัยเรียนเป็นเด็กเกเรแท้ๆ
hâa hâa, ceetanaa mây dii ləəy ná, tháŋ tháŋ thîi samǎy riː:an pen dèk
keeree thɛ́ thɛ́ɛ

ピック： ปิ๊กก็จะเป็นครูที่เข้มงวดเหมือนครูสมัยก่อนอ่ะนะ ... ซะเมื่อไหร่
pík kɔ̂ɔ cà pen khruu thîi khêm ŋûː:at mǔː:an khruu samǎy kɔ̀ɔn à ná ... sá
mûː:arày

カナ ： อื้อ ฉันว่าลืมเรื่องสมัยเกเร ไปดีกว่า เราโตเป็นผู้ใหญ่กันแล้วนะ ปิ๊ก
เคยได้ยินมั้ย พระพุทธเจ้าสอนว่า "อย่ายึดติดกับอดีต ให้อยู่กับ
ปัจจุบัน"
ʉ̂ɯ, chán wâa luɯɯm rûː:aŋ samǎy keeree pay dii kwàa, raw too pen
phûu yày kan lɛ́ɛw ná, pík khəəy dây yin máy, phraphúttachâw sɔ̌ɔn wâa
"yàa yúɯt tìt kàp adìit hây yùu kàp pàtcùban"

**ピック：** คานะรู้จักคำสอนนี้ได้ไงอ่ะ

kana rúu càk kham sɔ̌ɔn níi dây ŋay à

**カナ　：** ตอนที่ปิ๊กอกหัก ฉันฟังคำสอนนี้จากพระบ่อยๆ ที่วัด เลยจำได้แล้วน่ะ

tɔɔn thîi pík òkhàk, chán faŋ kham sɔ̌ɔn níi càak phrá bɔ̀y bɔ̀y thîi wát lǝǝy cam dây lɛ́ɛw nà

**ピック：** "อกหักดีกว่ารักไม่เป็น" ฉันไม่ใช่แกนะ

"òk hàk dii kwàa rák mây pen", chán mây chây kɛɛ ná

**先生(男)：** เงียบกันได้แล้วลูก　ตอนนี้กำลังซ้อมดนตรีอยู่ พวกเธอโดดเรียนกันตั้งแต่คาบแรกเหรอ มาจากห้องอะไร

ŋîap kan dây lɛ́ɛw lûuk, tɔɔn níi kamlaŋ sɔ́ɔm dontrii yùu, phûak thǝǝ dòot riːan kan tâŋ tɛ̀ɛ khâap rɛ̂ɛk rɔ̌ǝ, maa càak hɔ̂ŋ aray

**カナ　：** ครูดุจัง ปิ๊กโดนครูดุอีกแล้วนะ

khruu dù caŋ, pík doon khruu dù ìik lɛ́ɛw ná

**ピック：** อะไรอ่ะ

aray à

---

┌─ 和訳を見る前に

วิชาบังคับ [wíchaa baŋkháp] 必須科目　สังคมศึกษา [sǎŋkhomsɯ̀ksǎa] 社会科　ธรรมเนียม [thamniːam] 習慣　เคารพ [khawróp] 尊敬する　ออกกำลังกาย [ɔ̀ɔk kamlaŋ kaay] 運動する　แนะแนว [nénɛɛw] 生活指導（道徳）　สมัย [samǎy] 時代　ไม้เรียว [máy riːaw] （細い）竹鞭　เจตนา [ceetanaa] 動機、意図　ทั้งๆที่ [tháŋ tháŋ thîi] 〜にもかかわらず　เข้มงวด [khêm ŋûːat] 厳しい　ซะเมื่อไหร่ [sá mɯ̂ːarày] なんちゃって　อกหัก [òkhàk] 失恋　เงียบ [ŋîːap] 静か　ซ้อม [sɔ́ɔm] 練習する　คาบแรก [khâap rɛ̂ɛk] 1時間目　ดุ [dù] 叱る

●●構文●●

ทั้งๆที่สมัยเรียนเป็นเด็กเกเร [tháŋ tháŋ thîi samǎy riːan pen dèk keeree]

学生時代はおてんばだったにもかかわらず

### 和 訳

**ピック** : カナ、タイでは仏教が必須科目よ。高校では社会科のひとつ。それからチュラやタマサートなどの（名門）大学の試験科目でもあるのよ。地方ではお坊さんが教えているところもあるわ。

**カナ** : 見て、ピック。学生が教室に入るとき、靴を脱いでいるけど、先生は土足じゃない。あれも仏教の教え？

**ピック** : いや、私（＝ピック）、あれは先生を敬うタイの習慣だと思うの。

**カナ** : でも、あの男の先生、汚い靴をはいているじゃない。学生の靴下がすぐ汚れちゃうわ。これじゃ、靴下屋がもうかって仕方がないわね。

**ピック** : カナ、すぐ商売に結びつけるなんてすごい、日本人らしいわ。

**カナ** : あの先生の前で体操のようなことしている生徒、あれも先生を敬う儀式？

**ピック** : あれは、カドートップという罰則、なにか悪さをしたのよ。あの人は生活指導の先生。

**カナ** : あなたも学生（高校）時代、いたずらっこだったんでしょ？

**ピック** : まあね。よく竹鞭で叩かれたわ。

**カナ** : だからピックは先生になりたいの？

**ピック** : その通り！　来年はこの学校で教育実習をするの。

**カナ** : でも、動機不純よ。学生時代、あんなにおてんば娘だったくせに。

**ピック** : だから、私も昔の先生のように厳しい先生になるの、なんちゃって。

**カナ** : そうね、おてんば時代のことは忘れた方がいいと思うわ。もう私たちは（れっきとした）大人なんだから。ピック、聞いたことある？仏陀の教えにもあるでしょ「過去に執着するな、いまを生きろ」って。

**ピック** : カナ、どうしてそれ知っているの？

**カナ** : ピックが失恋したとき、お寺で何度もお坊さんから聞かされたから、覚えちゃったわよ。

**ピック** : （でもね）「愛さないより、失恋した方がよい」とも言うわ。あなたとは違うの。

**先生 (男)** : （そこの 2 人）静かにしなさい！　いま、音楽の練習中です。君た

ち１時間目からサボっているのですか？　どのクラス？

**カナ**　　：　先生、怒っているわよ。ピック、また（昔のように）怒られたわね。

**ピック**　：　なによ。

## 本課を学んで

　本課を通じ、仏教がタイの日常生活の一部になっていることを認識しましょう。高校では毎朝の朝礼の際、国歌斉唱のあと10分ほど読経します。学校行事は仏教行事をもとに行われますが、一般の人々も仏教の考え方に従って行動や発言をします。仏教や古くからの習慣を知っておくことで、タイ人の言いたいことの真意が分かりやすくなり、タイ社会の内面を理解するきっかけになるはずです。

答え
問１　すべて正解
問２　（昔の先生のように）厳しい先生　　クルーที่เข้มงวด [khruu thîi khêm ŋû:at]
問３　ฉันว่าลืมเรื่องสมัยเกเรไปดีกว่า เราโตเป็นผู้ใหญ่กันแล้วนะ
chán wâa luuem rûːaŋ samǎy keeree pay dii kwàa, raw too pen phûu yày kan lɛ́ɛw ná
チャン・ワー・ルーム・ルーアン・サマイ・ケーレー・パイ・ディー・クワー、ラオ・トー・ペン・プーヤイ・カン・レーオ・ナ
おてんば時代のことは忘れた方がいいと思うわ。もう私たちは（れっきとした）大人なんだから。
＊下線部のどちらか片方だけでも正解とします
問４　ตอนที่ปิ๊กอกหัก ฉันฟังคำสอนนี้จากพระบ่อยๆ
tɔɔn thîi pík òkhàk, chán faŋ kham sɔ̌ɔn níi càak phrá bɔ̀y bɔ̀y
トーン・ティー・ピック・オックハック、チャン・ファン・カム・ソーン・ニー・チャーク・プラ・ボイ・ボイ
ピックが失恋したとき、お寺で何度もお坊さんから聞かされたから。
問５　① สมเป็นคนญี่ปุ่น [sǒm pen khon yîipùn] ソム・ペン・コン・イープン
② เด็กดื้อ [dèk dûɯ] デック・ドゥー
③ เกเร [keeree] ケーレー
④ โดดเรียน [dòot riːan] ドート・リーアン
⑤ ฝึกสอนที่โรงเรียนนี้ [fùk sɔ̌ɔn thîi rooŋriːan níi]
フック・ソーン・ティー・ローンリーアン・ニー
（直訳：この学校で教える訓練をする）
＊下線部だけでも正解です

**科目 วิชา [wíchaa]**

| | |
|---|---|
| タイ語（国語） | ภาษาไทย [phaasǎa thay] |
| 英語 | ภาษาอังกฤษ [phaasǎa aŋkrìt] |
| 数学 | คณิตศาสตร์ (/เลข) [khanít(ta)sàat(/lêek)] |
| 社会科 | สังคมศึกษา [sǎŋkhomsùksǎa]　（略して สังคม [sǎŋkhom]） |
| 地理 | ภูมิศาสตร์ [phuumísàat] |
| 歴史 | ประวัติศาสตร์ [prawàttìsàat] |
| 理科 | วิทยาศาสตร์ [wíthayaasàat] |
| 物理 | ฟิสิกส์ [físìk] |
| 化学 | เคมี [kheemii] |
| 生物 | ชีววิทยา [chiiwawíthayaa]　（略して ชีวะ [chiiwá]） |
| 保健 | สุขศึกษา [sùkkhasùksǎa] |
| 運動学（体育） | พลศึกษา [phalasùksǎa]　（略して พละ [phalá]） |
| コンピュータ | คอมพิวเตอร์ [khɔɔmphiwtɤɤ] |
| 芸術（音楽・舞踊・古美術など）　ศิลปะ [sǐnlapà] | |
| 技術・家庭（職業の基盤を作る作業） | |
| 　การงานพื้นฐานอาชีพ [kaan ŋaan phɯ́ɯn thǎan aachîip] | |
| クラブ活動 | ชมรม [chomrom] |

＊科目名は学校によって若干の違いがあります

＊国防訓練 ร.ด. [rɔɔ dɔɔ]　（รักษาดินแดน [ráksǎa dindɛɛn] の略、高校4年生から志願制)

＊第2外国語は中国語、日本語、フランス語、韓国語が一般的です。国境を接している県では隣国の言語を設置している学校もあります

**学校用語例**

| | |
|---|---|
| 朝礼 | เข้าแถว [khâw thěw]　（直訳は「整列する」） |
| ～時間目 | คาบ [khâap] ＋数字 |
| 授業がある | มีเรียน [mii ri:an]　（先生は มีสอน [mii sɔ̌ɔn] と言う） |
| 出席をとる | เช็คชื่อ [chék chɯ̂ɯ] |
| 昼休み | พักเที่ยง [phák thî:aŋ] |
| クラスリーダー | หัวหน้าห้อง [hǔ:a nâa hɔ̂ŋ] |
| 何年生？ | ม.อะไร [mɔɔ aray] |
| ―6年2組（高校3年2組）です | ม.6/2 [mɔɔ hòk tháp sɔ̌ɔŋ] |
| レポート提出 | ส่งงาน [sòŋ ŋaan]　＊「ノート提出」の場合にも使う |
| 宿題 | การบ้าน [kaan bâan] |

| 前期 | เทอม1 [thəəm nùŋ] |
|---|---|
| 後期 | เทอม2 [thəəm sɔ̌ɔŋ] |
| 学期始め | เปิดเทอม [pəət thəəm] |
| 学期末 | ปิดเทอม [pìt thəəm] （「長期休み」という意味でも使う） |
| 中間試験 | สอบกลางภาค [sɔ̀ɔp klaaŋ phâak] |
| 期末試験 | สอบปลายภาค [sɔ̀ɔp plaay phâak] |
| 追試 | สอบซ่อม [sɔ̀ɔp sɔ̂m] |
| 単位 | หน่วยกิต [nù:ay kìt] |
| 評価 | เกรด [krèet] （英語のgradeより。タイは4段階評価でเกรด1 [krèet nùŋ] 未満は追試を受ける） |
| 体育祭 | กีฬาสี [kiilaa sǐi] |
| 入学式 | ปฐมนิเทศ [pathǒmníthêet] |
| 卒業式 | ปัจฉิมนิเทศ [pàtchǐmníthêet] |

### 学校行事で唱える読経（礼拝文 (Vandana)）

タイは仏教国です。高校だけでなく、寺院参拝や仏教行事の際、礼拝文を古代
インドのパーリ語で唱えます。冒頭の部分を記しておきます。観光でお寺に行
けば必ず聞きますし、タイ人なら誰でも言えます。試しに聞いてみましょう。
なお、和訳はタイ語訳からの直訳です。

🎧 44

## นะโม ตัสสะ ภะคะวะโต, อะระหะโต, สัมมาสัมพุทธัสสะ

námootàtsá phákháwátoo, àráhàtoo, sǎnmǎasǎm phútthásà

自ら煩悩を退け、悟りを開き至福の境地を得た者（＝阿羅漢）である仏陀（＝
世尊）を崇拝します。

## อะระหัง สัมมาสัมพุทโธ ภะคะวา, พุทธัง ภะคะวันตัง อภิวาเทมิ.

àráhǎŋ sǎmmǎasǎm phútthoo phákhawaa, phútthaŋ phákháwanthaŋ aphíwaa theemí

仏陀は苦悩の元となる煩悩の火を消し、自ら悟りの境地を得られた阿羅漢で
あり、私（わたくし）は覚者・知者であられる仏陀に対し跪拝します。

## สวากขาโต ภะคะวะตา ธัมโม, ธัมมังนะมัสสามิ

sawàakkhǎatoo, phákháwátaa, thammoo, thammaŋ namàtsǎamí

仏陀の（悟った）真理（＝法）は唯一無二であり、私（わたくし）は（仏陀の）法を拝します。

สุปะฏิปันโน ภะคะวะโต สาวะกะสังโฆ, สังฆัง นะมามิ

sùpàthìpannoo phákháwátoo sǎawákà sǎŋkhoo, sǎŋkhaŋ námaamí

行い正しき仏陀の弟子（＝僧侶）を私は敬います。

＊この後も行事の内容や時間に応じ続けます

---

**聞き取りのコツ**

　初回練習では、聞き取れる語とそうでないものの区別が主な目的でした。一通りのスキットを学んだあと、次は発音記号（かタイ文字）を見ながら音声を聞いてください（ここからが学習の本番です）。「発音記号を見て音声を聞いても追いつけない！」「会話の中でこの単語は言ってないんじゃない？」と感じるでしょう。「聞き取れない！」と感じる大半の原因が下枠のａからｇです。本書にはａからｇに該当する語を含んだ文章がたくさんあるので、下記をヒントに聞き取りにくい部分を拾い出し、その原因をあなたなりにパターン化してみてはどうでしょうか。

---

聞き取りにくい語の特徴

- a. 短い接続詞や助動詞（例：จะ [cà]、งั้น [ŋán]、คง [khoŋ] など）
- b. 短縮された語（例：เปล่า [plàw] → ป่ะ [pà] など）
- c. 前後の単語の間に埋もれたようになって（発音されていても）聞き取れない語
- d. 再読する語が（実際に再読されていても）聞き取れない語
- e. 前の単語につられて2つの単語が1語のように聞こえる語
- f. 単語の中のある部分が何らかの理由で発音されないため発音記号では確認できない語
- g. 二重母音が短母音に聞こえる語や前後の単語の影響で声調が変わった語。また二重子音（krやphl）のrとlの大半が発音されない点も重要です

---

　スキットはタイ人同士の自然な会話をほぼ再現したので、ここまでの学習でも人によっては音声がこもったように（不明瞭に）感じたかもしれません。そこに上記ａ〜ｇと未習単語が絡むと、「練習問題を解く以前に、耳が（タイ語を）受け付けない」といった状況に陥りがちです。ここが最後の難所ですが、後戻りせず繰り返し音声を聞き、単語を聞き分け、文章を音で覚え、文意の確認後、再び何度も音声を聞いてください。この積み重ねが結果的に聞き取りのコツをつかむいちばんの早道だと思います。ぜひ頑張ってください。

# ローイカトン

旧暦 12 月の満月の夜といえば、川の女神への感謝を表すローイカトン（灯篭流し）。この日が近づくと「どこで流すの？」「誰と流すの？」といった会話が聞こえてきます。さて、ノックと友人もローイカトン談義。意見は一致しないようです。

🎧 45

（登場人物） *ノック（女性）、友人（女性）*

問 **1** 次の中で間違っているものがあれば選んでください。

（A） ウィンとノックはバンパコン川でローイカトンを行う。

（B） 遠いので、ボーはチャオプラヤー川へ行くのをやめた。

（C） ノックの友人はローイカトンをゲストハウスの前の噴水で行う。

（D） チャオプラヤー川では船の上から灯篭を（川に）落とす。

問 **2** ローイカトンの日、川の女神様（プラメー・コンカー）は私たちの何を受け入れてくれますか？

_____

問 **3** バンパコン川での灯篭流しに友人は否定的です。どうしてでしょうか？　タイ語（カタカナ可）と日本語で答えてください。

_____

_____

問 **4** 川の女神様はどこにいますか？　タイ語（カタカナ可）だけで答えてください。

_____

問 **5** 次の表現はスキットではどう言っていますか？（カタカナ可）

① 顔に書いてある。　_____

② 私のタイプじゃない。　_____

③ いちいちうるさい。　_____

## 聞き取りのポイント

　本課の内容は、タイの灯篭流し（ローイカトン）のころに日常的に交わされる会話です。会話の中では反論する人がよく現れます。反論する人にはなんらかの理由があります。また、反論する根拠を持つ人と持たない人もいます。この点に注意してください。

## スキット

🎧 **45**

**ノック：** พี่วินจะไปลอยกระทงที่ไหนน้า
phîi win cà pay lɔɔy krathoŋ thîi nǎy náa

**友人　：** นก ชอบพี่วินใช่มั้ยล่ะ หน้ามันฟ้อง
nók, chɔ̂ɔp phîi win chây máy lâ, nâa man fɔ́ɔŋ

**ノック：** เปล่า แค่อยากรู้ ไม่ใช่สเป็คฉัน
plàw, khɛ̂ɛ yàak rúu, mây chây sapèk chán

**友人　：** ได้ยินว่าพี่วินลอยที่แม่น้ำบางปะกงคนเดียว
แม่น้ำตรงนั้นสกปรกด้วยของเสียจากโรงงาน อย่าลอยดีกว่ามั้ง
dây yin wâa phîi win lɔɔy thîi mɛ̂ɛ náam baaŋpakoŋ khon di:aw
mɛ̂ɛ náam troŋ nán sòkkapròk dû:ay khɔ̌ɔŋ sǐ:a càak rooŋŋaan, yàa lɔɔy dii
kwàa máŋ

**ノック：** ไม่เกี่ยวว่าจะสะอาดหรือสกปรกหรอก เห็นว่าพี่โบว์ไปลอยที่แม่น้ำ
เจ้าพระยากับแฟน
mây kì:aw wâa cà sa àat rɯ̌ɯ sòkkapròk rɔ̀ɔk, hěn wâa phîi boo pay lɔɔy
thîi mɛ̂ɛ náam câw phraayaa kàp fɛɛn

**友人　：** ไปไกลขนาดนั้นเลยเหรอ
pay klay khanàat nán ləəy rɜ̌ə

**ノック：** ลอยจากในเรือ โรแมนติกดีนะ
lɔɔy càak nay rɯ:a, roomɛntìk dii ná

**友人　：** แต่แบบนั้นไม่เหมือนลอยจากบนเรือเลยนะ　เหมือน<u>ทำ</u>กระทง<u>ตก</u>
มากกว่า ใบตองน่าจะคว่ำพอดี
tɛ̀ɛ bɛ̀ɛp nán mây mɯ̌:an lɔɔy càak bon rɯ:a ləəy ná mɯ̌:an <u>tham</u> kratoŋ
<u>tòk</u> mâak kwàa, bay tɔɔŋ nâa cà khwâm phɔɔ dii

**ノック**：เรื่องมากจริง งั้นแกลอยที่ไหนอ่ะ
rûːaŋ mâak ciŋ, ŋán kɛɛ lɔɔy thîi nǎy à

**友人**：ลอยที่น้ำพุหน้าคอนโด แค่นี้ก็พอแล้ว
lɔɔy thîi námphú nâa khɔɔndoo, khɛ̂ɛ níi kɔ̂ɔ phɔɔ lɛ́ɛw

**ノック**：โหย เล็กจะตาย งั้นกระทงก็ไม่ขยับไปไหนสิ
hǒoy, lék cà taay, ŋán kratoŋ kɔ̂ɔ mây khayàp pay nǎy sì

**友人**：ไม่เป็นไร พระแม่คงคารับรู้ได้ถึงความขอบคุณของเราอยู่แล้ว เพราะ
ท่านอยู่อีกมิตินึง
mây penray, phrá mɛ̂ɛ khoŋ khaa ráp rúu dây thǔŋ khwaam khɔ̀ɔp khun
khɔ̌ɔŋ raw yùu lɛ́ɛw phrɔ́ thân yùu iik mítì nɯŋ

**ノック**：อ้อ นั่นสินะ
ɔ̂ɔ, nân sì ná

---

┌─ 和訳を見る前に

ของเสีย [khɔ̌ɔŋ sǐːa] 廃棄物、不良品　เห็นว่า [hěn wâa] 〜と思う
ใบตอง [bay tɔɔŋ] バイトーン（バナナの葉（で作った灯篭））　คว่ำ [khwâm]
ひっくりかえる　น้ำพุ [námphú] 噴水　คอนโด [khɔɔndoo] コンドミニ
アム　ขยับ [khayàp] 移動する（ここでは「流れる」）　พระแม่คงคา [phrá
mɛ̂ɛ khoŋ khaa] 川の女神　รับรู้ [ráp rúu] 受け取る（キャッチする）
มิติ [mítì] 次元　สินะ [sì ná] 〜だよ、〜だね、〜だぞ（文末詞）

●●構文●●
ทำกระทงตก [tham kratoŋ tòk] 灯篭を落とす：「うっかり落としてしまう」のよ
　　　　　　　　　　　　うに意図的でないもの
＊ทำกระทงให้ตก [tham kratoŋ hây tòk] 灯篭を落とす：ให้ [hây] が入ると「意図的
　　に〜する」を表します

---

和　訳

**ノック**：ウィンはどこに（灯篭を）流しに行くのかしら？

**友人**：ノック、ウィンのこと好きなんでしょ。顔に書いてあるわよ。

**ノック**：違うわよ、知りたかっただけ。（あの人）私のタイプじゃないわ。

**友人**：ウィンってひとりでバンパコン川でだって。
あの川、工場の廃棄物（直訳：不良品）で汚れているでしょ、やめさせたほうがいいんじゃない？

**ノック**：きれい汚いは関係ないわよ。姉のボーは恋人とチャオプラヤー川まで行くみたいよ。

**友人**：あんな遠いところまで行くの？

**ノック**：船から流すのよ、ロマンチックじゃない。

**友人**：でもそれだと船の上からだと流すって感じじゃないわ。灯篭を落とすって感じ。バイトーン（＝バナナの葉）がひっくりかえっちゃうわ。

**ノック**：いちいちうるさいわね。じゃあ、あなたはどこで（灯篭を）流すの？

**友人**：アパートの前の噴水に置くの。それで十分。

**ノック**：えーっ、小さすぎるわ、それじゃバイトーンが流れないじゃない？

**友人**：大丈夫。川の女神様は別の次元（別の世界）におられるので、（どこにいても）私たちの（川の女神様への）感謝をキャッチできるのよ。

**ノック**：まあ、そうなんだよね。

---

### 本課を学んで

　どこにでも、相手の話にことごとく反対する、俗に言う天邪鬼がいます。ノックの友人もそんな人物かもしれません。理由は、からかい、嫉妬、頑固などさまざまです。ノックの友人は、他人の灯篭流しの場所や方法にケチをつけているにもかかわらず、自分の場合は女神様を引き合いに出し、どこで灯篭流しをしても同じだと言っています（この発言が矛盾だと気付けば本書は卒業です）。ともあれ会話はその場の気分次第といった面があり、発話予測が困難です。もしあなたの周囲のタイ人の機嫌や雰囲気が悪くなったら、ときには聞き取れないふりをしてみましょう。会話をうやむやにできるのは（私たち日本人のような）外国人の特権であり、タイ人とうまく付きあっていくコツにもなり得ます。

（答え）

問 1　すべて間違い

　(A)　＊ウィンはひとりで灯篭を流す

　(B)　＊やめていない

　(C)　＊ゲストハウスではなくコンドミニアム（アパート）

　(D)　＊友人の感想にすぎない

　＊正解に思えても、スキットの文と合っているか再確認しましょう

問 2　（川の女神様に対する）感謝

問 3　แม่น้ำตรงนั้นสกปรกด้วยของเสียจากโรงงาน

　　　mɛ̂ɛ náam troŋ nán sòkkapròk dû:ay khɔ̌ɔŋ sǐːa càak rooŋŋaan

　　　メーナーム・トロン・ナン・ソッカプロック・ドゥーアイ・コーン・シア・チャーク・ローンガーン

　　　あの川、工場の廃棄物（＝不良品）で汚れている

問 4　อีกมิตินึง [ìik míti nɯŋ] イーク・ミティ・ヌン（別次元）

問 5　① หน้ามันฟ้อง [nâa man fɔ́ɔŋ] ナー・マン・フォーン（直訳：顔が訴えている）

　　　② ไม่ใช่สเปคฉัน [mây chây sapèk chán]

　　　　マイ・チャイ・サペック・チャン（直訳：私のスペック(spec)じゃない）

　　　③ เรื่องมาก(จริง) [rûːaŋ mâak (ciŋ)] ルーアン・マーク（直訳：(本当に) 話が多い）

---

### マイペンライ（ไม่เป็นไร [mây penray]）よりもよく聞いている語

■ **文末に付く語** เลย [ləəy]

本編の中でいちばん頻出した語は、文末に付く เลย [ləəy] です。同語は「否定文の強調（まったく〜ない）」、A เลย [ləəy] B で「AだからBだ」、「通り過ぎる」など日本語とぴったり対応する訳もありますが、เลย [ləəy] の使用頻度としてはほんの一部です。この เลย [ləəy]、日本語に訳そうとすればかなりの事例を掲げる必要がありますが、会話の場面や雰囲気から初心者でも、日本語を介さずニュアンスが自然と分かる不思議な語です。

■ น่าจะ [nâa cà]

「น่าจะ [nâa cà]＋動詞・形容詞・名詞」もよく使います。こちらは「はずだ、多分、べきだ」などを表す語ですが、言外に「最終的な責任はとりたくない」というニュアンスも見え隠れします。

　上の2つは（短い音節という理由もありますが）日常会話において「マイペンライ」よりもよく使う語だと感じられます。次の番外編にもよく出てきますので注目してください。特に เลย [ləəy] はタイ人同士が話すとき、タイ人と話すとき、「どんな場面か」「会話の雰囲気はどうか」「発話の声の調子（怒っている、急いでいる）」などのニュアンスに注意して、話者の気分を想像するヒントにしてください。

# 名探偵スパナット

## 最初に

　本編で学んだことを基に、長いサスペンスドラマにトライしてみましょう。各チャプターは本編の１課分程です。チャプター１～９でひとつの物語だと思ってください。練習方法として下記 A, B を参考にしてください。

A　タイ語音声から学ぶ　　☞「内容の大まかな流れを把握しましょう」

B　日本語訳から学ぶ　　　☞「タイ語ではどう言っているかを考えましょう」

＊番外編はあなたの強み・弱点を発見することも目的のひとつです。まずはまったくアプローチの異なる A と B を両方試してください。全体を通して聞き、その後「最初のいくつかのチャプターは B を、後半は A を行う（あるいはその逆）」「チャプターごとに A と B を交互に行う」など工夫しながら内容を理解することで自身の強みを探り、以後「強み」を活かした聞き取りを実践してください。

## 事件の概要

　事件は賑やかな酒場に隣接した２階建ての住宅街の敷地内の中で、唯一平屋のモンティラー家で起こった。金庫からダイヤと王冠が盗まれたのだ。家には４人の住人がいて、家族や近隣の住民も泥棒を目撃している。バンコク首都圏警察も、このところのサヤーム美術館盗難事件やヤワラート貴金属盗難事件などを捜査中。担当のナッタポン警部はどの事件も迷宮入りになりそうななか、今回の事件も担当。打つ手なしの警部が頼るのが、タイが生んだ稀代の名探偵スパナットだ。今回、スパナットはナッタポン警部の依頼で調査を始める。スパナットは現場到着時点で犯行の核心を直感したが、あとから思えば本件がさらに意外な展開になることを現時点ではスパナットも知らない。スキットは盗難の被害を受けた家族への質問から始まる。

### 登場人物

スパナット ศุภณัฐ [sùphanát]：私立探偵

ナッタポン ณัฐพล [nátthaphon]：バンコク首都圏警察警部

モンティラー夫人 มณฑิรา [monthíraa]：被害家族の未亡人

ソンポン สมพงษ์ [sǒmphoŋ]：モンティラー夫人の息子（米国で起業の勉強中）

アン แอน [ɛɛn]：来たばかりのメイド

リー ลี่ [lii]：モンティラー夫人の弟

## ヒント（チャプターの要点）

**チャプター１**　目撃者の証言：最初に通報したアンに事件の詳細を聞く

**チャプター２**　リーとソンポン：リーとソンポンに疑惑をいだくスパナット

**チャプター3**　車椅子のモンティラー：モンティラーの容体に注目するスパナット

**チャプター4**　真犯人は近くにいる：いくつかの不自然な点から犯人は近くにいるとスパナットが指摘

**チャプター5**　盗難事件のトリックを推理する：泥棒の正体についてモンティラーに質問するスパナット

**チャプター6**　カバンはどこに？：スパナットがカバンのありかを指摘

**チャプター7**　警察の盲点：警察の捜査方法を知り尽くした犯行計画をスパナットが見破る

**チャプター8**　スパナットの勝利：真犯人逮捕

**チャプター9**　事件は解決したのか？：事件はまだ終わっていないと言い残すスパナット

注）「住宅街」のことをタイ文では ทาวน์เฮ้าส์ [thaawháw]「タウンハウス」と表現しています。タウンハウスは何軒かの家屋（一軒家）が集まってできたものです。タイの場合、主に平屋か2階建てで住宅群の周囲を壁で囲み、多くの場合検問用の出入り口があり警備員が配置されています。

## A　タイ語音声から学ぶ

**聞き取りのポイント**

　まずは原文を見ずにタイ語音声を聞いてみましょう。ストーリーがサスペンスドラマなので「事件」「犯人」「捜査する」といった用語が出てきますが、使用されている語句は本編の第3章同様に状況や場面に応じたものです。ポイントは意味が分からなくてもタイ語の音声を聞く持続力を養うことです。チャプターごとにどのようなことを話しているか音声から想像し、次にタイ文と語彙集を見て意味を確認しましょう。

### チャプター1　目撃者の証言　🎧 46

**ナッタポン**　：ผมยุ่งกับคดีใหญ่ในกรุงเทพฯ ทำไมต้องมาจัดการกับคดีลักทรัพย์เล็กๆแบบนี้ด้วย ไม่ไหวนะ

phǒm yûŋ kàp khadii yày nay kruŋthêep, thammay tôŋ maa càt kaan kàp khadii láksáp lék lék bὲεp níi dû:ay, mây wǎy ná

| スパナット | ： | ใจเย็นๆนะ ฉัฐพล เดี๋ยวจะสอบปากคำ 4 คนอีกครั้ง |
|---|---|---|
| | | cay yen yen ná, nátthaphon, dǐ:aw cà sɔ̀ɔp pàak kham sìi khon ìik khráŋ |

| ナッタポン | ： | เชิญเลยครับ สอบปากคำไปก็คงไม่ได้อะไรหรอก แล้วผมก็ ตรวจสอบในบ้านหมดแล้วด้วย |
|---|---|---|
| | | chəən ləəy khráp, sɔ̀ɔp pàak kham pay kɔ̂ɔ khoŋ mây dây aray rɔ̀ɔk, lɛ́ɛw phǒm kɔ̂ɔ trù:at sɔ̀ɔp nay bâan mòt lɛ́ɛw dû:ay |

| スパナット | ： | ขอสอบปากคำคุณแอน　แม่บ้านของบ้านนี้เป็นคนแรกนะ ครับ คุณแอนเพิ่งเข้ามาทำงานที่บ้านนี้ 3 วันใช่มั้ยครับ |
|---|---|---|
| | | khɔ̌ɔ sɔ̀ɔp pàak kham khun ɛɛn, mɛ̂ɛ bâan khɔ̌ɔŋ bâan níi pen khon rɛ̂ɛk ná khráp, khun ɛɛn phə̂ŋ khâw maa tham ŋaan thîi bâan níi sǎam wan chây máy khráp |

| メイド (アン) | ： | ค่ะ |
|---|---|---|
| | | khâ |

| スパナット | ： | ขโมยหนีออกไปทางหน้าต่างนี้จริงๆใช่มั้ยครับ |
|---|---|---|
| | | khamooy nǐi ɔ̀ɔk pay thaaŋ nâa tàaŋ níi ciŋ ciŋ chây máy khráp |

| メイド (アン) | ： | ใช่ค่ะ ประมาณ 3 ทุ่ม ขโมยเป็นผู้ชายใส่เสื้อคลุมคาร์ดิแกน ถือกระเป๋าสีแดงใบใหญ่ ดูเหมือนคนเมา |
|---|---|---|
| | | chây khâ, pramaan sǎam thûm, khamooy pen phûu chaay sày sɯ̂:a khlum khaadìkɛɛn, thɯ̌ɯ krapǎw sǐi dɛɛŋ bay yày, duu mɯ̌:an khon maw |

| スパナット | ： | แล้ว |
|---|---|---|
| | | lɛ́ɛw |

| メイド (アン) | ： | ใช่ เห็นผู้ร้ายตอน 3 ทุ่ม ฉันเลยรีบโทรแจ้งตำรวจ แจ้ง ลักษณะของคนร้ายที่ขโมยเพชรและ มงกุฎสมัยอยุธยาไปค่ะ |
|---|---|---|
| | | chây, hěn phûu ráay tɔɔn sǎam thûm, chán ləəy rîip thoo cɛ̂ɛŋ tamrù:at, cɛ̂ɛŋ láksaná khɔ̌ɔŋ khon ráay thîi khamooy phét lɛ́ moŋkùt samǎy ayútthayaa pay khâ |

| スパナット | ： | อย่างงั้นเหรอครับ |
|---|---|---|
| | | yàaŋ ŋán rə̌ə khráp |

## チャプター 2　リーとソンポン　🎧 47

**スパナット** : แล้วคุณลี น้องชายของคุณมณฑิรา คุณก็เห็นคนร้ายเหมือน
กันใช่มั้ย
léɛw khun lii, nɔ́ɔŋ chaay khɔ̌ɔŋ khun monthíraa, khun kɔ̂ɔ hěn
khon ráay mǔ:an kan chây máy

**リー** : ใช่ อั๊วเห็นคนร้ายปีนออกไปทางหน้าต่าง ตอน 3 ทุ่ม ถือ
กระเป๋าล่วย
chây, ú:a hěn khon ráay piin ɔ̀ɔk pay thaaŋ nâa tàaŋ tɔɔn sǎam
thûm thǔ:ɯ krapǎw lû:ay

**スパナット** : แน่ใจเหรอครับ คนร้ายเป็นผู้ชายรึเปล่า
nɛ̂ɛcay rɯ̌ə khráp, khon ráay pen phûu chaay rú plàw

**リー** : ผู้ชายครับ ใส่เสื้อคาร์ดิแกนสีดำ
phûu chaay khráp, sày sɯ̂:a khaadìkɛɛn sǐi dam

**スパナット** : คุณลี ทำไมถึงอาศัยอยู่ที่นี่ครับ ก่อนมาที่นี่ ทำอะไรบ้าง
khun lii, thammay thǔŋ aasǎy yùu thîi nîi khráp, kɔ̀ɔn maa thîi nîi
tham aray bâaŋ

**リー** : อั๊วศึกษาเกี่ยวกับทองคำที่มหาลัยที่สิงคโปร์ แล้วไง
ú:a sùksǎa kì:aw kàp thɔɔŋ kham thîi mahǎalay thîi sǐŋkhapoo,
lɛ́ɛw ŋay

**スパナット** : เปล่า มือของคุณมีรอยแผลเยอะ ผมก็เลยถามดูเท่านั้นแหละ
คุณชื่อสมพงษ์ เป็นลูกชายของบ้านนี้ใช่มั้ยครับ ได้ยินว่า
เพิ่งกลับจากอเมริกาเหรอครับ
plàw, mɯɯ khɔ̌ɔŋ khun mii rɔɔy phlɛ̌ɛ yə́, phǒm kô ləəy thǎam
duu thâw nán lɛ̀
khun chɯ̂ɯ sǒmphoŋ, pen lûuk chaay khɔ̌ɔŋ bâan níi chây máy
khráp, dây yin wâa phə̂ŋ klàp càak ameerikaa rɯ̌ə khráp

**ソンポン** : ครับ ผมไปตั้งบริษัทใหม่ของผมที่อเมริกา
khráp, phǒm pay tâŋ bɔɔrísàt mày khɔ̌ɔŋ phǒm thîi ameerikaa

**メイド (アン)** : ใช่ค่ะ คุณหนูอาศัยอยู่ที่ลอสแอนเจลิส ทะเลสวยมากเลยค่ะ
chây khâ, khun nǔu aasǎy yùu thîi lɔ́ɔs ɛɛncalə̀ɔs, thalee sǔ:ay
mâak ləəy khâ

**ソンポン** ： นี่เธอ พูดมากไปแล้ว

nîi thəə, phûut mâak pay lέεw

**スパナット** ： งั้นคุณก็ไม่ได้ทำงานที่เมืองไทยสินะ แล้ววันนี้กลับมาบ้าน
เหรอครับ

ŋán khun kɔ̂ɔ mây dây tham ŋaan thîi mɯ:aŋ thay sì ná, lέεw wan
níi klàp maa bâan rɔ̌ə khráp

**ソンポン** ： สองวันก่อน คุณแอนโทรมาบอกว่าคุณแม่อาการไม่ค่อยดี ผม
เลยรีบบินกลับมา ผมกลับมาบ้านประมาณ 4ทุ่ม ซึ่งขโมยหนี
ไปแล้ว

sɔ̌ɔŋ wan kɔ̀ɔn, khun ɛɛn thoo maa bɔ̀ɔk wâa khun mɛ̂ɛ aakaan
mây khɔ̂y dii, phǒm ləəy rîip bin klàp maa, phǒm klàp maa bâan
pramaan sìi thûm sɯ̂ŋ khamooy nǐi pay lέεw

### チャプター 3　車椅子のモンティラー　🎧 48

**ナッタポン** ： ส่วนคนนี้เป็นคุณผู้หญิงของบ้านนี้ ชื่อคุณมณฑิรา ผมยาว
สลวยดีนะครับ

sù:an khon níi pen khun phûu yǐŋ khɔ̌ɔŋ bâan níi, chɯ̂ɯ khun
monthíraa, phǒm yaaw salǔ:ay dii ná khráp

**スパナット** ： อ๋อ ผมสวยเหมือนตุ๊กตาเลยนะครับ เราเคยเจอกันรึเปล่า น่า
จะเคยเห็นที่ไหน

ɔ̌ɔ, phǒm sǔ:ay mɯ̌:an túkkataa ləəy ná khráp, raw khəəy cəə kan
rɯ́ plàw, nâa cà khəəy hěn thîi nǎy

**モンティラー** ： ขอบคุณค่ะ แต่ดิฉันไม่รู้จักคุณมาก่อนนะคะ

khɔ̀ɔp khun khâ, tὲɛ dichán mây rúu càk khun maa kɔ̀ɔn ná khá

**スパナット** ： นั่งรถเข็นดูลำบากนะครับ เป็นอะไรหรือเปล่า

nâŋ rót khěn duu lambàak ná khráp, pen aray rɯ̌ɯ plàw

**モンティラー** ： เท้าฉันบาดเจ็บจากอุบัติเหตุค่ะ คิดว่าต้องผ่าตัด ผ่าตัดเสร็จ
เมื่อไหร่ ว่าจะย้ายไปอยู่ที่อเมริกา จะพาแม่บ้านไปด้วย

tháw chán bàat cèp càak ùbàttihèet khâ, khít wâa tɔ̂ŋ phàa tàt,
phàa tàt sèt mɯ̂:arày wâa cà yáay pay yùu thîi ameerikaa, cà phaa
mɛ̂ɛ bâan pay dû:ay

148

スパナット　　：ดูเหมือนเพิ่งซื้อนะ
　　　　　　　　duu mɯ̌:an phɔ̂ŋ sɯ́ɯ ná

モンティラー　：ว่าไงนะคะ
　　　　　　　　wâa ŋay ná khá

スパナット　　：เปล่าครับ ว่าแต่จะขายบ้านหลังนี้เหรอครับ
　　　　　　　　plàw khráp, wâa tɛ̀ɛ cà khǎay bâan lǎŋ níi rɜ̌ɜ khráp

モンティラー　：ไม่ขายค่ะ เพราะนี่เป็นบ้านแห่งความทรงจำที่สามีซื้อให้　บ้าน
　　　　　　　　ชั้นเดียวหลังเล็กๆแบบนี้ ขนขึ้นเรือไปอเมริกาด้วยได้
　　　　　　　　mây khǎay khâ, phrɔ́ nîi pen bâan hɛ̀ŋ khwaam soŋcam thîi sǎamii
　　　　　　　　sɯ́ɯ hây, bâan chán di:aw lǎŋ lék lék bɛ̀ɛp níi khǒn khɯ̂n rɯa
　　　　　　　　pay ameerikaa dû:ay dây

ナッタポン　　：คุณผู้หญิงใจดีจังครับ  ไม่ต้องห่วงนะครับ ผมจะไม่ให้คนร้าย
　　　　　　　　ออกจากประเทศไทยแม้แต่ก้าวเดียว
　　　　　　　　khun phûu yǐŋ cay dii caŋ khráp, mây tɔ̂ŋ hù:aŋ ná khráp, phǒm cà
　　　　　　　　mây hây khon ráay ɔ̀ɔk càak prathêet thay mɛ́ɛ tɛ̀ɛ kâaw di:aw

### チャプター 4　真犯人は近くにいる　　🎧 49

スパナット　　：ทุกคนครับ  ไม่คิดว่ามันแปลกเหรอ ที่คดีลักทรัพย์นี้เกิดใน
　　　　　　　　คืนเดือนมืด และแถวนี้ก็ไม่มีเสาไฟ มืดก็มืด คุณแอนซึ่ง
　　　　　　　　เป็นแม่บ้านที่สายตาไม่ดีคง ไม่สามารถแยกแยะสีกระเป๋า
　　　　　　　　ได้หรอกครับ นอกจากนั้น คุณแอนเพิ่งมาเป็นแม่บ้านที่บ้าน
　　　　　　　　นี้ ไม่น่าจะรู้รหัสตู้เซฟกับของข้างในว่ามีอะไรบ้าง แต่ทำไม
　　　　　　　　คุณแอนกลับรู้ว่าข้างในตู้เซฟมีเพชรกับมงกุฎสมัยอยุธยา
　　　　　　　　ได้  แล้วทำไมถึงรู้ว่าคนร้ายที่หนีไปเป็นผู้ชาย  นอกจากนี้
　　　　　　　　คุณสมพงษ์ ลูกชายของคุณมณฑิรา  ก็กลับมาจากอเมริกา
　　　　　　　　เร็วจังนะครับ
　　　　　　　　thúk khon khráp, mây khít wâa man plɛ̀ɛk rɜ̌ɜ thîi khadii láksáp
　　　　　　　　níi kɜ̀ɜt nay khɯɯn dɯ:an mɯ̂ɯt lɛ́ thɛ̌w níi kɔ̂ɔ mây mii sǎwfay
　　　　　　　　mɯ̂ɯt kɔ̂ɔ mɯ̂ɯt, khun ɛɛn sɯ̂ŋ pen mɛ̂ɛ bâan thîi sǎaytaa mây
　　　　　　　　dii khoŋ mây sǎamâat yɛ̂ɛk yɛ́ sǐi krapǎw dây rɔ̀ɔk khráp, nɔ̂ɔk
　　　　　　　　càak nán khun ɛɛn phɜ̂ŋ maa pen mɛ̂ɛ bâan thîi bâan níi mây nâa
　　　　　　　　cà rúu rahàt tûu séef kàp khɔ̌ɔŋ khâŋ nay wâa mii aray bâaŋ, tɛ̀ɛ

thammay khun ɛɛn klàp rúu wâa khâŋ nay tûu séef mii phét kàp
moŋkùt samǎy ayútthayaa dây, lɛ́ɛw thammay thǔŋ rúu wâa khon
ráay thîi nǐi pay pen phûuchaay, nɔ̂ɔk càak níi khun sǒmphoŋ lûuk
chaay khɔ̌ɔŋ khun monthíraa kɔ̂ɔ klàp maa càak ameerikaa rew
caŋ ná khráp

ソンポン　　：　บังเอิญเครื่องบินยังไม่เต็ม　ผมอยู่อเมริกาจริงๆนะครับ　ไม่
เชื่อก็ดูพาสปอร์ตผมสิ
baŋəən khrɯ̂:aŋbin yaŋ mây tem, phǒm yùu ameerikaa ciŋ ciŋ ná
khráp, mây chɯ̂:a kɔ̂ɔ duu pháaspɔ̀ɔt phǒm sì

スパナット　：　แต่กลับบ้านมาปุ๊บ ก็รู้ว่าเกิดอะไรขึ้นปั๊บเลยนะ
tɛ̀ɛ klàp bâan maa púp kɔ̂ɔ rúu wâa kə̀ət aray khɯ̂n páp ləəy ná

ソンポン　　：　ก็แค่บังเอิญครับ สงสัยผมเหรอ
kɔ̂ɔ khɛ̂ɛ baŋəən khráp, sǒŋsǎy phǒm rə̌ə

スパナット　：　ไม่ใช่อย่างนั้น ยิ่งมีผู้ต้องสงสัยเยอะเท่าไหร่ ก็ยิ่งดีกับคนร้าย
ตัวจริงเท่านั้น
ดูจากพาสปอร์ตไปแต่อาร์เจนตินาบ่อยๆ
mây chây yàaŋ nán, yîŋ mii phûu tôŋ sǒŋsǎy yɔ́ thâwrày kɔ̂ɔ yîŋ
dii kàp khon ráay tu:a ciŋ thâw nán
duu càak pháaspɔ̀ɔt pay tɛ̀ɛ aacentinaa bɔ̀y bɔ̀y

ソンポン　　：　ผมแค่ไปเที่ยว
phǒm khɛ̂ɛ pay thî:aw

スパナット　：　อ๋อ อย่างนี้เองเหรอ
ɔ̌ɔ yàaŋ níi eeŋ rə̌ə

ナッタポン　：　เป็นไรเหรอครับ　หรือว่าคุณศุภณัฐจะเข้าใจเรื่องทั้งหมด
แล้ว
pen ray rə̌ə khráp, rɯ̌ɯ wâa khun sùphanát cà khâwcay rɯ̂:aŋ
tháŋ mòt lɛ́ɛw

スパナット　：　ฉัฐพล ปริศนาทั้งหมดไขกระจ่างแล้ว
nátthaphon, prìtsanǎa tháŋ mòt khǎy kracàaŋ lɛ́ɛw

ナッタポン　：　ผมไม่เห็นเข้าใจเลย　พวกคนแถวนี้หลายคนก็เห็นคนที่น่าจะ

เป็นคนร้ายด้วย

phŏm mây hĕn khâwcay ləəy, phû:ak khon thĕw níi lăay khon kôɔ
hĕn khon thîi nâa cà pen khon ráay dû:ay

スパナット : ไม่ใช่หรอก คนร้ายอยู่ใกล้ๆเรานี่แหละ เพราะหนีไปไหน
ไกลไม่ได้

mây chây rɔ̀ɔk, khon ráay yùu klây klây raw nîi lɛ̀, phrɔ́ nĭi pay
năy klay mây dây

## チャプター 5　盗難事件のトリックを推理する　🎧 50

スパナット : ณัฐพล ที่จริงมันไม่มีคดีลักทรัพย์อะไรมาตั้งแต่แรกแล้ว
ประเด็นสำคัญมันอยู่ตรงนี้แหละ

nátthaphon, thîi ciŋ man mây mii khadii láksáp aray maa tâŋ tɛ̀ɛ
rɛ̂ɛk lɛ́ɛw, praden sămkhan man yùu troŋ níi lɛ̀

モンティラー : แต่พวกคนแถวนี้บอกว่าเห็นผู้ชายถือกระเป๋าสีแดงที่น่าจะ
เป็นคนร้ายไม่ใช่หรือคะ

tɛ̀ɛ phû:ak khon thĕw níi bɔ̀ɔk wâa hĕn phûu chaay thŭɯ krapăw
sĭi dɛɛŋ thîi nâa cà pen khon ráay mây chây rŭɯ khá

スパナット : นั่นคือคุณผู้หญิงเองนี่ครับ สมัยก่อน ผมเคยเห็นคุณมณฑิรา
ออกทีวี นึกออกแล้ว ตอนที่คุณเคยเป็นนักแสดงละครเวที
คุณใช้ชื่อว่าสุพัตรา ณัฐพลรู้จักมั้ย

nân khɯɯ khun phûu yĭŋ eeŋ nîi kráp, samăy kɔ̀ɔn phŏm khəəy
hĕn khun monthíraa ɔ̀ɔk thiiwii, núk ɔ̀ɔk lɛ́ɛw, tɔɔn thîi khun
khəəy pen nák sadeeŋ lakhɔɔn weethii, khun cháy chɯ̂ɯ wâa
sùpháttraa, nátthaphon, rúu càk máy

ナッタポン : ไม่รู้จักครับ

mây rúu càk khráp

スパナット : เฮ้อ ถามอะไรก็ไม่เคยรู้จัก คุณมณฑิราแสดงเก่ง ดัดเสียงเป็น
ผู้ชายได้ เล่นเป็นคนพิการก็ตีบทแตก แล้วคนร้ายในคดีนี้ที่
เค้าว่ากันว่าใส่เสื้อคลุมการ์ดิแกน ถือกระเป๋าสีแดงใบใหญ่ ดู
โดดเด่นขนาดนั้น ใครเห็นก็น่าจะจำได้ ณัฐพลลองดึงผมของ
คุณมณฑิราดูสิ น่าจะเป็นวิกผม

hǎə, thǎam aray kôə mây khəəy rúu càk, khun monthíraa sadeeŋ
kèŋ, dàt sǐ:aŋ pen phûu chaay dâay, lên pen khon phíkaan kô tii bòt
tɛ̀ɛk, lɛ́ɛw khon ráay nay khadii níi thîi kháw wâa kan wâa sày
sûː:a khlum khaadíkɛɛn, thɯ̌ɯ krapǎw sǐi dɛɛŋ bay yày, duu dòot
dèen khanàat nán, khray hěn kôə nâa cà cam dâay, nátthaphon ləəŋ
dɯɯŋ phǒm khɔ̌ɔŋ khun monthíraa duu sì, nâa cà pen wík phǒm

| ナッタポン | : | ได้ครับ |
| | | dây khráp |

| モンティラー | : | โอ๊ย ดึงผมของดิฉันทำไม!? หยุดนะ |
| | | óoy, dɯɯŋ phǒm khɔ̌ɔŋ dichán thammay? yùt ná |

| ナッタポン | : | นี่มันวิกจริงๆด้วย |
| | | nîi man wík ciŋ ciŋ dû:ay |

## チャプター 6　カバンはどこに？　🎧 **51**

| モンティラー | : | ที่จริงดิฉันเป็นมะเร็ง ฉีดยารักษาอยู่ ผมก็เลยร่วงเยอะจึง ต้องใส่วิกแบบนี้ค่ะ |
| | | thîi ciŋ dichán pen mareŋ, chìit yaa ráksǎa yùu, phǒm kôə ləəy rû:aŋ yə́ cɯɯŋ tôŋ sày wík bɛ̀ɛp níi khâ |

| ナッタポン | : | อย่างงั้นเองเหรอครับ คุณศุภณัฐ เราไม่น่าสงสัยคุณนายเลย ครับ |
| | | yàaŋ ŋán eeŋ rɔ̌ə khráp, khun sùphanát, raw mây nâa sǒŋsǎy khun naay ləəy khráp |

| スパナット | : | นายนี่ใจดีกับผู้หญิงเหลือเกินนะ คุณสมพงษ์ ทำไมคุณไม่ บอกว่าคุณมณฑิราเป็นมะเร็ง |
| | | naay nîi cay dii kàp phûu yǐŋ lɯ̌:a kəən ná, khun sǒmphoŋ, thammay khun mây bɔ̀ɔk wâa khun monthíraa pen mareŋ |

| ソンポン | : | ก็ผมคิดว่ามันไม่เกี่ยวกับคดีนี้นี่ครับ |
| | | kôə phǒm khít wâa man mây kì:aw kàp khadii níi nîi khráp |

| モンティラー | : | นั่นสิคะ แล้วดิฉันก็รักษาอยู่ที่โรงพยาบาลตั้งประ เอ๊ย! โรง พยาบาลในเมืองอยู่แล้วด้วยค่ะ |
| | | nân sì khá, lɛ́ɛw dichán kôə ráksǎa yùu thîi rooŋphayaabaan |

tâŋpra, ɔ̀ɔy rooŋphayaabaan nay mɯ:aŋ yùu lɛ́ɛw dû:ay khâ

スパナット : คุณมณฑิรา ถึงจะนั่งรถเข็น แต่ที่จริงเดินได้ใช่มั้ยล่ะครับ ผมสังเกตเห็นว่ารถเข็นไม่มีรอยขีดข่วนเลย เหมือนไม่เคย ใช้มาก่อน แล้วอีกอย่าง ปกติคุณมณฑิราผมสั้น ใครเห็นก็ นึกว่าเป็นผู้ชายทั้งนั้นแหละ ถ้าแอบเอาเสื้อคาร์ดิแกนใส่ ในกระเป๋าใบนั้น ก็จะไม่มีใครทันสังเกต แล้วตอนขากลับ ก็แอบนั่งรถสมพงษ์หรือแอนกลับบ้านมา

khun monthíraa, thǔŋ cà nâŋ rót khěn, tɛ̀ɛ thîi ciŋ dɔɔn dây chây máy lâ khráp, phǒm sǎŋkèet hěn wâa rót khěn máy mii rɔɔy khìit khù:an lɔǝy mɯ̌:an mây khǝǝy cháy maa kɔ̀ɔn, lɛ́ɛw ìik yàaŋ pòkkatì khun monthíraa phǒm sân, khray hěn kɔ̂ɔ núk wâa pen phûu chaay tháŋ nán lɛ̀, thâa ɛ̀ɛp aw sɯ̂:a khaadíkɛɛn sày nay krapǎw bay nán kɔ̂ɔ cà mây mii khray than sǎŋkèet, lɛ́ɛw tɔɔn khǎa klàp kɔ̂ɔ ɛ̀ɛp nâŋ rót sǒmphoŋ rɯ̌ɯ ɛɛn klàp bâan maa

ナッタポン : แล้วกระเป๋าใบนั้นอยู่ที่ไหน ตำรวจกว่า 10 นายค้นหายังไม่ เจอเลย

lɛ́ɛw krapǎw bay nán yùu thîi nǎy, tamrù:at kwàa sìp naay khón hǎa yaŋ mây cǝǝ lǝǝy

スパナット : หากระเป๋าใบเดียวต้องใช้ตำรวจตั้ง 10 นายเลยเรอะ!? เสีย เวลาจริงๆ
ตำรวจมาภายใน 1 ชั่วโมงหลังจากมีการแจ้งความ เพราะ งั้นคุณมณฑิราจึงตั้งใจเดินผ่านหน้าบ้านทุกหลัง ทำเป็นให้ หลายคนเห็น แสร้งทะเลาะกับคนเมา แล้วจึงแอบนั่งรถกลับ มาที่บ้าน ใช้เวลาไม่ถึง 5 นาทีหรอก คุณนี่แสดงละครเก่ง จริงๆ สมแล้วที่เคยเป็นนักแสดงมืออาชีพ ที่จริงไม่มีอะไร อยู่ในตู้เซฟตั้งแต่แรกแล้ว ทั้งเพชรและมงกุฎอะไรนั่น แต่ ตอนนี้อาจจะมีกระเป๋าสีแดงอยู่ในตู้เซฟก็ได้ หลังจากที่ พวกคุณไปตรวจค้นตู้เซฟเสร็จแล้วสอบปากคำคุณลีกับแม่ บ้านอยู่ ระหว่างนั้น คุณมณฑิราก็อาจจะแอบเอากระเป๋าใส่ ในตู้เซฟก็ได้

hǎa krapǎw bay di:aw tɔ̂ŋ cháy tamrù:at tâŋ sìp naay lǝǝy rɔ́ǝ, sǐ:a weelaa ciŋ ciŋ, tamrù:at maa phaay nay nɯ̀ŋ chû:a mooŋ lǎŋ

càak mii kaan cêɛŋ khwaam phrɔ́ ŋán khun monthíraa cɯŋ tâŋcay
dəən phàan nâa bâan thúk lǎŋ, tham pen hây lǎay khon hěn, sɛ̂ɛŋ
thalɔ́ kàp khon maw, lɛ́ɛw cɯŋ ɛ̀ɛp nâŋ rót klàp maa thîi bâan,
cháy weelaa mây thǔŋ hâa naathii rɔ̂ɔk, khun nîi sadɛ̂ɛŋ lakhɔɔn
kèŋ ciŋ ciŋ, sǒm lɛ́ɛw thîi khəəy pen nák sadɛɛŋ mɯɯ aachîip thîi
ciŋ mây mii aray yùu nay tûu séef tâŋ tɛ̀ɛ rɛ̂ɛk lɛ́ɛw, tháŋ phét lɛ́
moŋkùt aray nân, tɛ̀ɛ tɔɔn níi àat cà mii krapǎw sǐi dɛɛŋ yùu nay
tûu séef kɔ̂ɔ dây, lǎŋ càak thîi phû:ak khun pay trù:at khón tûu séef
sèt lɛ́ɛw sɔ̀ɔp pàak kham khun lii kàp mêɛ bâan yùu rawàaŋ nán,
khun monthíraa kɔ̂ɔ àat cà ɛ̀ɛp aw krapǎw sày nay tûu séef kɔ̂ɔ dây

**ナッタポン** ： จริงเหรอ นี่ ไปตรวจค้นในตู้เซฟอีกทีซิ

cing rǒə, nîi pay trù:at khón nay tûu séef ìik thii sí

**警　官** ： หัวหน้า เจอแล้วครับ กระเป๋าใบใหญ่ เสื้อการ์ดิแกน กับ
กางเกงสำหรับผู้ชาย

hǔ:a nâa, cəə lɛ́ɛw khráp, krapǎw bay yày, sɯ̂:a khaadíkɛɛn kàp
kaaŋ keeŋ sǎmràp phûu chaay

### チャプター 7 　警察の盲点　🎧 52

**ナッタポン** ： แต่ก็ยัง ไม่เข้าใจ　ทำไมถึงต้องก่อคดีลักทรัพย์ปลอมๆแบบ
นี้ขึ้นด้วย

tɛ̀ɛ kɔ̂ɔ yaŋ mây khâycay, thammay thǔŋ tɔ̂ŋ kɔ̀ɔ khadii láksáp
plɔɔm plɔɔm bɛ̀ɛp níi khɯ̂n dû:ay

**スパナット** ： บ้านทาวน์เฮ้าส์แถบนี้ ทุกหลังเป็นบ้าน 2 ชั้น แต่มีบ้านนี้บ้าน
เดียวที่เป็นบ้านชั้นเดียว คุณ ไม่คิดว่ามันแปลกเหรอ　ที่จริง
ตั้งแต่ผมมาถึงที่นี่ ผมก็รู้สึกว่าบ้านหลังนี้ดูน่าสงสัยแล้ว ฉัฐ
พล คุณ ได้ตรวจกำแพงหรือพื้นแล้วหรือยัง ถ้าตามสมมติฐาน
ของผม　กำแพงที่คุณพิงอยู่ก็น่าจะทำจากทองคำ ไม่สิ ไม่ใช่
แค่กำแพง แต่บ้านทั้งหลังทำจากทองคำเลยล่ะ เพียงแต่พื้นผิว
ถูกเปลี่ยนสี ปีที่แล้วที่ทาง สน. ได้รับแจ้งคดีปล้นทองที่เยาว
ราชบ่อยๆ น่าจะประมาณ 300 ล้านบาท คนร้ายคืนนั้นเอาทอง
ที่ปล้นมาสร้างเป็นบ้านหลังนี้　โดยหลอมทองคำทำเป็นพื้น
กับกำแพง

bâan thaawháw thɛ̀ɛp níi, thúk lǎŋ pen bâan sɔ̌ɔŋ chán, tɛ̀ɛ mii

bâan níi bâan di:aw thîi pen bâan chán di:aw, khun mây khít wâa
man plὲεk rɔ̌ɔ, thîi ciŋ tâŋ tὲε phɔ̌m maa thǔŋ thîi níi, phɔ̌m
kɔ̂ɔ rúu sùk wâa bâan lǎŋ níi duu nâa sɔ̌ŋsǎy lέεw, nátthaphon,
khun dây trù:at kamphεεŋ rǔɯ phúɯɯn lέεw rǔɯ yaŋ, thâa taam
sǒmmóttìthǎn khɔ̌ɔŋ phɔ̌m, kamphεεŋ thîi khun phiŋ yùu kɔ̂ɔ nâa
cà tham càak thɔɔŋ kham, mây sì, mây chây khêε kamphεεŋ, tὲε
bâan tháŋ lǎŋ tham càak thɔɔŋ kham ləəy lâ, phi:aŋ tὲε phúɯɯn
phǐw thùuk plì:an sǐi, pii thîi lέεw thîi thaaŋ sɔ̌ɔ nɔɔ dây ráp cêεŋ
khadii plôn thɔɔŋ thîi yawwarâat bɔ̀y bɔ̀y, nâa cà pramaan sǎam
láan bàat, khon ráay khadii nán aw thɔɔŋ thîi plôn maa sâaŋ
pen bâan lǎŋ níi dooy lɔ̌ɔm thɔɔŋ kham tham pen phúɯɯn kàp
kamphεεŋ

リー ： เหี้ย, ไอ้เหี้ยนี่ มันรู้ได้ไงวะ

hî:a, ây hî:a nîi, man rúu dây ŋay wá

スパナット ： ใจเย็นๆนะคุณลี

cay yen yen ná, khun lii

ナッタポン ： หมายความว่ายังไงครับ  นี่ไปตรวจสอบกับบริษัทก่อสร้าง
ดูซิ

mǎay khwaam wâa yaŋ ŋay khráp, nîi, pay trù:at sɔ̀ɔp kàp bɔɔrisàt
kɔ̀ɔ sâaŋ duu sí

警官 ： ครับผม หัวหน้า อย่างที่คุณศุภณัฐพูดเลยครับ  นอกจากนั้นทา
วน์เฮ้าส์นี้ไม่ได้สร้างโดยบริษัทก่อสร้าง  แต่สร้างโดยสถาปนิก
อังกฤษครับ มีคำสั่งให้ก่อสร้างบ้านหลังนี้หลังจากเกิดคดีที่
เยาวราช

khráp phɔ̌m, hǔ:a nâa, yàaŋ thîi khun sùphanát phûut ləəy khráp,
nɔ̂ɔk càak nán thaawháw níi mây dây sâaŋ dooy bɔɔrisàt kɔ̀ɔ sâaŋ
tὲε sâaŋ dooy sathǎapaník aŋkrìt khráp, mii kham sàŋ hây kɔ̀ɔ sâaŋ
bâan lǎŋ níi lǎŋ càak kə̀ət khadii thîi yawwarâat

スパナット ： ลือาจจะซ่อมก่อสร้างบ้านหลังนี้  จุดประสงค์ที่แท้จริงคือ
การลักลอบขนทองคำไปอเมริกาแน่ๆ ถ้าเป็นอย่างนั้น การ
โจรกรรมก็จะถูกอำพรางได้อย่างง่ายดาย    ปกติตำรวจ
ประเทศไหนๆก็มักจะตรวจสอบแค่ครั้งเดียว  ไม่ค่อยตรวจ
ซ้ำเป็นครั้งที่สอง ผมคิดมาตลอดว่ามันไม่น่าใช่ลักษณะการ
ทำงานที่ดี เพราะฉะนั้นคนร้ายจึงทำการ

โจรกรรมเพื่อให้เป็นคดีใหญ่ขึ้นมา พอบ้านโดนตรวจสอบ
ไปแล้ว หลังจากนี้จะได้ไม่โดนตรวจบ้านหลังนี้อีก ครอบครัว
นี้คงจะนามสกุลตั้งประสิทธิ์กันทั้งบ้าน

lii àat cà sôm kòo sâaŋ bâan lăŋ níi, cùt prasǒŋ thîi thêε ciŋ khɯɯ
kaan lák lôop khǒn thɔɔŋ kham pay ameerikaa nêε nêε, thâa pen
yàaŋ nán, kaan coonrakam kôo cà thùuk amphraaŋ dây yàaŋ ŋâay
daay, pòkkatì tamrù:at prathêet năy năy kôo mák cà trù:at sòop
khêε khráŋ di:aw, mây khôy trù:at sám pen khráŋ thîi sɔ̌oŋ, phǒm
khít maa talòot wâa man mây nâa cháy láksanà kaan tham ŋaan
thîi dii phróchanán khon ráay cɯŋ tham kaan coonrakam phɯ̂:a
hây pen khadii yày khɯ̂n maa, phɔɔ bâan doon trù:at sòop pay
lέεw, lăŋ càak níi cà dây mây doon trù:at bâan lăŋ níi ìik, khrôop
khru:a níi khoŋ cà naamsakun tâŋprasìt kan tháŋ bâan

## チャプター 8　スパナットの勝利　　🎧 53

**ナッタポン** ： ครอบครัวตั้งประสิทธิ์มีชื่อในเรื่องก่อคดีโจรกรรมใหญ่ใน
กรุงเทพฯ สินะครับ

khrôop khru:a tâŋprasìt mii chɯ̂ɯ nay rɯ̂:aŋ kòo khadii coonrakam
yày nay kruŋthêep sì ná khráp

**スパナット** ： ณัฐพลเพิ่งรู้เหรอ ใช่แล้ว แต่ยังไม่รู้ว่าใครเป็นหัวหน้าสั่ง
การ ครอบครัวตั้งประสิทธิ์ไม่ได้มีแค่ 4 คนนี้เท่านั้น แต่มี
สมาชิกเป็นอีกหลายสิบครอบครัว

nátthaphon phôŋ rúu rǒo, cháy lέεw tὲε yaŋ mây rúu wâa khray
pen hǔ:a nâa sàŋ kaan, khrôop khru:a tâŋprasìt mây dây mii khêε
sìi khon níi thaw nán, tὲε mii samăachík pen ìik lăay sìp khrôop
khru:a

**ナッタポン** ： อ้อ อย่างงี้นี่เอง นี่ พาผู้ต้องหา 4 คนนี้ไปที่โรงพักเลย

ɔ̂o yàaŋ ŋíi nîi eeŋ, nîi phaa phûu tôŋ hăa sìi khon níi pay thîi rooŋ
phák lǝǝy

**スパナット** ： พวกคุณนี่ก็ช่างคิดจริงๆ ที่คิดจะขนบ้านทั้งหลังไปอเมริกา
ถ้าเอาลงเรือไปก็ไม่ถูกสงสัยสินะ เพราะส่งทางเรือจะคำนวณ
จากขนาด ไม่ใช่น้ำหนัก ส่วนถ้าจะส่งทางแอร์ก็เสียเวลาต้อง
แบ่งส่งหลายรอบ เพราะน้ำหนักมากเดี๋ยวโดนจับได้ และ

ทางแอร์ก็ตรวจจับด้วยเครื่องเอ็กซเรย์เข้มงวดกว่าทางเรือ   ถ้า
ไม่ใช่มืออาชีพ ทำไปก็มีความเสี่ยงสูง   เกิดพลาดขึ้นมาโดน
ตำรวจอเมริกาตามล่าแน่
ตั้งประสิทธิ์ วางแผนมากไปเลยพลาด ผมชนะอีกแล้ว อย่า
ถือสากันนะ ฮาๆๆๆๆ

phûːak khun níi kɔ̂ɔ châŋ khít ciŋ ciŋ thîi khít cà khǒn bâan tháŋ
lǎŋ pay ameerikaa, thâa aw loŋ rɯːa pay kɔ̂ɔ mây thùuk sǒnsǎy sì
ná phrɔ́ sòŋ thaaŋ rɯːa cà khamnuːan càak khanàat, mây châय nám
nàk, sùːan thâa cà sòŋ thaaŋ ɛɛ kɔ̂ɔ sǐːa weelaa tɔ̂ŋ bɛŋ sòŋ lǎay
rɔ̂ɔp, phrɔ́ nám nàk mâak dǐːaw doon càp dây lé thaaŋ ɛɛ kɔ̂ɔ trùːat
càp dûːay khrɯ̂ːaŋ èksaree khêmŋùːat kwàa thaaŋ rɯːa, thâa mây
châय mɯɯ aachîip, tham pay kɔ̂ɔ mii khwaam sìːaŋ sǔuŋ, kɔ̀ət
phlâat khɯ̂n maa doon tamrùːat ameerikaa taam lâa nɛ̂ɛ, tâŋprasìt,
waaŋ phɛ̌ɛn mâak pay ləəy phâat, phǒm chaná ìik léɛw, yàa thɯ̌ɯ
sǎa kan ná, ha ha ha ha ha

**モンティラー　　:** หนอยแน่ะ จำไว้เลยนะ ครอบครัวตั้งประสิทธิ์ไม่ปล่อย
พวกแกไว้แน่

nɔ̌ɔy nɛ̂, cam wáy ləəy ná, khrɔ̂ɔp khruːa tâŋprasìt mây plɔ̀ɔy
phûːak kɛɛ wáy nɛ̂ɛ

**ソンポン　　:** ไม่จบง่ายๆแน่ไอ้ศุภณัฐ

mây còp ŋâay ŋâay nɛ̂ɛ ây sùphanát

**リー　　:** จำเอาไว้นะแก

cam aw wáy ná kɛɛ

**スパナット　　:** หึ ขี้โม้ ผมไม่กลัวหรอก ถ้าอยากโดนจับก็มา ผมจะรอ

hù , khîi móo, phǒm mây kluːa rɔ̀ɔk, thâa yàak doon càp kɔ̂ɔ maa,
phǒm cà rɔɔ

### チャプター 9　事件は解決したのか？　🎧 54

**ナッタポン　　:** คุณศุภณัฐรู้ตัวคนร้ายคดีนี้ได้ไงครับ

khun sùphanát rúu tuːa khon ráay khadii níi dây ŋay khráp

**スパナット　　:** ก็ณัฐพลน่ะแหละ ที่เป็นคนบอกผม

kɔ̂ɔ nátthaphon nà lè, thîi pen khon bɔ̀ɔk phǒm

**ナッタポン** ： ผมเหรอ
phǒm rǒə

**スパナット** ： ฉัฐพลเคยแจ้งผมเรื่องคดี "มงกุฎสมัยอยุธยาถูกโจรกรรม"
ใช่มั้ย  เป็นไปไม่ได้ที่คนอยู่บ้านทาวน์เฮ้าส์จะมีมงกุฎสมัย
อยุธยา มูลค่ามากขนาดที่เป็นเงินค่าไถ่ของพระมหากษัตริย์
ได้เลย
nátthaphon khəəy cêɛŋ phǒm rɯ̂:aŋ khadii "moŋkùt samǎy
ayútthayaa thùuk coonrakam" chây máy, pen pay mây dây thîi
khon yùu bâan thaawháw cà mii moŋkùt samǎy ayútthayaa,
muunlakhâa mâak khanàat thîi pen ŋən khâa thày khɔ̌ɔŋ
phrámahǎakasàt dây ləəy

**ナッタポン** ： อ๋อหรอครับ แล้วรู้ได้ไงว่าบ้านหลังนี้ทำจากทอง
ɔ̌ɔ rɔ̌ɔ khráp, lɛ́ɛw rúu dây ŋay wâa bâan lǎŋ níi tham càak thɔɔŋ

**スパナット** ： จริงๆผมก็แค่เดา แต่ลีสารภาพออกมาเองใช่มั้ยล่ะ
ciŋ ciŋ phǒm kɔ̂ɔ khɛ̂ɛ daw, tɛ̀ɛ lii sǎaraphâap ɔ̀ɔk maa eeŋ chây
máy lâ

**ナッタポン** ： ถ้างั้น 4 คนนี้เกี่ยวข้องกับคดีอื่นๆที่กรุงเทพฯหรือเปล่าครับ
thâa ŋán, sìi khon níi kì:aw khɔ̌ŋ kàp khadii ɯ̀ɯn ɯ̀ɯn thîi
kruŋthêep rɯ̌ɯ plàw khráp

**スパナット** ： ดูจากวิธีการแล้ว ผมคิดว่าเกี่ยว ผมคิดว่า 4 คนนี้อาจจะเกี่ยว
พันกับ "คดีโจรกรรมที่หอศิลป์สยาม" ที่คุณใช้ เวลา 3 ปีใน
การสืบสวนก็ยังไม่คืบหน้าไปไหน  แอนมีพูดถึงลอสแอน
เจลิส สงสัยว่าแอนน่าจะเป็นแม่เลี้ยงของสมพงษ์
บอสของครอบครัวตั้งประสิทธิ์อาจจะอยู่ที่อาร์เจนตินาก็ได้
แต่ใช้อเมริกาเป็นแค่ทางผ่าน
ไม่แน่ใจว่าการลักลอบขนทองคำนี้อาจไม่ได้ไปอเมริกา คดี
ใหญ่นี่ยังไม่จบ
เมื่อกี้ผมเข้าใจผิด  ที่จริงคราวนี้ที่เราคลี่คลายได้ก็แค่คดีลัก
ทรัพย์เล็กๆเท่านั้นแหละ
duu càak wíthii kaan lɛ́ɛw, phǒm khít wâa kì:aw, phǒm khít wâa
sìi khon níi àat cà kì:aw phan kàp "khadii coonrakam thîi hɔ̌ɔ sǐn
sayǎam" thîi khun cháy weelaa sǎam pii nay kaan sɯ̀ɯp sǔ:an kɔ̂ɔ

yaŋ mây khûɯɯp nâa pay nǎy, ɛɛn mii phûu thŭŋ lɔ́ɔsêɛncaləəs,
sǒŋsǎy wâa ɛɛn nâa cà pen mêɛ líːaŋ khɔ̌ɔŋ sǒmphoŋ, bɔ́ɔs khɔ̌ɔŋ
khrɔ̂ɔp kruːa tâŋprasìt àat cà yùu thîi aaceentìnaa kɔ̂ɔ dây, tɛ̀ɛ
cháy ameerikaa pen khêɛ thaaŋ phàan, mây nɛ̂ɛcay wâa kaan lák
lɔ̂ɔp khǒn thɔɔŋ kham níi àat mây dây pay ameerikaa, khadii yày
níi yaŋ mây còp, mûːakíi phǒm khâwcay phìt, thîi ciŋ khraaw níi
thîi raw khlîi khlaay dây kɔ̂ɔ khêɛ khadii láksáp lék lék thâw nán lɛ́

**ナッタポン** ： แต่โชคดีที่คุณศุภณัฐช่วยไขคดีนี้ ก่อนที่ทองจะไหลออกนอก
ประเทศไทย ผมเลยไม่โดนไล่ออก ขอบคุณมากนะครับ

tɛ̀ɛ chôok dii thîi khun sùphanát chûːay khǎy khadii níi, kɔ̀ɔn thîi
thɔɔŋ cà lǎy ɔ̀ɔk nɔ̂ɔk prathêet thay, phǒm ləəy mây doon lây ɔ̀ɔk,
khɔ̌ɔp khun mâak ná khráp

**スパナット** ： จำไว้นะครับคุณณัฐพล　คุณควรจะสังเกตรายละเอียดต่างๆ
ไม่ว่าจะเป็นเรื่องเล็กน้อยแค่ไหนก็ตาม

cam wáy ná khráp khun nátthaphon, khun khuːan cà sǎŋkèet raay
laìːat tàaŋ tàaŋ, mây wâa cà pen rûːaŋ lék nɔ́ɔy khêɛ nǎy kɔ̂ taam

## B　日本語訳から学ぶ

**聞き取りのポイント**

　和訳ではサスペンスドラマでよく使う表現で記述しています。そのため、
タイ語と対応していなかったり、原文のタイ語には出てこない表現が出て
きます（意訳をしているからです）。

　パターンＢは先に和訳を読むので、犯人や犯行動機が分かる倒叙法と似
ています。ここでは和訳の内容をタイ語でどう言っているか考えて（＝推
理して）みましょう。最初は、いま見ている和訳部分のタイ語音声につい
ていくことから始めてください。

## チャプター 1　目撃者の証言　　🎧 46

**ナッタポン** ： スパナットさん、バンコクの大事件でてんてこ舞いなのに、なんでこんなコソ泥事件の捜査に駆りだされるのか。もう、うんざりですよ。

**スパナット** ： まあ、落ち着きたまえ。ナッタポン警部、もう１度この４人を取り調べたいのだが。

**ナッタポン** ： どうぞ、どうぞ。調べても何も出てこないと思いますよ。それに家の中もすべて調べましたから。

**スパナット** ： では手始めに、メイドのアンさんから聞かせてください。あなたはこの家に３日前に来たばかりでしたね。

**メイド（アン）**： はい、そうですが。

**スパナット** ： 泥棒はこの窓から出て行った。間違いないですね？

**メイド（アン）**： はい。あれはたしか午後９時ごろでした。泥棒はカーディガンを着た男で、赤い大きなカバンを持っていました。酔っぱらっていたように見えました。

**スパナット** ： それで。

**メイド（アン）**： そう、あのとき犯人を見たのが９時でした。それで急いで警察に連絡し、ダイヤとアユタヤ時代の王冠を盗んだ犯人の特徴をお知らせしました。

**スパナット** ： なるほどね。

## チャプター 2　リーとソンポン　　🎧 47

**スパナット** ： では、次にリーさん。モンティラー夫人の弟さんでいらっしゃいましたね。あなたも犯人を見たのですね。

**リー** ： そうだよ。犯人がカバンを持って窓から飛び出ていくのを見た。９時ごろで、カバンも持っていたね。

**スパナット** ： 確かですか？　犯人は男性に間違いないですか？

**リー** ： 男だったね。黒のカーディガンをまとっていたよ。

**スパナット** ： リーさん、どうしてこの家に住んでいるのですか？　ここに来

る前、何をなさっていたのですか？

リー　　　　　：　俺はシンガポールの大学で金の研究をして、それがどうだと言うんだ？

スパナット　　：　いや、君の手に傷跡がいっぱいあるので、ちょっと聞いてみたくなっただけだよ。
　　　　　　　　　ソンポンさん、この家の息子さんでしたね。アメリカから帰国したばかりだと聞いていますが。

ソンポン　　　：　ええ、アメリカで起業しようと思って。

メイド（アン）：　そうなんでございますよ。お坊ちゃまはロサンゼルスにいて。海がとてもきれいな所で。

ソンポン　　　：　これ、余計なことを。

スパナット　　：　じゃあ、タイでは仕事をしていないんだね。で、今日帰宅された？

ソンポン　　　：　２日前、アンさんから電話をもらい、母の具合がよくないと聞き、飛んで帰ってきました。家に着いたのが夜の10時ごろ、ちょうど泥棒が逃げたあとでした。

## チャプター3　車椅子のモンティラー　🎧 48

ナッタポン　　：　こちらは当家の奥様でいらっしゃるモンティラーさんです。長髪のきれいな方で。

スパナット　　：　なるほど、まるで人形のような美しい髪だ。お会いしたことがありませんか？　確かどこかでお目にかかったような気がするのですが。

モンティラー　：　お褒めにあずかり光栄ですわ。でもあいにく貴方様とは面識がございませんわ。

スパナット　　：　奥さん、車椅子にお座りで、さぞご不自由でしょう。どうされたのですか？

モンティラー　：　事故に遭って足を痛めました。手術をしないとだめなんです。手術が終われば、そのときはメイド（アン）も連れてアメリカに移住するつもりですが。

スパナット　　：　この車椅子、買ったばかりみたいですね。

モンティラー　：　なんですって？

スパナット　　：　いや、こちらの話です。ところで、この家は売りに出されるのですか？

モンティラー　：　売りませんわ。主人が買ってくれた思い出のある家です。ご覧の通り小さな家なので、アメリカまで船で送ることにしました。

ナッタポン　　：　お優しいんですね。ま、心配ご無用です。賊はタイから一歩も出しませんから。

## チャプター4　真犯人は近くにいる　　🎧 49

スパナット　　：　皆さん、変だとは思いませんか？　この盗難事件が起こったのは暗い夜。このあたりには電柱もなく暗いのに、この家のメイドのアンさんは視力が悪いので、カバンの色は判別できなかったはず。それにこの家にメイドとして来たばかりなので、当然金庫の番号は知らないだろうし、金庫に何があるか知る由もない。しかしながら、どうしてアンさんは、中にダイヤやアユタヤ時代の王冠があると知っていたのでしょうか？　それに犯人が男であることもよく分かりましたね。まだありますよ。モンティラーさんの息子さんのソンポンさん、よくアメリカからすぐに帰って来られましたね。

ソンポン　　　：　偶然、飛行機が空いていたんですよ。私がアメリカにいたことは事実です。お疑いなら、私のパスポートを見てください。

スパナット　　：　それとも家に帰ったとたん、何かが起こると事前に分かっていた。

ソンポン　　　：　だから、単に偶然なんですよ。私を疑っているのですか？

スパナット　　：　そうじゃない。容疑者は多ければ多いほど真犯人に都合がいいからね、ただそれだけさ。君のパスポートによれば、アルゼンチンにばかり行っているね、何度もね。

ソンポン　　　：　ただの観光ですよ。

スパナット　　：　なるほど、そうか、そういうことだったのか。

ナッタポン　　：　先生、どうされました？　もしや、もうすべて分かったのでは？

スパナット　　：　ナッタポン君、謎はすべて解けたよ。

ナッタポン　　：　私にはさっぱり分からんのですが。近所の住民も犯人らしき人
　　　　　　　　　　物を目撃していますが。

スパナット　　：　そうじゃないんだ。犯人は我々の近くにいるんだよ。遠くに行
　　　　　　　　　　けない事情があってね。

## チャプター5　盗難事件のトリックを推理する　🎧 50

スパナット　　：　ナッタポン君、実を言うと、盗難事件なんて最初からなかった
　　　　　　　　　　のさ。注目すべきはこの点だよ。

モンティラー　：　しかし、このあたりの人たちは、赤いカバンをもった犯人らし
　　　　　　　　　　き男性を目撃しているというじゃありませんか？

スパナット　　：　あれは奥さんでしょ。昔、僕はテレビでモンティラーさんを見
　　　　　　　　　　たことがある。それで思い出したのは、奥さん、あなたは舞台
　　　　　　　　　　女優をしていたことがありますね。当時の名前は確かスパット
　　　　　　　　　　ラー、ナッタポン君、君も知っているだろ？

ナッタポン　　：　いや、存じませんが。

スパナット　　：　まったく、君は何も知らないんだなぁ。モンティラーさんの演
　　　　　　　　　　技力はすばらしい、男性の声色もできるし、もちろん足が不自
　　　　　　　　　　由な障がい者の役もね。さて、この事件の犯人はカーディガン
　　　　　　　　　　をまとって、大きな赤いカバンを持っていた。そんなに目立つ
　　　　　　　　　　と誰もが覚えているはずだ。ナッタポン君、ちょっと奥さんの
　　　　　　　　　　髪の毛を引っ張ってみたまえ。カツラに違いないよ。

ナッタポン　　：　はっ、じゃ、ちょっと。

モンティラー　：　痛いじゃないですか。何をなさるんですか、おやめください。

ナッタポン　　：　これは、本当だ、カツラだ。

## チャプター6　カバンはどこに？　🎧 51

モンティラー　：　警部さん、実を言いますと、ガンの治療中なんです。注射を打
　　　　　　　　　　つと髪の毛が抜けるので、このようなカツラを付けていました
　　　　　　　　　　の。

| ナッタポン | ： | そうでしたか。先生、奥さんに疑わしいところはまったくないじゃないですか。 |
| --- | --- | --- |

**スパナット** ： 君は女性に甘すぎるね。ところでソンポンさん、どうして母上がガンだと言ってくれなかったのかね？

**ソンポン** ： それはその、つまり、この事件と関係ないと思ったからですよ。

**モンティラー** ： そうですよ、それに私はタンプラ、あっ、いや、市内の病院で治療中なんです。

**スパナット** ： 奥さん、車椅子にお座りだけど、本当は歩けるんでしょ？　ずっと気になっていたのだが、この車椅子にはキズ跡がまったくない。まるでいま初めて使ったみたいだ。それと、モンティラーさんは短髪でしたね。それだけで誰もが男性だと思いますよ。もし、こっそりとカーディガンをカバンに入れれば、誰もすぐに気付かないだろうし、帰りはソンポンさんかアンさんの車で家にこっそり帰ってくる。

**ナッタポン** ： では、あのカバンはどこにあるのですか？　いま10人以上の警官が捜索中ですが。

**スパナット** ： 君はカバンひとつ探すのに10人もの警官を？　君の捜査は時間がかかるね。警察は通報から1時間でここに来る。そこで奥さんはいろいろな家の前を歩いて、わざと大勢の人に姿を見せ、わざと酒場の酔ったお客と喧嘩したりして、こっそり車で家に戻ったのさ。戻るのに5分とかからない。実に見事な演技、餅は餅屋さ。それに金庫には最初から何も入っていなかった、ダイヤも王冠も何もかもね。いま金庫に入っているのは、多分、（君が血眼になって探している）赤いカバンだろうね。ナッタポン君たちが金庫の中を調べ、その後、リーさんとメイドのアンさんの取り調べをしている間に、家に戻っていた奥さんがカバンをそっと金庫の中に入れたんだよ。

**ナッタポン** ： そうだったのですか、おい、金庫の中をもう一度調べろ。

**警　官** ： 警部、ありました。大きなカバンに、カーディガン、それと男性用のズボンがあります。

## チャプター7　警察の盲点　🎧 52

ナッタポン　：　まだ分からんのですが、どうしてこんな偽装事件を起こしたのですか？

スパナット　：　このあたりの住宅街はどの家も2階建てだけど、この家1軒だけが平屋だ。変だと思わなかったかね。実は、ここに来たときから、この家自体が疑わしいと思っていたんだ。ナッタポン君、君は壁や床をちゃんと調べたかい？　僕の推理が正しければ、君が寄りかかっている壁は、おそらく金で作られているはずだ。いや違うな、壁だけではなく、この家全体が金で作られている。表面だけ色を変えてね。去年、バンコク警察にヤワラート（中華街）の金塊強奪事件の通報が頻繁に来ていただろ？たしか、3億バーツくらいだったね。その犯人が強奪した金を溶かし、床や壁にしてこの家を作ったってわけだ。

リー　：　畜生、このくそったれ野郎、どうして分かったんだ。

スパナット　：　リー君、まあそう興奮しないで。

ナッタポン　：　ということはどういうことですか？　おい、建設会社を調べろ。

警　官　：　かしこまりました。警部、先生のおっしゃる通りです。それと、この家屋だけが建設会社によるものではなく、英国の建築家の設計によって建てられたものです。ヤワラート事件のあとに、この家の建築が発注されています。

スパナット　：　多分、リーが、この家を改造して作ったんだろう。真の目的はアメリカへの金の密輸に違いない。もしそうならコソ泥事件は単なるカモフラージュということになるね。普通、どの国の警察も同じところは1回しか調べない、再調査することはあまりないからさ。悪い習慣だよ。そこで犯人たちは大きい犯罪を起こすため、前もって強盗事件を起こしたんだ。一度捜査された家なので、あとになって再度調べられることはない。またこの家族全員の苗字はタンプラシットのはずだ。

## チャプター8　スパナットの勝利　🎧 53

ナッタポン　：　先生、タンプラシット家といえば、バンコクの大事件はすべて彼らによることは署でも有名なんですが。

スパナット　　：　ナッタポン君、やっと分かってきたようだね。その通りだよ。
　　　　　　　　ただ、裏で指揮をしている本当の黒幕が分からない。タンプラ
　　　　　　　　シット家はこの4人だけではない。いくつものファミリーがあ
　　　　　　　　る。

ナッタポン　　：　そうでしたか。おい、この4人を署まで連行しろ。

スパナット　　：　さて犯人諸君、さすがプロだけあって家ごとアメリカに運ぶと
　　　　　　　　はよく考えたね。船で送れば怪しまれない。重さでなく大きさ
　　　　　　　　で計算するからね。それに空輸だと分割になるので一度に送り
　　　　　　　　きれなく、時間もかかる。重すぎるからすぐに取り調べられる。
　　　　　　　　X-Ray検査も船便より空輸の方が厳しいだろうしね。そんな素
　　　　　　　　人のようなやりかたをしてしくじればリスクも大きい。米国警
　　　　　　　　察の目もあるしね。タンプラシット、策におぼれすぎたね。（よ
　　　　　　　　く考えたようだが）また僕の勝ちのようだ、悪く思わないでく
　　　　　　　　れたまえ、ハハハハハ。

モンティラー　：　このクソ探偵、タンプラシット家はただじゃおかないから、覚
　　　　　　　　えておいで。

ソンポン　　　：　スパナット、これで終わったと思うなよ。

リー　　　　　：　てめえ、首を洗ってろよ。

スパナット　　：　諸君、往生際が悪いね。僕はなにも恐れていない。捕まりたけ
　　　　　　　　れば、また事件を起こすんだね。楽しみにしているよ。

### チャプター9　事件は解決したのか？　　🎧 54

ナッタポン　　：　先生はどこでこの事件の犯人が分かったのですか？

スパナット　　：　ナッタポン君だよ、君が教えてくれたんだよ。

ナッタポン　　：　私が（ですか）？

スパナット　　：　君の連絡によれば「アユタヤ時代の王冠が盗まれた」だったね。
　　　　　　　　住宅街に住む人たちが、アユタヤ時代の王冠など持っているは
　　　　　　　　ずがないじゃないか。国王の身代金になるくらいの価値がある
　　　　　　　　んだよ。

ナッタポン　　：　そんな金額になるんですか？　では、どうしてこの家が金で
　　　　　　　　作った家だと分かったのですか？

スパナット　　：　ああ、あれはただのはったりさ。だが、リーがまんまと白状し
　　　　　　　　　てくれただろ。

ナッタポン　　：　そうすると、この 4 人はバンコクの他の事件にも関係あるの
　　　　　　　　　でしょうか？

スパナット　　：　手口からして、関係あると思うね。思うにこの 4 人は、君がこ
　　　　　　　　　の 3 年間捜査して何の進展もなかった「サヤーム美術館盗難事
　　　　　　　　　件」とも関係あるはずだよ。それとアンがロサンゼルスの話を
　　　　　　　　　しただろ。断言できないがアンはソンポンの乳母かもしれない。
　　　　　　　　　タンプラシット家の黒幕は、多分アルゼンチンにいるんだろう。
　　　　　　　　　アメリカは密輸の通過地点に過ぎなかった。もしそう考えるな
　　　　　　　　　ら金の密輸先はアメリカではない。この事件はまだ終わってい
　　　　　　　　　ない。さっき僕が言ったこと、つまりアメリカへの密輸は思い
　　　　　　　　　違いだ。今回解決したのは「コソ泥事件」、ただそれだけさ。

ナッタポン　　：　しかし、今回の事件、幸いにも先生のご協力で、金塊がタイを
　　　　　　　　　出るまでにくい止められました。おかげで、私もクビがつなが
　　　　　　　　　りましたよ。

スパナット　　：　ナッタポン君、覚えておきたまえ、細部の細部まで諸々見落と
　　　　　　　　　さず注目したほうがいい。それがどれだけ取るに足らないこと
　　　　　　　　　に思えてもね。

## 語 彙 集

Ⅰ　人物紹介

(1)

ครู [khruu] 先生

อรวรรณ [ɔɔrawan]
　　　　オーラワン（女性名）

เป็นยังไง [pen yaŋ ŋay] どのような

เป็น [pen] AはBです（英語の *be,
　　　　become, belong*）

บ้าง [bâaŋ]（複数の答えを求める語）

ผู้หญิง [phûu yǐŋ] 女性

ผมสั้น [phǒm sân] 髪の毛が短い

ผม [phǒm] 髪の毛

สั้น [sân] 短い

และ [lɛ́]（A）と（B）（英語の *and* に
　　　　近い）

ใส่แว่น [sày wên] 眼鏡をかける

ใส่ [sày] 付ける、（眼鏡を）かける

แว่น [wên] 眼鏡

(2)

ณัฐนันต์ [nátthanan]
　　　　ナッタナン（男性名）

ล่ะ [lâ] 〜については？

คนนั้น [khon nán] その（あの）人

คน [khon] 人

นั้น [nán] その／あの（前の名詞を修飾）

ชอบ [chɔ̂ɔp] 好き、よく〜する

มวยไทย [mu:ay thay] ムエタイ

วันนี้ [wan níi] 今日

วัน [wan] 日

นี้ [níi] この（前の名詞を修飾）

ก็ [kɔ̂ɔ / kɔ̂] 〜も

กำลัง [kamlaŋ] 〜している最中

ฝึกซ้อม [fùk sɔ́ɔm] 練習する

อยู่ [yùu] 〜している（動作・状態の継続）

(3)

นั่น [nân] それ（あれ）は〜

รุ่งอรุณ [rûŋarun] ルンアルン（女性名）

ไง [ŋay]（これ）だよ（注意喚起）

นางสงกรานต์ [naaŋ sǒŋkraan]
　　　　ミス・ソンクラーン

นาง [naaŋ] 女性

สงกรานต์ [sǒŋkraan]
　　　　ソンクラーン（タイ正月）

ปีที่แล้ว [pii thîi lɛ́ɛw] 去年

ปี [pii] 年

ที่แล้ว [thîi lɛ́ɛw] 先（週、月）、去(年)

อ๋อ [ʔɔ̌ɔ]（驚き、気付きなどを表す間
　　　　投詞）

เหรอ [rǎɔ] 〜なんですか

ผมตรง [phǒm troŋ] ストレートヘア

ตรง [troŋ] まっすぐ、ストレート

สวย [sǔ:ay] 美しい

จัง [caŋ] とても

(4)

ผมขาว [phǒm khǎaw] 白髪

ขาว [khǎaw] 白

มี [mii] 〜がいる／ある（存在の有無に
　　　　言及する）

หนวดเครา [nù:at khraw] 顎ひげ

หนวด [nù:at] ひげ

เครา [khraw] 顎

ตัวสูง [tu:a sǔuŋ] 背が高い

ตัว [tu:a] 身体

สูง [sǔuŋ] 高い

สูงๆ [sǔuŋ sǔuŋ]
　　　　とても高い（形容詞の繰り返
　　　　しは強調（とても）を表す）

คือ [khɯɯ] すなわち（一致を表す）

ใคร [khray] 誰

คุณ［khun］（名前の前に付き）～さん

จิรภาส［ciraphâat］チラパート（男性名）

ประธาน［prathaan］社長

บริษัท［bɔɔrisàt］会社

ดู［duu］～（のように）見える、見る

หน้าตา［nâataa］顔

หน้า［nâa］顔

ใจดี［cay dii］親切

แต่［tɛ̀ɛ］しかし

เข้มงวด［khêm ŋû:at］厳しい

นะ［ná］～ね（語気を和らげる文末詞）

(5)

ที่［thîi］（関係代名詞）

สวมแว่นตา［sǔ:am wêntaa］
　　　　　眼鏡をかける

สวม［sǔ:am］着る、（眼鏡を）かける

แว่นตา［wêntaa］眼鏡

ใส่［sày］着る、身に付ける

กางเกงยีนส์［kaaŋ keeŋ yiin］ジーンズ

กางเกง［kaaŋ keeŋ］ズボン、パンツ

ยัง［yaŋ］まだ

เด็ก［dèk］子ども（「学生」という意味
　　　　　でも使う）

ม.ปลาย［mɔɔ plaay］高校（生）

ม.［mɔɔ］（มัธยม［mátthayom］（日本の
　　　　　中学＋高校）の略）

ปลาย［plaay］
　　　　　後半（มัธยม［mátthayom］
　　　　　に付くと日本の「高校」）

สิตาพร［sitaaphɔɔn］
　　　　　シターポーン（女性名）

แก［kɛɛ］（親しい間柄で使う2人称・3
　　　　　人称）

ประถม［prathǒm］小学（生）

น่ะ［nà］（否定的・不機嫌・投げやりな
　　　　　気分を表す文末詞）

## 2　家族の写真

ทางซ้าย［thaaŋ sáay］左側

ทาง［thaaŋ］～側、方向

ซ้าย［sáay］左

A ของ B［A khɔ̌ɔŋ B］
　　　　　BのA（ของ B［khɔ̌ɔŋ B］
　　　　　のようにA部分がないと「B
　　　　　の物」と所有の意味になりま
　　　　　す）

ผม［phǒm］私（男性1人称）

ลูกสาว［lûuk sǎaw］娘

ลูก［lûuk］（親に対する）子ども

สาว［sǎaw］若い女性

ส่วน［sù:an］～に関しては、～につい
　　　　　ては

ขวา［khwǎa］右

ภรรยา［phanrayaa］妻

แถวที่ 2［thěw thîi sɔ̌ɔŋ］2列目

แถว［thěw］列

พ่อแม่［phɔ̂ɔ mɛ̂ɛ］両親

พ่อ［phɔ̂ɔ］父

แม่［mɛ̂ɛ］母

ที่ 2［thîi sɔ̌ɔŋ］2番目（ที่［thîi］＋数
　　　　　字」で序数）

จาก［càak］～から

ปู่［pùu］（父方の）祖父

ย่า［yâa］（父方の）祖母

อุ้ม［ûm］だっこする

อยู่［yùu］～している（動作の継続）

น้า［náa］母方の叔父・叔母（母の弟・妹）

ถัดมา［thàt maa］次に（いって）

ถัด［thàt］次の

มา［maa］来る

แมว［mɛɛw］猫

ยาย［yaay］祖母（母方）

ข้างๆ［khâŋ khâaŋ］横（側）

ข้าง [khâaŋ / khâŋ] 横、〜側

ลุง [luŋ] 伯父 (父母の兄)

กับ [kàp] 〜と〜 (英語の *with* に近い)

ป้า [pâa] 伯母 (父母の姉)

ลูกชาย [lûuk chaay] 息子

ชาย [chaay] 男

อยู่ [yùu] 〜にいる／ある (所在を言及)

น้องชาย [nɔ́ɔŋ chaay] 弟

น้อง [nɔ́ɔŋ] (年下を表す)

ฝาแฝด [fǎafὲɛt] 双子

พี่ชาย [phîi chaay] 兄

พี่ [phîi] (年上を表す)

อีก [ìik] さらに、再度

น้องสาว [nɔ́ɔŋ sǎaw] 妹

ผู้ชาย [phûu chaay] 男

ผู้ [phûu] 人

ยืน [yɯɯn] 立つ

ยิ้ม [yím] 微笑む

ไม่มี [mây mii] 〜がない、持っていない

ไม่ [mây] 〜ない (否定辞)

ครอบครัว [khrɔ̂ɔp khru:a] 家族

เลย [ləəy] だから

ดูแล [duu lee] 面倒をみる (世話をする)

ตอนนี้ [tɔɔn níi] いま (英語の *now*)

ตอน [tɔɔn] 〜する (した) とき (英語の *when*)、時間帯

ถือ [thǔɯ] (〜と) みなす、持つ

แล้ว [lέɛw] 〜し終わる、既に〜になっている

ล่ะ [lâ] 〜だよ (ここでは注意喚起や確信を表す文末詞)

นอกจาก [nɔ̂ɔk càak] 〜以外に

นอกจากนั้น [nɔ̂ɔk càak nán] それ以外に〜

หมา [mǎa] 犬

บ้าน [bâan] 家

เรา [raw] 私／私たち

ชื่อ [chɯ̂ɯ] 名前

ไอ้ดำ [ây dam] アイダム (ここでは犬の名前)

เหมือนกัน [mǔ:an kan] 同様に

หนู [nǔu] 私 (年下の女性がよく使う)

ฉัน ( / ชั้น) [chán] 私

## 3 町の様子

ใจกลาง [cay klaaŋ] 中心

ใจ [cay] 中心、心

กลาง [klaaŋ] 中央

เมือง [mɯ:aŋ] 町、国

แม่น้ำ [mɛ̂ɛ náam] 川

ไหล [lǎy] 流れる

ผ่าน [phàan] 通過する

ทางทิศ [thaaŋ thít] 方角

ทาง [thaaŋ] 〜側、方向、道

ทิศ [thít] 方向

ใต้ [tâay] 南

โรงเรียน [rooŋri:an] 学校

โรง [rooŋ] 大きな建物、〜舎 (類別詞)

ตะวันตก [tawan tòk] 西

โรงเรียนอนุบาล [rooŋri:an anúbaan] 幼稚園

โรงเรียนประถม [rooŋri:an prathǒm] 小学校

เดียวกัน [di:aw kan] 同一の

โรงเรียนมัธยม [rooŋri:an mátthayom] 高校

สะพาน [saphaan] 橋

ข้าม [khâam] 渡る

จะ [cà] 〜でしょう (2人称、3人称に対する推量を表す)

เห็น [hěn] 見える (目に入る)、思う

สถานีดับเพลิง [sathǎanii dàp phləəŋ]

消防署

สถานี [sathăanii] 場所

ดับเพลิง [dàp phlɤɤŋ] 消火する

ดับ [dàp] 消える、消す

เพลิง [phlɤɤŋ] 炎、火

ทางด้านซ้าย [thaaŋ dâan sáay] 左側

ด้าน [dâan] （裏）側

โรงพัก [rooŋ phák] 警察署

สาย [săay] （川の類別詞）

แห่ง [hὲŋ] 所

ถ้า [thâa] もし〜なら

วัด [wát] 寺

ธนาคาร [thanaakhaan] 銀行

ตรงข้าม [troŋ khâam] 〜の逆

ห้างสรรพสินค้า [hâaŋsaphasĭnkháa] デパート

ห้าง [hâaŋ] 店、商店

สรรพสินค้า [saphasĭnkháa] 百科、雑貨

ระหว่าง A กับ( / และ) B [rawàaŋ A kàp ( / lέ) B] AとBの間

กรม [krom] 署、局、庁（行政機関を表す語）

สรรพากร [sănphaakɔɔn] 税務署

ระหว่าง [rawàaŋ] 間

ต.ม. [tɔɔ mɔɔ] 入国管理局（สำนักงานตรวจคนเข้าเมือง [sămnákŋaan trù:at khon khâw mɯɯaŋ] の略）

ไปรษณีย์ [praysanii] 郵便局

ติดกัน [tìt kan] つながっている

โรงพยาบาล [rooŋphayaabaan] 病院（โรงบาล [rooŋbaan] と略すこともある）

หลัง [lăŋ] 後ろ

ฝั่ง [fàŋ] （川）辺、岸

ริมแม่น้ำ [rim mε̂ε náam] 川沿い

ริม [rim] ほとり

เหนือ [nɯ̌:a] 北

ร้านข้าว [ráan khâaw] 食堂、飯屋

ร้าน [ráan] 店

ข้าว [khâaw] 飯、米

ย่านร้านค้า [yâan ráan kháa] 商店街

ย่าน [yâan] 街、地区

ร้านค้า [ráan kháa] 商店

ค้า [kháa] 商う、売買する

เป็นแถว [pen thε̌w] 軒を連ねる（直訳：列になる）

## 4 探す

場面1

สุภาพร [suphaaphɔɔn] スパーポーン（女性名）

ไป [pay] 行く

ไหน [năy] どこ（に）

อ้อ [ɔ̂ɔ] （想起、了解などを表す間投詞）

เมื่อกี้ [mû:a kíi] いまさっき

นั่ง [nâŋ] 座る、（乗り物に）乗る

รถ [rót] 車

ออก [ɔ̀ɔk] 出る

วนิดา [wanidaa] ワニダー（女性名）

นึกออก [núk ɔ̀ɔk] 思い出す

เห็นว่า [hĕn wâa] 〜と聞く、〜と思う

มีนัด [mii nát] 約束がある

นัด [nát] 約束、アポイント

พวก [phûːak] 〜たち

พริมา [pharimaa] パリマー（女性名）

เทอมินอล21 [thɤɤminɔɔn yîip èt] ターミナル21（ショッピングモール名）

ยี่บเอ็ด [yîip èt] 21（ยี่สิบเอ็ด [yîisìp èt] の短縮）

場面2

ช่วงนี้ [chûːaŋ níi]
　　　　最近、このごろ、この時期

ช่วง [chûːaŋ] 期間

พนักงานต้อนรับ [phanákŋaan tônráp]
　　　　受付（担当者）

พนักงาน [phanákŋaan] 従業員

ต้อนรับ [tônráp] 歓迎（英語の *welcome*）

โรงแรม [rooŋrɛɛm] ホテル

เลย [ləəy] （全然）〜でない

นก [nók] ノック（ニックネーム）

เธอ [thəə] 君、あなた

เพราะ [phrɔ́] なぜなら

ชอบ [chɔ̂ɔp] 好き

ใช่มั้ย [chây máy] 〜でしょ？

อืม [ɯɯm] うーん、うん（返答時に発する）

ใช่ [chây] 正しい、その通り

น่าเสียดาย [nâa sǐːa daay] 残念

เขา [kháw] 彼・彼女

เปลี่ยน [plìːan] 変わる

ทำงาน [tham ŋaan] 仕事をする

ใน [nay] 中

สำนักงาน [sǎmnákŋaan]
　　　　事務所、オフィス

คนนอก [khon nɔ̂ɔk] 部外者

คน [khon] 人

นอก [nɔ̂ɔk] 外

เข้า [khâw] 入る

ห้อง [hɔ̂ŋ] 部屋

ไม่ได้ [mây dây] だめ、できない

ได้ [dây] できる（可能・許可）

場面3

ตั๋ว [tǔːa] チケット、切符

รึเปล่า [rɯ́ plàw] ですか（英語の *or not?*）、〜かどうか

นาที [naathii] 分

รถไฟ [rótfay] 列車

ถือ [thɯ̌ɯ] 手に持つ

ไม่ใช่เหรอ [mây chây rɔ̌ə]
　　　　〜じゃないの？、〜じゃなかったの？

場面4

ไม่ ~ สัก [mây ~ sák] 全然〜がない

ไม่มี A สักตัว [mây mii A sák tuːa]
　　　　一着もAがない

กระโปรง [kraprooŋ] スカート

ตัว [tuːa] 着（ここでは衣類に使う類別詞）

งั้น [ŋán] じゃあ

กางเกง [kaaŋ keeŋ] ズボン

หนิ [nì] （〜すればいい）でしょ（文末詞）

พรุ่งนี้ [phrûŋ níi] あした

ต้อง [tɔ̂ŋ] 〜しなければいけない

งานแต่งงาน [ŋaan tɛ̀ŋŋaan] 結婚式

งาน [ŋaan] 行事、式

แต่งงาน [tɛ̀ŋŋaan] 結婚

อาทิตย์ที่แล้ว [aathít thîi lɛ́ɛw] 先週

ส่ง [sòŋ] 送る

ซักรีด [sák rîit] クリーニング（する）、洗濯屋、ドライクリーニング（する）

ซัก [sák] （衣類を）洗う

รีด [rîit] アイロンをかける

ตั้ง [tâŋ] も（思ったより多い場合に使う。例：5年もいる）

เยอะ [yə́] いっぱい

場面5

ชั้น [chán] 私（ฉัน [chán]「私」よりもカン高い、女性っぽい、ハスキーな場合にชั้นと表記するこ

とがある）

หาย [hǎay] なくなる

เลี้ยง [líːaŋ] （動物を）飼う、（人を）養
　　　　　う、奢る

ตั้งแต่ [tâŋ tɛ̀ɛ] ～から（時間）

เมื่อไหร่ [mûːarày] いつ

แมว [mɛɛw] メーオ（人形のニックネ
　　　　　ーム）

เปล่า [plàw] 違う、別に（何でもない）

หมายถึง [mǎay thʉ̌ŋ]
　　　　　要するに、意味するところは

ตุ๊กตา [túkkataa] 人形

หมี [mǐi] 熊

น่ะ [nà] ～だよ（文末詞）

มัน [man] それ

เกะกะ [kèkà] 邪魔

ก็เลย [kɔ̂ɔ ləəy] だから

เอาไป [aw pay] 持って行く

วาง [waaŋ] 置く

บน [bon] 上

ตู้เย็น [tûu yen] 冷蔵庫

## 5　買う

### 場面1　果物を買う

ผลไม้ [phǒnlamáay] 果物

อะไร [aray] 何、何か

แนะนำ [nɛ́nam] 勧める、紹介する

ป่าว [pàaw] （（หรือ）เปล่า [(rʉ̌ʉ)
　　　　　plàaw]「～かどうか」の省
　　　　　略）

ส้มโอ [sôm oo] ソムオー（ポメロ）

มะละกอ [malakɔɔ] パパイヤ

แตงโม [tɛɛŋmoo] スイカ

เงาะ [ŋɔ́] ランブータン

ทุเรียน [thúriːan] ドリアン

เหลือ [lʉ̌ːa] 残る、余る

อีกนิดเดียว [ʔìik nít diːaw] あと少し

อีก [ʔìik] あと、もう（すぐ）

นิดเดียว [nít diːaw] 少し

นี่ [nîi] （前の文や語句を強調）

ลูก [lûuk] （果物の類別詞）

สุดท้าย [sùt tháay] 最後

หมดรุ่น [mòt rûn] 売り切れ

หมด [mòt] なくなる

รุ่น [rûn] 時期、世代

สุก [sùk] 熟す

มาก [mâak] とても、多く

คงจะ [khoŋ cà] きっと

เน่า [nâw] 腐る

กำลังอร่อย [kamlaŋ aròy] 食べごろ（旬）

กำลัง [kamlaŋ] ～の状態が続いている

อร่อย [aròy] おいしい

เอา [aw] 要る

ล่ะ [lâ] （疑問文の確認を表す文末詞）

กิโล [kiloo] キロ（グラム）

ละกัน [lá kan] （～ということに）しま
　　　　　す／しましょう

เอาไว้ [aw wáy] 別の機会にする

อาทิตย์หน้า [aathít nâa] 来週

หน้า [nâa] 来（週、月、年）

### 場面2　紳士服選び

เสื้อเชิ้ต [sûːa chɔ̂ɔt] ワイシャツ

เสื้อ [sûːa] 服

สีน้ำเงิน [sǐi nám ŋɤn] 水色、青色

ขนาด [khanàat] 大きさ、サイズ

มีแต่ [mii tɛ̀ɛ] ～しかない

ใหญ่ [yày] 大きい

กว่า [kwàa] ～より（比較）

ไป [pay] （形容詞に付いて）～すぎる

ฟรีไซส์ [frii sây] フリーサイズ

ใช่ป่ะ [chây pà] でしょ？（ใช่（หรือ）

เปล่า [chây (rʉ̌ʉ)

plàaw〕「〜かどうか」
　　　　の短縮された言い方）

อาจจะ〔àat cà〕多分

เท่า(ๆ)กับ〔thâw (thâw) kàp〕
　　　　　〜と(ほぼ)同じ

ไซส์〔sây〕サイズ

ฝรั่ง〔faràŋ〕欧米人

น่าจะ〔nâa cà〕〜のはず、〜であるべき

มี (A) ขาย〔mii (A) khǎay〕
　　　　　(Aが) 売っている

กรุงเทพฯ〔kruŋthêep〕
　　　　　バンコク（タイの首都名）

มั้ง〔máŋ〕〜じゃない（推量を表す）

ที่〔thîi〕〜で（英語の at）、場所

ผลิต〔phalìt〕製造する

ปกติ〔pòkkatì / pakatì〕通常

แต่ละ〔tɛ̀ɛ lá〕各々の

แบรนด์〔brɛɛn〕ブランド（メーカー）

ต่างกัน〔tàaŋ kan〕異なる

ลูกค้า〔lûuk kháa〕客

ได้ยิน(ว่า)〔dây yin (wâa)〕（〜と）聞いた

แถวนี้〔thǎw níi〕このあたり

สินค้า〔sǐnkháa〕製品、商品

น้อย〔nɔ́ɔy〕少ない

ไม่แน่ใจ(ว่า)〔mây nɛ̂ɛ cay (wâa)〕
　　　　　（〜という）確信はない

แน่ใจ〔nɛ̂ɛ cay〕確実だ、確信がある

ให้ตัดเสื้อ〔hây tàt sûːa〕仕立てるように

ให้〔hây〕（結果として）〜のようにす
　　　　　る、（なる）ように

ตัดเสื้อ〔tàt sûːa〕仕立てる

ตัด〔tàt〕切る

ใช้เวลา〔cháy weelaa〕時間がかかる

ใช้〔cháy〕使う

เวลา〔weelaa〕時間

ครึ่งวัน〔khrûŋ wan〕半日

ครึ่ง〔khrûŋ〕半分

วัน〔wan〕日

เสร็จ〔sèt〕終わる

## 6　自己紹介

A

พม่า〔phamâa〕ミャンマー

ขาย〔khǎay〕売る

เสื้อผ้า〔sûːa phâa〕衣服

ตลาด〔talàat〕マーケット、市場

พูด〔phûut〕話す

ภาษาไทย〔phaasǎa thay〕タイ語

ภาษา〔phaasǎa〕言葉、〜語

ไทย〔thay〕タイ

คล่อง〔khlɔ̂ɔŋ〕流ちょうに、ペラペラと
　　　　　（話す）

ได้เงิน〔dây ŋən〕お金を得る

ได้〔dây〕（〜を）得る

เงิน〔ŋən〕お金

สลับ〔salàp〕交代する、交互に、
　　　　　シフト（勤務）する

สกายทรี〔sakaay thrii〕スカイツリー

B

มหาวิทยาลัย〔mahǎawítthayaalay〕
　　　　　大学（มหาลัย〔mahǎalay〕
　　　　　と略すこともある）

เชียงใหม่〔chiaŋmày〕チェンマイ（地
　　　　　名）

ทำ〔tham〕する、作る

รายงาน〔raay ŋaan〕レポート

เรื่อง〔rûːaŋ〕話、題名

ชนเผ่า〔chon phàw〕（山岳）民族、部族

ชุดประจำ〔chút pracam〕
　　　　　（ここでは）民族衣装、制服

ชุด〔chút〕（衣装などの一揃え、一組、
　　　　　セット）

ประจำ [pracam] 一定、いつもの、正
規、常（駐）

ศึกษา [sùksǎa] 研究する

ชนเผ่าเย้า [chon phàw yáw] ヤオ族

ชนเผ่า [chon phàw]
部族（タイで部族と言えば山
岳地帯に住む（少数）民族を
指す）

เย้า [yáw] ヤオ（民族名）

เคย [khəəy] ～したことがある

ฉลาด [chalàat] 賢い

อาศัยอยู่ [aasǎy yùu] 住んでいる

อาศัย [aasǎy] 住む、頼る、拠り所に
する

หลาย [lǎay] 多くの

ลาว [laaw] ラオス

จีน [ciin] 中国

เวียดนาม [wîːatnaam] ベトナム

เกิด [kə̀ət] 生まれる

C

บองชูร์ [bɔɔŋsuu] こんにちは(フランス
語の*Bonjour*)

อังกฤษ [aŋkrìt] 英国

เจมส์ [ceem] ジェームズ（英国人名）

เสียชีวิต [sǐːa chiiwít] 亡くなる

เลี้ยง [líːaŋ] 育てる

เสีย [sǐːa] 失う、壊れる

ชีวิต [chiiwít] 生命、生活

ภาษาอังกฤษ [phaasǎa aŋkrìt] 英語

เมีย [miːa] 妻

เก่ง [kèŋ] うまい

สอน [sɔ̌ɔn] 教える

ภาษาฝรั่งเศส [phaasǎa faràŋsèet]
フランス語

ฝรั่งเศส [faràŋsèet] フランス

มหาลัย [mahǎalay] 大学

ทำไม [thammay] どうして、なぜ

ไงล่ะ [ŋay lâ] ～なんだよ（ล่ะ [lâ] は
第2課参照）

D

สูตินรีแพทย์ [sùutinarii phɛ̂ɛt]
産婦人科医

จบ [còp] 卒業する

แพทยศาสตร์ [phɛ̂etthayasàat] 医学部

เมื่อ 2 ปีก่อน [mûːa sɔ̌ɔŋ pii kɔ̀ɔn]
2年前（เมื่อ [mûːa] は「～し
たとき／するとき」という意
味の接続詞だが、過去を表す
語句の前に付くことがある）

กำลังท้อง [kamlaŋ thɔ́ɔŋ]
妊娠している（妊娠中）

ท้อง [thɔ́ɔŋ] 妊娠する

ถึง [thǔŋ] ～まで

ใกล้ [klây] 近くなる、近い、近くに

คลอด [khlɔ̂ɔt] 出産する

เยาวราช [yaawwarâat]
ヤワラート（中華街）

ถูกส่งมา [thùuk sòŋ maa] 送られてきた

ถูก [thùuk] ～られる（受け身）、正しい

ญี่ปุ่น [yîipùn] 日本

บ่อยๆ [bɔ̀y bɔ̀y] たびたび

อ่าน [àan] 読む

ตัวอักษร [tuːa àksɔ̌ɔn] 文字

อ่าน(A)ออก [àan (A) ɔ̀ɔk]
(A) が（目で見て）読める
（字が達筆、濡れて読めない
ような場合）

วางใจ [waaŋ cay] 安心できる、安心す
る、信頼する

**7　他者紹介**

ศลิษา [salísǎa] サリサー（女性名）

ขอร้อง［khɔ̌ɔ rɔ́ɔŋ］頼む

พวกเขา［phûːak kháw］彼ら（彼女たち）

ทันที［thanthii］すぐに

โดยเฉพาะ［dooy chaphɔ́］特に

พงศกร［phoŋsakɔɔn］
　　　　　ポンサコーン（男性名）

ศัลยแพทย์［sănlayaphêɛt］外科医

อายุ［aayú］年齢

ทุกวัน［thúk wan］毎日

ยุ่ง［yûŋ］忙しい

(การ)ผ่าตัด［(kaan) phàa tàt］
　　　　　手術する（こと）

อวด［ùːat］自慢する

ตัวเอง［tuːa eeŋ］自分自身

ฝีมือ［fĭi mɯɯ］腕前

ที่สุด［thîi sùt］いちばん～（最上級）

ปวีณา［pawiinaa］
　　　　　パウィーナー（女性名）

พยาบาล［phayaabaan］看護師、看護する

ไชยา［chayyaa］チャイヤー（男性名）

ตำรวจ［tamrùːat］警察官

โทรไปหา［thoo pay hăa］
　　　　　～に電話をかける

โทร［thoo］電話する

ไปหา［pay hăa］
　　　　　訪ねる（ไป［pay］は動作や
　　　　　心が離れていくことを示す方
　　　　　向動詞で、「声」が電話をか
　　　　　けている場所から遠ざかるこ
　　　　　とを表す。มา［maa］はその
　　　　　逆（P187））

สุธิดา［sùthídaa］スティダー（女性名）

อายุรแพทย์［aayúraphêɛt］内科医

ดู［duu］見る、診る

อาการ［aakaan］病状、状態

ดู～ให้［duu ～ hây］

～を見てあげる（くれる）

ถึง［thɯ̆ŋ］たとえ～でも

กลางคืน［klaaŋ khɯɯn］夜、夜間

จีระวัตร์［ciirawát］
　　　　　チーラワット（男性名）

ลดราคา［lót raakhaa］値引きする

ลด［lót］値引きする、減少する

ราคา［raakhaa］値段

ครึ่งนึง［khrɯ̂ŋ nɯŋ］半分

ชุติมา［chútimaa］チュティマー（女性
　　　　　名）

ล่าม［lâam］通訳（する）

ภาษาญี่ปุ่น［phaasăa yîipùn］日本語

ไกล［klay］遠い、遠くに

นิดหน่อย［nít nɔ̀y］ちょっと

ศุภโชค［sùpphachôok］
　　　　　スパチョーク（男性名）

ช่างซ่อม［châŋ sôm］修理屋

ช่าง［châŋ］～屋

ซ่อม［sôm］修理する

ช่วย［chûːay］助ける

ทุกสิ่งทุกอย่าง［thúk sìŋ thúk yàaŋ］
　　　　　すべてのこと

ทุก［thúk］すべての

สิ่ง［sìŋ］こと

อย่าง［yàaŋ］種類

บอก［bɔ̀ɔk］言う、告げる

ชั่วโมง［chûːa mooŋ］時間

อ่ะ［à］です（文末詞）

ก็เป็น［kɔ̂ pen］
　　　　　えっ（？）～です（よ）（こ
　　　　　のก็［kɔ̂ / kɔ̂ɔ］は不意の質問
　　　　　に対し、一瞬戸惑ったような
　　　　　気分を表す間投詞）

คนขับรถ［khon khàp rót］運転手

ขับรถ［khàp rót］運転する

ไง [ŋay] 〜ですよ（注意喚起）

พึ่งพา [phûŋ phaa] 頼りになる

ไม่ค่อย [mây khôy] あまり〜でない

แล้ว [lέεw] それから

ญาติ [yâat] 親戚

ติดหนี้ [tìt nîi] 借金がある

หนี้ [nîi] 借金

เพราะฉะนั้น [phrɔ́chanán]
そういうわけで

นี่ [nîi] これ（は）

ฉันนี่ไง [chán nîi ŋay] 私なんですよ

ฉันนี่ [chán nîi]
私ねぇ、私ってね、私（のこ
と）なんだけど（นี่ [nîi] は
前の名詞・フレーズを強調）

## 8 結婚相談

アピッサラー

อภิสรา [aphítsarǎa]
アピッサラー（女性名）

ชาวนา [chaaw naa] 農夫

เพิ่ง [phôŋ] したばかり

เรียนจบ [ri:an còp] 卒業する

ประมาณ [pramaan] 約、だいたい

แข็งแรง [khěŋ rεεŋ] 力が強い、体力があ
る、元気な

ไม่ต้อง [mây tôŋ] 〜する必要がない

หล่อ [lɔ̀ɔ] カッコいい、ハンサム

ขอให้ [khɔ̌ɔ hây] 〜を望む

ใจดี [cay dii] やさしい、親切な

ソイスワン

สร้อยสุวรรณ [sɔ̂ysuwǎn]
ソイスワン（女性名）

พนักงานบริษัท [phanákŋaan bɔɔrìsàt]
会社員

เท่ๆ [thê thêe] カッコいい

เหมือน [mǔ:an] 〜と同じような

นักร้อง [nák rɔ́ɔŋ] 歌手

ซม. [senti mét] センチメートル（cm）

น้ำหนัก [námnàk] 体重

โอเค [ookee] OK

ウィパーウィー

วิภาวี [wíphaawii]
ウィパーウィー（女性名）

อยุธยา [ayútthayaa] アユタヤ（県名）

นอกใจ [nɔ̂ɔk cay] 浮気（する）

คราวนี้ [khraaw níi] 今度

ต้องการ [tɔ̂ŋ kaan] 〜が必要

ให้ความสำคัญกับ
[hây khwaam sǎmkhan kàp]
〜を重視する（直訳：〜に重
要性を与える）

ให้ [hây] 与える

สำคัญ [sǎmkhan] 重要

ความสำคัญ [khwaam sǎmkhan] 重要性

กับ [kàp] 〜に対し

อารมณ์ขัน [aarom khǎn] ユーモア

ワンウィサー

วันวิสา [wanwísǎa]
ワンウィサー（女性名）

จ๊ะ [câ] / จ๊ะ [cá]（女性が使う文末詞）

เสียชีวิต [sǐ:a chiiwít] 死ぬ

หมด [mòt] すべて

คนเดียว [khon di:aw]
ひとり（だけ）
（เดียว [di:aw] には英語
の only に似たニュアンスがあ
る）

ห่วง [hù:aŋ] 心配

ใคร [khray] 誰か（タイ語の疑問詞は日
本語の「誰ですか？／誰も
いません」の「誰」のよう

に疑問詞以外の意味として
も使う）

สัก [sák] ほんの少し、〜だけ

เพื่อน [phŵ:an] 友達

คุย [khuy] 話す

## 9 滞在
### 第1部　宿泊先と宿泊施設の周り

แพง [phɛɛŋ] （値段が）高い

คืนละ [khɯɯn lá] 一夜につき（一泊）

คืน [khɯɯn] 夜

ละ [lá] 〜につき

อย่างน้อย(ก็) [yàaŋ nɔ́ɔy (kɔ̂ɔ)]
少なくとも

น้อย [nɔ́ɔy] 少ない

อาจารย์ [(a)acaan] （大学の）先生

กี่วัน [kìi wan] 何日（幾日）

กี่ [kìi] いくつの

สำรวจ [sǎmrù:at] 調査する

ที่ดิน [thîi din] 土地

ส่วนตัว [sù:an tu:a]
プライベート（個人的に）

ส่วน [sù:an] 〜に関し、〜については、
部分

ตัว [tu:a] 自己、自分自身、身体

โอ้ [ôo] （感情移入（同情、共感、納得
など）を表す間投詞）

งบประมาณ [ŋóppramaan] 予算

เนาะ [nɔ́] 〜ね（文末詞）

อพาร์ทเม้นท์ [apáatmén] アパート

พัก [phák] 宿泊する

รายเดือน [raay dɯ:an] 月極め、1カ月極
め（3カ月極めはราย3เดือน
[raay sǎam dɯ:an]、1カ月
極めの場合รายเดือนのเดือน
前に1は不要）

ราย [raay] 項目、件

เดือน [dɯ:an] 月（英語の month、moon
の両方の意味あり）

ค่าไฟฟ้า [khâa fay fáa] 電気代

ค่า [khâa] 料金

ไฟฟ้า [fay fáa] 電気

ต่างหาก [tàaŋ hàak] 〜とは別に、〜とは
反対に

เช็คอิน [chék in] チェックイン

เที่ยง [thî:aŋ] （昼の）12時

ว่าง [wâaŋ] 空いている

ก่อนเที่ยง [kɔ̀ɔn thî:aŋ] 12時前

ก่อน [kɔ̀ɔn] 前（英語の before）

เช็คเอาท์ [chék áw] チェックアウト

ข้างนอก [khâŋ nɔ̂ɔk] 外

ข้าง [khâŋ] 〜側（「横」という意味も
ありข้างๆ [khâŋ khâaŋ] は
横（側））

มั่งล่ะ [mâŋ lâ] （どのような感じ）なん
だね

มั่ง [mâŋ] （複数の答えを期待するบ้าง
[bâaŋ] （第1課）の短い
言い方）

ข้างล่าง [khâŋ lâaŋ] 下（側）

ร้านอาหาร [ráan aahǎan] レストラン、
食堂

มินิมาร์ท [mínímàat]
ミニマート（コンビニ）

ร้านซักรีด [ráan sák rîit] 洗濯屋、クリー
ニング店

ด้วย [dû:ay] （目的語に対して）〜も
（「私もパタヤに行きたい」
の「も」ではなく「私はパタ
ヤにも行きたい」の「も」
を表す）

อาหารเช้า [aahǎan cháaw] 朝食

มื้อละ [múɯŋ lá] 一食につき

มื้อ [múɯŋ] 回、度（主に食事の回数）

เปิด [pɔ̀ət] 開く

ปิด [pìt] 閉まる

รับ [ráp] 受ける、応じる

กางเกงใน [kaaŋ keeŋ nay] 下着

ถุงเท้า [thǔŋ tháw] 靴下

ถุง [thǔŋ] 袋

เท้า [tháw] 足

ถุงมือ [thǔŋ mɯɯ] 手袋

มือ [mɯɯ] 手

ผ้าเช็ดตัว [phâa chét tu:a] タオル

เช็ดตัว [chét tu:a] 身体を拭く

เครื่องซัก [khrûː:aŋ sák]
　　　　　コインランドリー

เครื่อง [khrûː:aŋ] 機械

โดย [dooy] 〜することによって

ใส่ [sày] 入れる

เหรียญ10บาท [rǐ:an sìp bàat]
　　　　　10バーツコイン

เหรียญ [rǐ:an] コイン

บาท [bàat] バーツ（タイの通貨単位）

ช.ม. [chûː:a mooŋ] 時間

จอดรถ [cɔ̀ɔt rót] 車を駐車する

จอด [cɔ̀ɔt] 駐車する

รถ [rót] 車（全般）

## 第2部 部屋の中

ข้างใน [khâŋ nay] 中（側）

โซฟา [soofaa] ソファー

โต๊ะ(เครื่อง)แป้ง [tó (khrûː:aŋ) pɛ̂ɛŋ]
　　　　　鏡台（แป้ง [pɛ̂ɛŋ] の直訳は
　　　　　「粉、白粉」）

โต๊ะ [tó] 机

เฟอร์นิเจอร์ [fəənícəə] 家具

ห้องอาบน้ำ [hɔ̂ŋ àap náam] 浴室

อาบน้ำ [àap náam] 水浴びをする

อ่างอาบน้ำ [àaŋ àap náam]
　　　　　浴槽、湯船（อ่าง [àaŋ] は
　　　　　「たらい、洗面器」の意）

ไม่เป็นไร [mây penray] 大丈夫

ทำความสะอาด [tham khwaam sa àat]
　　　　　掃除する

สะอาด [sa àat] 清潔

เอง [eeŋ] 自ら、自分（で）

เตียง [ti:aŋ] ベッド

ผ้าปูที่นอน [phâa puu thîi nɔɔn]
　　　　　シーツ（直訳：寝る場所に敷
　　　　　く布（タイ語は単音節が集ま
　　　　　って単語を形成する））

ผ้า [phâa] 布

ปู [puu] 敷く

นอน [nɔɔn] 寝る

ผ้าห่ม [phâa hòm] 毛布、タオルケット

ห่ม [hòm] はおる、まとう

หมอน [mɔ̌ɔn] 枕

เดี๋ยว [dǐːaw] これからすぐに

ซื้อ [súɯ] 買う

ชุด [chút] セット

ฟุต [fút] フィート

พาไป [phaa pay] 連れて行く

หมอนข้าง [mɔ̌ɔn khâaŋ] 抱き枕

ว่าแต่ [wâa tɛ̀ɛ] ところで

รถตู้ [róttûu] バン

หรือ [rɯ̌ɯ] または

ตุ๊กๆ [túk túk] トゥクトゥク

ล็อบบี้ [lɔ́pbîi] ロビー

สะดวก [sadùːak] 便利

ทีวี [thiiwii] テレビ

ให้เช่า [hây châw]
　　　　　レンタル（する）、貸す
　　　　　（A ให้ B เช่า C [A hây B
　　　　　châw C] AがBにCをレンタ

ルする（貸す））

ระวัง［rawaŋ］注意する

ไฟดับ［fay dàp］停電（する）

รู้ดี［rúu dii］よく知っている

รู้［rúu］知る、理解する(分かる)、判る

ก็~นี่นา［kɔ̂ɔ ~ nîi naa］だって～だから

นามบัตร［naambàt］

名刺、ショップカード

## 10 忙しい男

3月26日

วันจันทร์［wan can］月曜日

มีนา(คม)［miinaa (khom)］3月

ตื่น［tùɯɯn］起床する

ช่วงเช้า［chû:aŋ cháaw］朝

ข้าวต้ม［khâaw tôm］お粥

ไข่กระทะ［khày kratá］

目玉焼き（小さなフライパン

に入った目玉焼き）

ไข่［khày］卵

กระทะ［kratá］フライパン

มีไข้［mii khây］熱がある

กินแค่ / กินแต่［kin khɛ̂ɛ / kin tɛ̀ɛ］

～しか食べない（「動詞＋แค่

［khɛ̂ɛ］/ แต่［tɛ̀ɛ］で「～し

か（動詞）しない」を表す））

แค่［khɛ̂ɛ］～だけ

กิน［kin］食べる、飲む、服用する

เส้นเล็กน้ำไก่［sên lék náam kày］

センレックナム・カイ（鶏肉

入り細（米）麺）

ตอนบ่าย［tɔɔn bàay］午後、お昼

เยี่ยม［yî:am］訪問する

ชลบุรี［chonburii］チョンブリー（県名）

ประชุม［prachum］会議（する）

ตรงกลับ［troŋ klàp］直帰する

ตรง［troŋ］直接

กลับ［klàp］帰る

กลับบ้าน［klàp bâan］帰宅する

อาหารเย็น［aahǎan yen］夕食

น้ำขิง［nám khǐŋ］生姜スープ

ขิง［khǐŋ］生姜

อย่างเดียว［yàaŋ di:aw］一種類だけ

เดียว［di:aw］（ひとつ／ひとり）だけ

ยา［yaa］薬

เข้านอน［khâw nɔɔn］寝る

3月27日

วันอังคาร［wan aŋkhaan］火曜日

อากาศ［aakàat］天気

ถึงแม้［thǔŋ mɛ́ɛ］～なのに

ฤดูแล้ง［rúduu lɛ́ɛŋ］乾季

ถ่ายรูป［thàay rûup］写真を撮る

พอดี［phɔɔ dii］ちょうどそのとき

ฝนตก［fǒn tòk］雨が降る

น้ำท่วม［nám thû:am］洪水

ดึก［dùk］夜遅く

3月28日

วันพุธ［wan phút］水曜日

รถบัส［rót bàt］バス

แวะ［wɛ́］寄る

ธุระ［thúrá］用事、仕事

เสร็จแล้ว(ก็)［sèt lɛ́ɛw (kɔ̂ɔ)］

終わって（から）

หลังจาก［lǎŋ càak］～の後

กินข้าว［kin khâaw］食事する

หัวหน้า［hǔ:a nâa］ボス、部課長

เครื่องบิน［khrɯ̂:aŋbin］飛行機

โรงงาน［rooŋŋaan］工場

นิคมอุตสาหกรรม［nikhom

ùtsǎahakam］工業団地

ลำพูน［lamphuun］ランプーン（県名）

ตกลงกัน(ว่า)［tòk loŋ kan (wâa)］

（〜ということで）合意

ร้อยเอ็ด [rɔ́ɔy èt] ローイエット（県名）

ส่ง [sòŋ] 提出する、送る

ใน [nay] 〜以内に

อาทิตย์นี้ [aathít níi] 今週

นี้ [níi] 今（週、月、年）

3月29日

วันพฤหัส [wan phrɯ́hàt] 木曜日

นครนายก [nakhɔɔnnaayók]
ナコーンナーヨック（県名）

โดน [doon] 〜される、（事故などに）
遇う

ตุ๊กๆ [túktúk] トゥクトゥク

ชน [chon] 衝突する

โชคดี [chook dii] 運がいい

ไม่เป็นอะไร [mây pen aray]
なんともない

ออกจากโรงบาล [ɔ̀ɔk càak rooŋbaan]
退院する

3月30日

วันศุกร์ [wan sùk] 金曜日

นครวัด [nakhɔɔn wát]
アンコールワット（地名）

ร้อน [rɔ́ɔn] 暑い

จะตาย [cà taay]（形容詞の後に付いて）
死にそうに（暑い）

ร้อนตับแตก [rɔ́ɔn tàp tɛ̀ɛk]
夏バテ（直訳：暑さで肝
臓（ตับ [tàp]）が壊れる
（แตก [tɛ̀ɛk]））

ตอนเย็น(ก็) [tɔɔn yen (kɔ̂)]
夕方（になって）

บินกลับ [bin klàp] 飛行機で帰る

ดีเลย์ [diilee] 遅れる（英語の delay）

จนเบื่อ [con bɯ̀:a] 飽きてしまうまで

จน [con] 〜に至るまで

เบื่อ [bɯ̀:a] 飽きる

ในที่สุด [nay thîi sùt] 結局

ราวๆ [raaw raaw] 〜ごろ、おおよそ

เหนื่อย [nɯ̀:ay] 疲れる

3月31日

วันเสาร์ [wan sǎw] 土曜日

ของฝาก [khɔ̌ɔŋ fàak] 土産

เกือบ [kɯ̀:ap] ほとんど、もう少しで

ทั้งวัน [tháŋ wan] 終日

ร้านอาหารจีน [ráan aahǎan ciin]
中華料理店

เป็ดปักกิ่ง [pèt pàkkìŋ] 北京ダック

ไข่เยี่ยวม้า [khày yî:aw máa] ピータン

เที่ยวบิน [thî:aw bin]（発着）便

สนามบิน [sanǎambin] 空港

สุวรรณภูมิ [sùwannaphuum]
スワンナプーム（空港名）

จากกัน [càak kan] 別れる

เบื่ออาหาร [bɯ̀:a aahǎan] 食欲がない

4月1日

วันอาทิตย์ [wan aathít] 日曜日

เมษา(ยน) [meesǎa(yon)] 4月

ไม่ไหว [mây wǎy]（気力・体力的に）
できない

เดท [dèet] デート

ที่ [thîi]（ここでは前の文に対し、「その
事は〜」を表す関係代名詞）

มานานแล้ว [maa naan lɛ́ɛw]
かなり前から（時が長く経過
したことを表す）

มีแผนจะ [mii phěɛn cà]
〜する計画（予定）がある

แผน [phěɛn] 計画

ดูหนัง [duu nǎŋ] 映画を見る

หนัง [nǎŋ] 映画

ทาน [thaan] 食べる、服用する

（กิน［kin］の丁寧語）

เซ็นทรัลเวิลด์［senthranwəən］
　　　　　セントラルワールド（ショッ
　　　　　ピングモール名）

คอนเสิร์ต［khɔɔnsə̀ət］コンサート

หรอก［rɔ̀ɔk］〜だよ（文末詞）

บางคน［baaŋ khon］
　　　　　ある人、何人かの人（บาง
　　　　　［baaŋ］は英語の *some* に近
　　　　　い意味で、บาง［baaŋ］＋名
　　　　　詞（または類別詞）のように
　　　　　前から名詞（または類別詞）
　　　　　にかかる。บางเวลา［baaŋ
　　　　　weelaa］は「ときどき」の意）

บาง［baaŋ］いくらかの、若干の

เลื่อน［lɯ̂:an］延期する

เลื่อนไป［lɯ̂:an pay］〜まで延期する
　　　　　（ไป［pay］は「到達点まで」
　　　　　を表す副動詞）

ยกเลิก［yók lə̂ək］キャンセル（する）、
　　　　　中止、取りやめ

〜ได้ยังไง［dâymyaŋŋay］
　　　　　どうして〜できようか（＝で
　　　　　きない）

แนะนำ［nέnam］アドバイスする

วิธี［wíthii］方法

อารมณ์เสีย［aarom sǐ:a］機嫌を損ねる、
　　　　　腹が立つ

อารมณ์［aarom］機嫌、気分

เสีย［sǐ:a］壊れる、なくなる

## 11　雨季は新車がお買い得

ไหว［wǎy］（精神・身体的に）耐えられる

ไม่〜เลย［mây〜ləəy］まったく〜でない
　　　　　（完全否定）

น้ำ［náam］（雨）水

ลด［lót］（水が）引く

ชั้น 1［chán nɯ̀ŋ］1階

ชั้น［chán］階

ตั้ง［tâŋ］設置する（作る）

ห้องน้ำ［hɔ̂ŋ náam］トイレ

ลำบาก［lambàak］大変、困難

ทุกครั้ง［thúk khráŋ］毎回

ประกันซ่อม［prakan sôm］修理保証

ประกัน［prakan］保証、保険

มือสอง［mɯɯ sɔ̌ɔŋ］中古

เสียเงิน［sǐ:a ŋən］お金がかかる

คันใหม่［khan màay］
　　　　　新車（คัน［khan］は車の類
　　　　　別詞。類別詞は英語の *one* の
　　　　　役割がある。ใหม่［màay］は
　　　　　「新しい」。คันใหม่［khan
　　　　　màay］で *new one* となり「新
　　　　　しいもの」、つまり「新車」
　　　　　を意味する）

## 12　西向きの部屋に住む女性

ชิบหาย［chíp hǎay］
　　　　　畜生（運が悪いときに使う）

แอร์［εε］エアコン

รั่ว［rû:a］漏れる

ฝักบัว［fàk bu:a］シャワー

หยุด［yùt］止まる

เปิดแอร์ทิ้งไว้［pə̀ət εε thíŋ wáy］
　　　　　エアコンをつけっぱなしに
　　　　　する（「動詞＋ทิ้งไว้［thíŋ
　　　　　wáy］」で「〜しっぱなしに
　　　　　する」）

ห้องทางทิศตะวันตก
［hɔ̂ŋ thaaŋ thít tawan tòk］
　　　　　西向きの部屋（直訳：西側の
　　　　　部屋）

ทางทิศตะวันตก [thaaŋ thít tawan tòk]
　　　　西側

ง่าย [ŋâay]（動詞の後に付けて）〜し
　　　　やすい

สิ [sì] 〜しなさい（命令を表す文末詞）

ขี้ร้อน [khîi rɔ́ɔn] 暑がり

ถูกใจ [thùuk cay] 気に入る

ชัด [chát] はっきり

ตามใจ [taam cay] 好きにする
　　　　　　　（直訳：心に従う）

ตกหลุมรัก [tòk lǔm rák]
　　　　一目惚れする（直訳：愛の落
　　　　とし穴に落ちる）

ตก [tòk] 落ちる

หลุม [lǔm] 落とし穴

รัก [rák] 愛（する）

แรก [rɛ̂ɛk] 最初

ทำใจ [tham cay] 諦める

อยาก [yàak] 〜したい

เป็นมือที่3 [pen mɯɯ thîi sǎam]
　　　　第3の手になる、三角関係に
　　　　なる（本文訳「不倫関係にな
　　　　る」）

13　ルート212

แป๋ม [pěm] ペム（ニックネーム）

เนี่ย [nî:a]（意外・呆れ・怒り・驚きな
　　　　どを表す文末詞）

ตกเครื่องบิน [tòk khrɯ̂:aŋbin]
　　　　飛行機に乗り遅れる（「ตก
　　　　[tòk] ＋乗り物」で「（乗り
　　　　物に）乗り遅れる」）

เดินทาง [dəən thaaŋ]
　　　　旅行する、旅をする、道中

มุกดาหาร [múkdaahǎan]
　　　　ムクダハーン（県名）

นั่งๆ [nâŋ nâŋ] 乗り続ける（動詞の繰り
　　　　返しは「〜し続ける」を
　　　　表す）

หลับ [làp] 眠る

ป้าย [pâay] 標識、看板

สงสัย [sǒŋsǎy] 疑う、変に思う

รถติด [rót tìt] 渋滞

ดูผิด [duu phìt] 見間違える（「動詞＋
　　　　ผิด [phìt]」で「〜し間
　　　　違える」）

ไม่น่า [mây nâa] 〜のはずがない

ใช่ [chây] 〜だ（ここでは一致を表す英
　　　　語の be 動詞のような意味）

สุวรรณเขต [sùwaanakhèet]
　　　　サワンナケート（ラオスにあ
　　　　る県の名前）

ตะหาก [tahàak] 〜とは別に（ต่าง
　　　　หาก [tàaŋ hàak] の短
　　　　縮）

จริง [ciŋ] 本当

เหรอ [rǒ̌ɔ] 〜なのですか（疑問文の確認
　　　　を表す：返答の内容に対し驚
　　　　き・意外性・疑惑を込めて聞
　　　　き直すようなニュアンス。
　　　　第5課のล่ะ [lâ] と同じよう
　　　　な意味）

งง [ŋoŋ] 分からない、混乱する、（何が
　　　　何だか）分からない

อีกรอบ [ìik rɔ̂ɔp] もう一度、もう1周

รอบ [rɔ̂ɔp]（1）周、（1）巡

อีกที [ìik thii] もう1回

ที [thii] 回、度

บ้าเนอะ [bâa nɔ́] ばかね

บ้า [bâa] ばか

เนอะ [nɔ́]（呆れや嘲笑などを表す文
　　　　末詞）

ตัวเล็ก [tu:a lék] 身体が小さい

เล็ก [lék] 小さい

มองเห็น [mɔɔŋ hěn] 見える（見ると目
に入ってくる）

แท็กซี่ [thɛ́ksîi] タクシー

โอ้โห [ôohǒo]（驚きを表す間投詞）

รีบ [rîip] 急ぐ

ธุระด่วน [thúrá dù:an] 急用

ด่วน [dù:an] 急ぎ、緊急、速い

ขอ [khɔ̌ɔ] お願いする、求める

ยืมเงิน [yɯɯm ŋən] お金を借りる

ยืม [yɯɯm] 借りる

ทางโทรศัพท์ [thaaŋ thoorasàp] 電話で

ทาง [thaaŋ] 方法

โทรศัพท์ [thoorasàp] 電話（する）

ยังไงๆอยู่ [yaŋŋay yaŋŋay yùu]
どうかなあ（と思う）

เจอ [cəə] 会う

เจอหน้า [cəə nâa] 面と向かって

### 14　幻の館

เมื่อวาน [mɯ̂:a waan] 昨日

โฟม [foom] フォーム（ニックネーム）

เล็กๆ [lék lék] とても小さい（形容詞を
繰り返すことで形容詞の
程度を強調する）

ชนบท [chonnabòt] 田舎、村

รู้สึก [rúu sùk] 感じる

เดินเล่น [dəən lên] 散歩する

หลงทาง [lǒŋ thaaŋ] 道に迷う

หลง [lǒŋ] 迷う、誤って～する

ตรงไหน [troŋ nǎy] どこ、どの地点

มือถือ [mɯɯ thɯ̌ɯ] 携帯電話

โหมดประหยัดพลังงาน
[mòod prayàt phlaŋŋaan] 省エネモード

โหมด [môod] モード

ประหยัด [prayàt] 節約する

พลังงาน [phlaŋŋaan] エネルギー、力、
(電)力（งาน [ŋaan] は「作
業、動作」、พลัง [phlaŋ] は
「力」から「動作する力（＝
動力）」が直訳）

ง่วงนอน [ŋû:aŋ nɔɔn] 眠い

หนุ่มหล่อ [nùm lɔ̀ɔ] カッコいい若い男
性、イケメン

หนุ่ม [nùm] 若い男性

แนะนำ [nɛ́nam] 案内する

พักผ่อน [phák phɔ̀ɔn] 休憩する、休む

เก้าอี้ [kâwîi] 椅子

ตึก [tùk] ビル、建物

แปลก [plɛ̀ɛk] 不思議な

ก็ดี [kɔ̂ dii]（～であれば）いい

งั้นมั้ง [ŋán máŋ] まあね

น่าประหลาดใจ [nâa pralàat cay]
不思議な、奇妙な

ยังกับ [yaŋ kàp] まるで～のような

นิยาย [níyaay] 物語、神話

แน่ะ [nɛ̀]（相手に注意を促す文末詞）

โรแมนติก [roomɛɛntik] ロマンチック

เอง [eeŋ] ～なのよ／～なんだよ（文末
詞）

ตอนแรก [tɔɔn rɛ̂ɛk] 最初（は）

ประตูหลัง [pratuu lǎŋ] 裏口、裏門

ประตู [pratuu] ドア、門

แห่งเดียว [hɛ̀ŋ di:aw] 一カ所だけ

### 15　ホットナイト

ไอ้ [ây]（名前・ニックネームの前に付
け、親しさを表す）

มีน [miin] ミーン（ニックネーム）

กู [kuu] 俺（くだけた言い方。男女共使
える）

กะ [ka]（ก็ [kɔ̂ɔ]の短縮。กับ [kàp]の
　　　短縮の場合もある）

เคาท์ดาวน์ [kháwdaaw]
　　　　　カウントダウン（する）

ฮาวาย [haawaay] ハワイ

ด้วยกัน [dûːay kan] 一緒に

ขี้เกียจ [khîi kìːat] 面倒臭い、怠惰な

ฮ้ะ [há] えっ（間投詞）

บีม [biim] ビーム（ニックネーム）

วะ [wá] / ว่ะ [wâ]（くだけた文末詞）

ทะเลาะกัน [thaló kan] 喧嘩する

คืนดีกัน [khɯɯn dii kan]
　　　　　仲直りする（直訳は「よい
　　　　　関係に戻る」。会話ではดี
　　　　　กัน [dii kan]だけでも通じ
　　　　　る）

คืน [khɯɯn] 返す、戻す、元通りにする

สุภาษิต [sùphaasìt] ことわざ

นารี [naarii] 女性（文語）

เป็นอื่น [pen ɯ̀ɯn] 他人のものになる

ใหญ่ [yày] ヤイ（ニックネーム）

ชวน [chuːan] 誘う

บ้านเกิด [bâan kə̀ət]
　　　　　生まれ故郷、実家
　　　　　（บ้าน [bâan]は「家」とい
　　　　　う意味だが、文脈によっては
　　　　　บ้านだけで「実家、故郷」を
　　　　　表す）

บึงกาฬ [bɯŋkaan] ブンカン（県名）

ทั้งคู่ [tháŋ khûu] 2人とも、2つとも

แถม [thɛ̌ɛm] おまけ（に）

หมู่บ้าน [mùu bâan] 村（民家が集まって
　　　　　いる地域や区画を
　　　　　いう）

แม่น้ำโขง [mɛ̂ɛ náam khǒoŋ] メコン川

พระจันทร์เต็มดวง [phracan tem duːaŋ]
　　　　　満月

พระจันทร์ [phracan] 月

เต็ม [tem] 満ちた

ดวง [duːaŋ]（丸いもの（ここでは「満
　　　　　月」）の類別詞）

เป็นหวัด [pen wàt] 風邪を引く

ไม่เป็น [mây pen]
　　　　　（ここではไม่เป็นหวัด [mây
　　　　　pen wàt]「風邪を引いて
　　　　　いない」の略）

สุดๆ [sùt sùt] とても

เว้ย [wóəy]（高ぶる感情を表す間投詞）

หาย [hǎay] なくなる、（病気が）なお
　　　　　る、（問題が）なくなる、
　　　　　紛失する

ตลอด(ไป) [talɔ̀ɔt (pay)]
　　　　　ずっと、いつ（まで）も

หูย [hǔuy]（驚きなどを表す間投詞）

อิจฉา [ìtchǎa] 羨ましい、嫉妬する

อย่า [yàa] ～しないで

จู๋จี๋ [cǔu cǐi] イチャイチャする

ว่ากันว่า [wâa kan wâa]
　　　　　～と言われている（英語の
　　　　　*they say*）

นัก [nák] とても

มัก [mák] 好き、愛する

หน่าย [nàay] 嫌になる

## 16　イメージ

มาย [maay] マーイ（ニックネーム）

นุ้ก [núk] ヌック（ニックネーム）

ลอง [lɔɔŋ] 試しに～する

เปลี่ยนลุค [plìan lúk] イメージチェンジ
　　　　　　　　　　　（する）

เปลี่ยน [plìan] 変更する

ลุค [lúk] ルックス（英語の*look*）

ไว้ [wáy]（いつもポニーテールに）
　　　　している
(มัด)ผมหางม้า [(mát) phŏm hăaŋ máa]
　　　　ポニーテール（にする）（直
　　　　訳：馬の尻尾（を束ねる））
หาง [hâaŋ] 尻尾
ม้า [máa] 馬
ทรงนี้ [soŋ níi] この（髪）型
ทรง [soŋ] 形式、型（ここでは「髪型」）
ล้าสมัย [láa samăy] 時代遅れ
ล้า [láa] 遅れた、遅い
สมัย [samăy] 時代
ยาว [yaaw] 長い
รูป [rûup] 写真
แบบ [bɛ̀ɛp] 型、形式、模範
แบบนี้ [bɛ̀ɛp níi] このように
อารมณ์นี้ [aarom níi] こんな感じ
ซอย [sɔɔy]（髪を）すく
เยอะๆ [yá yá]（とても）たくさん
ได้เลย [dây ləəy]（～してしまっても）
　　　　いい、～してしまい
　　　　なさい
สระผม [sà phŏm] 洗髪する
ก่อน [kɔ̀ɔn] まず、とりあえず
ขอหลับ [khɔ̆ɔ làp] 寝かせて（直訳：眠
　　　　りたい）
ตัด [tàt] カットする
นาน [naan]（時間が）長い
หยิก [yìk] 縮れる、曲がった
เชียว [chi:aw] まったく、完全に
ป้าแก่ [pâa kɛ̀ɛ] おばあさん（直訳：老け
　　　　たおばさん）
แก่ [kɛ̀ɛ] 老けた
อยากได้ [yàak dây] ～がほしい
เอา [aw] ～する（英語の do、タイ語の
　　　　代動詞）

ผมบ๊อบ [phŏm bɔ́ɔp] ボブ
เกินไป [kəən pay] 過度に
ปลื้ม [plɯ̂ɯm] 喜ぶ
แน่ [nɛ̂ɛ] 絶対、きっと
ยืม [yɯɯm] 借りる
ให้ยืม [hây yɯɯm] ～を貸す
วิก [wík] カツラ
อี๊ [íi] えー（不快を表す間投詞）
ไม่เอา [mây aw] いやよ、やめなさい
กว่าเดิม [kwàa dəəm] 前よりも
เดิม [dəəm] 以前
ใจเย็นๆ [cay yen yen] 落ち着いて、
　　　　冷静に
เหม็นโฉ่ [měn chòo] 悪臭がする
เหม็น [měn] 臭い
ค่อย [khɔ̂y] ～してそれから
ใหม่ [mày] 再び、もう一度

## 17　パニック

คุณหมอ [khun mɔ̆ɔ]（医師に対し）
　　　　先生
ฟันปลอม [fan plɔɔm] 差し歯
ฟัน [fan] 歯
ปลอม [plɔɔm] 偽の
หลุด [lùt] 取れる、抜ける、ずり落ちる
ซี่ [sîi]（歯が）～本（類別詞）
　　　　(2 ซี่ [sɔ̆ɔŋ sîi] 歯が2本)
ยังไง(ก็) [yaŋŋay (kɔ̂)] いずれにせよ
เอ็กซเรย์ [èksaree] レントゲン（英語の
　　　　X-Ray）
แผล [phlɛ̆ɛ] 炎症、傷
ทันที [thanthii] すぐに
รักษา [ráksăa] 治療する
ทำยังไงมันถึง [tham yaŋŋay man thŭŋ]
　　　　どうすれば～になるか
พูดเยอะ [phûut yá] よく話す

อ้าปาก [âa pàak] 口を開ける

พิธีกร [phíthiikɔɔn] 司会者

ทำ〜หาย [tham〜hăay] 〜を失う

คอนแทคเลนส์ [khɔɔnthêɛklen]
コンタクトレンズ

คัน [khan] かゆい

ขา [khăa] 足、脚

กะทันหัน [kathanhăn] 急に、突然

โรคน้ำกัดเท้า [rôok nám kàt tháw] 水虫

กระเป๋าตังค์ [krapăwtaŋ] 財布

ขโมย [khamooy] 盗む、泥棒

ถูกขโมย [thùuk khamooy] 盗まれる

เข็ด [khèt] やってられない、懲りる

เอะอะ [èà] 大騒ぎする

คนไข้ [khon khây] 患者

เอ้า [âw] （気付き、容認、許可などを表
す間投詞）

ซะแล้ว [sá lɛ́ɛw]
（悪い結果に）なってしまった

บอกแล้วไงว่า〜 [bɔ̀ɔk lɛ́ɛw ŋay wâa〜]
だから〜と言ったじゃない

ซีเมนต์ [siimeen] セメント

เผื่อ [phùːa] もし〜なら（目的を表す
เพื่อ [phûːa] とは違う）

ใช้ได้ [cháy dây] 使える

ทั้งหมด [tháŋ mòt] 全部で

อ้าว [âaw]（驚きや意外な気持ちを表す
間投詞）

ตายห่า [taay hàa] ヤバい

## 18 自然治癒のすすめ

ท้องผูก [thɔ́ɔŋ phùuk] 便秘

มา [maa]（便秘に）なって（何日か経っ
た等）（มา [maa] は動作・
状態が近づく方向動詞であ
り、該当の動作や状態にな

って時が経過していること
も表す）

ยาแก้ท้องผูก [yaa kɛ̂ɛ thɔ́ɔŋ phùuk]
便秘薬

แก้ [kɛ̂ɛ] 改善する、緩和する、解決する

หมดแล้ว [mòt lɛ́ɛw]
なくなる、在庫切れ、売り切れ

คุณพี่ [khun phîi]
〜さん（年上の人（พี่ [phîi]）
に敬称（คุณ [khun]）で
呼ぶ）

ผัก [phàk] 野菜

บางคน [baaŋ khon] 何人かの人、人によ
っては

ผลข้างเคียง [phŏn khâaŋ khiːaŋ]
副作用（後遺症）

ผล [phŏn] 結果

ข้างเคียง [khâaŋ khiːaŋ] 隣りあわせの

แรง [rɛɛŋ] 強い

อันตราย [antaraay] 危険

ต่อมา [tɔ̀ɔ maa] 以後（過去から現在ま
での期間を表す）

ตามที่ [taam thîi] 〜に従えば

เลย [ləəy] ずっと

อ้วน [ûːan] 太る

อ้วนขึ้น [ûːan khûn]
（以前より）太った（ขึ้น
[khûn] は程度が強くな
ることを表す）

มีแต่ [mii tɛ̀ɛ] 〜しかない

ตด [tòt] おなら

คนใหม่ [khon mày] 新人

ความรู้ [khwaam rúu] 知識

สมุนไพร [samŭnphray] ハーブ

มะละกอ [malakɔɔ] パパイヤ

สับปะรด [sàpparót] パイナップル

น้ำผึ้ง [nám phûŋ] ハチミツ

มะนาว [manaaw] レモン

แพ้ [phέε] （〜に）アレルギーがある、
　　　　負ける

กากใยอาหาร [kàakyay aahǎan]
　　　　食物繊維

กากใย [kàakyay] 繊維

น้ำตาล [námtaan] 砂糖

กลัว [klu:a] 恐れる

เบาหวาน [bawwǎan] 糖尿（病）

A ทำให้ B [A tham hây B]
　　　　Aが原因でB（という結果）
　　　　になる

เก๊กฮวย [kék hu:ay] ケックフワイ（菊）

A จะได้ B [A cà dây B]
　　　　Aをすることで（Aによって）
　　　　Bになる（する）ことができる

หิวน้ำ [hǐw náam] のどが渇く

กระเจี๊ยบ [krací:ap]
　　　　カチアップ（ローゼル）

หัวใจ [hǔ:acay] 心臓

ให้ทาน [hây thaan] 召し上がるように

วันละ 3 ครั้ง [wan lá sǎam khráŋ]
　　　　1日3回

ครั้ง [khráŋ] 回

ครั้งละ 15 เม็ด [khráŋ lá sìp hâa mét]
　　　　1回15粒

เม็ด [mét] 粒、錠

อย่าง [yàaŋ] 〜のように

อย่างงี้ [yàaŋŋíi] こんなに（飲むと）、
　　　　これじゃ

ไม่ดีต่อ [mây dii tɔ̀ɔ] 〜によくない

ต่อ [tɔ̀ɔ] 〜に対し

กระเพาะ [kraphɔ́ɔ] 胃

ตะไคร้ [takhráy] レモングラス

บำรุง [bamruŋ] 増進させる、滋養を与

える

พอแล้ว [phɔɔ lέεw] もう十分

โอ๊ย [óoy] （苦痛を表す間投詞）

ปวดหัว [pù:at hǔ:a]
　　　　頭が痛い（日本語同様、うま
　　　　くいかないで悩んでいるとき
　　　　にも使う）、頭痛

หัว [hǔ:a] 頭

ส้มตำ [sômtam] ソムタム（パパイヤサ
　　　　ラダ）

อาหารเที่ยง [aahǎan thî:aŋ] お昼ごはん

ท้องเสีย [thɔ́ɔŋ sǐ:a] お腹をこわす、
　　　　下痢をする

สบายใจ [sabaaycay] 気が楽になる

ไม่สบายใจ [mây sabaaycay]
　　　　心配（心が晴れない）

ปรึกษา [prùksǎa] 相談する

แพทย์ [phɛ̂ɛt] 医師

## 19　割り勘必勝法

สอง [sɔ̌ɔŋ] ソーン（ニックネーム）

เฉยๆ [chǒy chǒoy]
　　　　（「なんでもいい？／どこで
　　　　もいい」など無関心な気持
　　　　ちを表す）

แล้วแต่ [lέεw tὲε] 〜にまかせる

แป้ง [pɛ̂ɛŋ] ペーン（ニックネーム）

น้ำตก [nám tòk] ナムトック（料理名）

เรา [raw] 私（ここでは1人称単数）

ว่าจะ~ [wâa cà~] 〜と思う（คิดว่าจะ
　　　　[khít wâa cà] の略）

สั่ง [sàŋ] 注文する

ต้มแซ่บ [tômsɛ̂ɛp] トムセープ（料理名）

สั่งแบบแชร์ [sàŋ bὲεp cheē]
　　　　別々に注文する（個別に注文
　　　　してあとで分け合って食べる

こと。自分が注文したものを
自分一人だけで食べることと
は異なる（แชร์ [chɛɛ] 英語
の*share*））

สั่งอาหารครับ [sàŋ aahǎan khráp]
　　注文をお願いします

รับอะไรดี [ráp aray dii]
　　何になさいますか

จิ้มจุ่ม [cîmcùm] チムチュム（料理名）

ดีเหมือนกัน [dii mǔ:an kan]
　　いいですね（好意的同意）

ไก่ย่าง [kày yâaŋ] ガイヤーン（料理名）

ครึ่งตัว [krûŋ tu:a] 半分（直訳：半身）

ปลาร้า [plaaráa] パラー（料理名）

จ่ายแยก [càay yɛ̂ɛk] 別々に支払う

จ่าย [càay] 支払う

แยก [yɛ̂ɛk] 分ける

พริก 1 เม็ด [phrík nùŋ mét]
　　辛さ控えめ（唐辛子一粒）

พริก [phrík] 唐辛子

ข้าวเหนียว [khâaw nǐ:aw] もち米

ขนมจีน [khanǒm ciin]
　　カノムチーン（料理名）

ข้าวเหนียวขาว [khâaw nǐ:aw khǎaw]
　　白のもち米

ขาว [khǎaw] 白

ข้าวเหนียวดำ [khâaw nǐ:aw dam]
　　黒のもち米

ดำ [dam] 黒

~มะ [~má] ～ですか？（มั้ย [máy] の
　　短縮）

2 ที่ [sɔ̌ɔŋ thîi] 2人前

ปลาเค็ม [plaa khem] 魚の塩焼き

เค็ม [khem] 塩辛い

น่าอร่อย [nâa arɔ̀y] おいしそう

ขอโทษ [khɔ̌ɔ thôot]

申し訳ございません

น้ำอะไร [náam aray]
　　飲み物は何にしますか？

น้ำเปล่า [nám plàw] 水

น้ำแข็ง [nám khěŋ] 氷

ทวนรายการ [thu:an raay kaan]
　　注文を復唱する

ลาบไก่ [lâap kày] 鶏のラープ

เก็บตังค์ [kèp taŋ] お勘定

หาร2 [hǎan sɔ̌ɔŋ]
　　2で割る（＝割り勘にすること）

รับออเดอร์ [ráp ɔɔdəə] オーダーを受
　　ける

เรียก [rî:ak] 呼ぶ

## 20　あなたはどんな人？

นี่ๆ [nîi nîi] ねえねえ

เป้ [pêe] ペー（ニックネーム）

ออย [ɔɔy] オーイ（ニックネーム）

หา [hǎa] はあー（間投詞）

อยู่ๆ [yùu yùu] 突然

สุภาพ [sùphâap] 丁寧

มารยาท [maarayâat] 礼儀作法

พูดจาดีอ่อนหวาน
　　[phûut caa dii ɔ̀ɔn wǎan]
　　話し方が柔らかい

พูดจา [phûut caa] 会話する

อ่อนหวาน [ɔ̀ɔn wǎan] やさしい

อ่อน [ɔ̀ɔn] 柔らかい

ละเอียดรอบคอบ [lai:at rɔ̂ɔp khɔ̂ɔp]
　　慎重で細かい

ละเอียด [lai:at] 詳細な

รอบคอบ [rɔ̂ɔp khɔ̂ɔp] 慎重

ซะ(ทุกอย่าง) [sá (thúk yàaŋ)]
　　（すべて）完璧に（本文訳
　　「（何をやっても）マジ」）

ใจบุญ [cay bun] 慈愛がある

ลักษณะเด่น [láksaná dèn] 特徴

ลักษณะ [láksaná] 性格、性質

เด่น [dèn] 突出した、際立った

คอลัมน์ [khɔɔlam] コラム

ดวง [du:aŋ] 運勢

นิตยสาร [nítayasǎan] コラム、雑誌

เล่ม [lêm]（本の類別詞）

เฮ้ย [hɔ́əy]（驚きを表す間投詞）

จริงดิ [ciŋ dì] 本当なんだ／本当なの

ดิ [dì] 〜なんだよ、〜なんだ（納得させる文末詞。口調によってはぶっきらぼうになる）

สามารถ [sǎamâat] 可能

ทำนาย [thamnaay] 占う

อย่าง A ก็ [yàaŋ A kɔ̂ɔ] A（という部類）であれば〜

ความเป็นผู้นำ [khwaam pen phûu nam] リーダーシップ（直訳：リーダーであること）

ผู้นำ [phûu nam] リーダー

ค่อนข้าง [khɔ̂n khâaŋ] むしろ（どちらかといえば）

ใจร้อน [cay rɔ́ɔn] せっかち

อะไรงี้ [aray ŋíi] そんな感じ

จำ〜ได้ [cam〜dây] 〜を覚えている

พง [phoŋ] ポン（ニックネーム）

รอแป๊บ [rɔɔ pɛ́p] ちょっと待って

รอ [rɔɔ] 待つ

แป๊บ [pɛ́p] ちょっと（待って）、ほんの少し（の間）

ส้ม [sôm] ソム（ニックネーム）

เช็ค [chék] チェックする

เออ [əə] ええっと（考えているときに発する間投詞）

เป๊ะเวอร์ [pé wəə] 当たりすぎ（เวอร์

[wəə] 英語の *over*）

เป๊ะ [pé] 当たる

แม่น [mɛ̂n] 当たる

โหย [hǒoy]（嘆きを表す間投詞）

〜น่ะแหละ [〜nâ lɛ̀] 〜だけなの

ไหนๆ [nǎy nǎy] どれどれ

ตรงไปตรงมา [troŋ pay troŋ maa] 率直に

ฉลาดในการเจรจา [chalàat nay kaan ceeracaa] 会話上手、弁舌

(การ)เจรจา [(kaan) ceeracaa] 協議する（こと）

พูดโน้มน้าว [phûut nóom náaw] 説得力がある

โน้มน้าว [nóom náaw] 説得する

หาความรู้ [hǎa khwaam rúu] 探求する、知識を求める

หา [hǎa] 探す、求める

ความรู้ [khwaam rúu] 知識

หนักแน่นมั่นคง [nàk nɛ̂n mân khoŋ] 安定感がある

หนักแน่น [nàk nɛ̂n] 重厚な、確固とした

มั่นคง [mân khoŋ] 堅固な

อย่างนี้นี่เอง [yàaŋ níi nîi eeŋ] なるほどね、そうなんだ

ให้ทาย [hây thaay] 当ててごらん

ทาย [thaay] 推測する、言い当てる

ซักถาม [sák thǎam] 問い詰める、詰問する

เพิ่มเติม [phɔ̂əm təəm] 増やす、補充する

คนอื่น [khon ùɯn] 他人、他の人

แอบ [ʔɛ̀ɛp] こっそり〜する

รับจ๊อบ [ráp cɔ́ɔp] 仕事を請ける（จ๊อบ [cɔ́ɔp] 英語の *job*）

สอนพิเศษ [sɔ̌ɔn phísèet] 特別に教える

พิเศษ [phísèet] 特別に

เด็กๆ [dèk dèk] 子どもたち

ว่าแล้วเชียว [wâa lɛ́ɛw chi:aw] やはり、まさに言った通りになった

ว่าแล้ว [wâa lɛ́ɛw]（だから）言ったでしょ

เพื่อ [phûːa] ～のため、目的

หาเงิน [hǎa ŋən] 職を探す

อาสาสมัคร [aasǎasamàk] ボランティア

แต่ละ [tɛ̀ɛ lá] おのおのの

ช่วยเหลือ [chûːay lǔːa] 援助する

ถูกชะตา [thùuk chataa] 相性がいい（直訳：運命（の人）と遇う）

ฮ่าๆๆ [hâa hâa hâa] ははは（笑いを表す間投詞）

จ้า [câa]（จ๊ะ [câ] の長くなったもの：親しさや甘えを強調）

น่ารัก [nâa rák] かわいい

เสน่ห์ [sanèe] 魅力

เข้ากับ [khâw kàp] ～と合う（＝相性がいい）

เค้า [kháw] 私（เค้า [kháw] は「彼・彼女」という意味だが、ここでは「私」という意味で使っている）

เขิน [khǒ ən] 照れる

## 21 フラッシュバック

ศาสนาพุทธ [sǎatsanaaphút] 仏教

วิชาบังคับ [wíchaa baŋkháp] 必須科目

วิชา [wíchaa] 科目

บังคับ [baŋkháp] 必須、強制（する）

หมวด [mùːat]（社会科という）カテゴリー

สังคมศึกษา [sǎŋkhomsùksǎa] 社会科、社会学

สังคม [sǎŋkhom] 社会

ศึกษา [sùksǎa] 教育、研究、（科目の）～科

วิชาสอบ [wíchaa sɔ̀ɔp] 試験科目

สอบ [sɔ̀ɔp] 試験

เช่น [chên] たとえば

จุฬาฯ [cùlaa] チュラ（＝チュラロンコン大学）

ธรรมศาสตร์ [thammasàat] タマサート（大学）

ต่างจังหวัด [tàaŋ caŋwàt] 地方

พระ [phrá] 僧侶

ปิ๊ก [pík] ピック（ニックネーム）

ถอด [thɔ̀ɔt] 脱ぐ

คำสอน [kham sɔ̌ɔn] 教え

ธรรมเนียม [thamniːam] 習慣

เคารพ [khawróp] 尊敬する、敬う

ตามไป [taam pay] 追随して起こる

ร้านขายถุงเท้า [ráan khǎay thǔŋ tháw] 靴下屋

ถุงเท้า [thǔŋ tháw] 靴下

รวย [ruːay] 富む、金持ちになる

คิด [khít] 考える、思う

ธุรกิจ [thúrakìt] 商売

สมเป็น [sǒm pen] ～らしい

ออกกำลังกาย [ɔ̀ɔk kamlaŋ kaay] 運動をする

ทำโทษ [tham thôot] 罰する

เรียก(ว่า) [rîːak (wâa)]（～と）呼ぶ

กระโดดตบ [kradòot tòp] カドートットップ（罰則の一種）

ทำผิด [tham phìt] 悪いことをする

แนะแนว [nénɛɛw] 生活指導、道徳

สมัยเรียน [samǎy ri:an] 学生時代

เด็กดื้อ [dèk dûɯ] いたずらっ子

โดนตี [doon tii] 叩かれる

ตี [tii] 叩く

ไม้เรียว [máy ri:aw] （細い）竹鞭

ถูกต้อง [thùuk tôŋ] 正しい

ฝึกสอน [fùk sɔ̌ɔn] 教育実習（直訳：教える訓練）

เจตนา [ceetanaa] 動機、意図

ทั้งๆที่ [tháŋ tháŋ thîi] ～にもかかわらず

เด็กเกเร [dèk keeree] いたずら坊主、おてんば娘

เด็ก [dèk] 子ども（先生同士が「学生」という意味で使う）

เกเร [keeree] 強情な、いたずら好きな

แท้ๆ [thé thέε] 本当に、とても

เข้มงวด [khêm ŋû:at] 厳しい

ซะเมื่อไหร่ [sá mû:arày] なんちゃって

ว่า [wâa] ～と思う

ลืม [lɯɯm] 忘れる

โต [too] 成長する、大人になる

ผู้ใหญ่ [phûu yày] 大人

พระพุทธเจ้า [phraphútthacâw] 仏陀

ยึดติด [yʉ́t tìt] 執着する

อดีต [adìit] 過去

ปัจจุบัน [pàtcùban] 現在

รู้จัก [rúu càk] 知る

จำได้ [cam dây] 覚えている

อกหัก [òkhàk] 失恋（する）

ไม่เป็น [mây pen] （動詞（文）の後に付き）～したことがない、～した経験がない

เงียบ [ŋî:ap] 静か（にする）

ได้แล้ว [dây lέεw] （もう）～してください

ซ้อม [sɔ́ɔm] 練習する

ดนตรี [dontrii] 音楽

โดดเรียน [dòot ri:an] 授業をサボる

โดด [dòot] サボる

คาบแรก [khâap rɛ̂ɛk] 1時間目（2時間目以降は คาบ2 [khâap sɔ̌ɔŋ] のように「คาบ [khâap]＋数字」で表す）

คาบ [khâap] （1）時間目、（1）限目

แรก [rɛ̂ɛk] 最初（の）

ดุ [dù] 叱る

## 22　ローイカトン

วิน [win] ウィン（ニックネーム）

ลอยกระทง [lɔɔy krathoŋ] 灯篭流しをする

หน้ามันฟ้อง [nâa man fɔ́ɔŋ] 顔に書いている（直訳：顔そのものが訴えている）

ไม่ใช่สเป็ค [mây chây sapèk] タイプ（好み）じゃない

สเป็ค [sapèk] タイプ

แม่น้ำบางปะกง [mɛ̂ɛ náam baaŋpakoŋ] バンパコン川

ของเสีย [khɔ̌ɔŋ sǐ:a] 廃棄物、不良品

ไม่เกี่ยว [mây kì:aw] 関係ない

โบว์ [boo] ボー（ニックネーム）

แม่น้ำเจ้าพระยา [mɛ̂ɛ náam câw phraayaa] チャオプラヤー川

ขนาดนั้น [khanàat nán] そこまで

เรือ [rɯ:a] 船

บน [bon] 上

ทำ～ตก [tham～tòk] ～を落とす（「うっかり落とす」のように意図的でないもの）

ใบตอง [bay tɔɔŋ] バイトーン（＝バナナ
　　　　　の葉（で作った灯篭））
คว่ำ [khwâm] ひっくりかえる
เรื่องมาก [rûːaŋ mâak]
　　　　　　いちいちうるさい（直訳：話
　　　　　　が多い）
น้ำพุ [námphú] 噴水
คอนโด [khɔɔndoo] コンドミニアム
ขยับ [khayàp] 移動する、流れる
สิ [sì] （断定を表す文末詞）
พระแม่คงคา [phrá mɛ̂ɛ khoŋ khaa]
　　　　　　女神様（คงคา [khoŋ khaa]
　　　　　　はインドのガンジス川（の女
　　　　　　神）を表す）
รับรู้ [ráp rúu] 受け取る、キャッチする
ท่าน [thân] （ここでは女神様の代名詞）
อีกมิตินึง [ìik mítì nɯŋ] 異次元
อีก [ìik] 別の、他の
มิติ [mítì] 次元
สินะ [sì ná] 〜だよ、〜だね、〜だぞ
　　　　　（文末詞）

**番外編**
**名探偵スパナット**
ศุภณัฐ [sùphanát] スパナット（男性名）
ณัฐพล [nátthaphon]
　　　　　　ナッタポン（男性名）
มณฑิรา [monthíraa]
　　　　　　モンティラー（女性名）
สมพงษ์ [sǒmphoŋ] ソンポン（男性名）
แอน [ɛɛn] アン（ニックネーム）
ลี [lii] リー（男性名）

**チャプター 1**
ยุ่ง(กับ) [yûŋ (kàp)]
　　　　　　（〜で）忙しい、（〜で）

バタバタする（本文訳
　　　　　「（〜で）てんてこ舞い」）
คดี [khadii] 事件
จัดการ [càt kaan] 処理する（ここでは
　　　　　「捜査する」）
คดีลักทรัพย์ [khadii láksáp] 盗難事件
ลัก [lák] 盗む
ทรัพย์ [sáp] 富、財産、金銭
เล็กๆ [lék lék] 取るに足らない
แบบนี้ [bɛ̀ɛp níi] このような（タイプの）
สอบปากคำ [sɔ̀ɔp pàak kham]
　　　　　　取り調べをする
สอบ [sɔ̀ɔp] 考査する
ปากคำ [pàak kham] 供述
อีกครั้ง [ìik khráŋ] 再度
เชิญ [chɔɔn] どうぞ
ตรวจสอบ [trùːat sɔ̀ɔp] 調査する
ตรวจ [trùːat] 調査する、点検する
แม่บ้าน [mɛ̂ɛ bâan] メイド
เป็นคนแรก [pen khon rɛ̂ɛk]
　　　　　　手始めに（＝最初の人として）
หนี [nǐi] 逃げる
จริงๆ [ciŋ ciŋ] 本当に
เสื้อคลุม [sûːa khlum] 外套、上着
คลุม [khlum] 被う
คาร์ดิแกน [khaadìkɛɛn] カーディガン
กระเป๋า [krapǎw] カバン
สีแดง [sǐi dɛɛŋ] 赤色
ใบใหญ่ [bay yày] 大きいもの（＝大き
　　　　　　いカバン）
ใบ [bay] （カバンの類別詞）
ดูเหมือน [duu mǔːan] 〜ように見える
คนเมา [khon maw] 酔っ払い
เมา [maw] 酔う
ผู้ร้าย [phûu ráay] 犯人、賊
ผู้ [phûu] 人

ร้าย [ráay] 凶悪な、劣悪な

รีบ [rîip] 急ぐ

แจ้งตำรวจ [cɛ̂ɛŋ tamrù:at]
　　　　　警察に通報する

แจ้ง [cɛ̂ɛŋ] 通知する

ลักษณะ [láksaná] 特徴

เพชร [phét] ダイヤ

มงกุฎสมัยอยุธยา
　[moŋkùt samǎy ayútthayaa]
　　　　アユタヤ時代の王冠

อยุธยา [ayútthayaa] アユタヤ（県名、こ
　　　　こでは時代名）

มงกุฎ [moŋkùt] 王冠

ทะเล [thalee] 海

นี่เธอ [nîi thəə] おい君（！）

นี่ [nîi] おい、ねえ（間投詞）

อาการ [aakaan] 容態、症状

บินกลับมา [bin klàp maa]
　　　　　飛んで帰ってくる

บิน [bin] 飛ぶ

ซึ่ง [sûŋ] （関係代名詞）（「家に着いた
　　　　のが夜の10時ごろ」に対し
　　　　「それは〜」を表す。1語だ
　　　　けでなく複数の語句や前文全
　　　　体が先行詞になり得る関係代
　　　　名詞）

## チャプター2

คนร้าย [khon ráay] 犯人

อั๊ว [ú:a] 私（華僑が「私」というとき
　　　　に使う）

ปีนออก [piin ɔ̀ɔk] 飛び出す

ล่วย [lû:ay] （＝ด้วย [dû:ay]）

แน่ใจ [nɛ̂ɛcay] 確か

ทำไมถึง [thammay thʉ̌ŋ]
　　　　どうして〜になったのか

ทองคำ [thɔɔŋ kham] 金

สิงคโปร์ [sǐŋkhapoo] シンガポール

แล้วไง [lɛ́ɛw ŋay] それがどうしたのか？

รอยแผล [rɔɔy phlɛ̌ɛ] 傷跡

รอย [rɔɔy] 跡

แผล [phlɛ̌ɛ] 傷

อเมริกา [ameerikaa] アメリカ

ตั้งบริษัท [tâŋ bɔɔrísàt] 会社を設立する

ตั้ง [tâŋ] 設立する

คุณหนู [khun nǔu] お坊ちゃま、
　　　　お嬢ちゃん

ลอสแอนเจลิส [lɔ́ɔs ɛɛncalə̀ɔs]
　　　　ロサンゼルス

## チャプター3

คุณผู้หญิง [khun phûu yǐŋ] 奥様

ผมยาว [phǒm yaaw] 長髪

รถเข็น [rót khěn] 車椅子、カート

บาดเจ็บ [bàat cèp] 負傷（して痛む）

บาด [bàat] （身体・心に）傷を受ける

เจ็บ [cèp] 痛む

อุบัติเหตุ [ùbàttihèet] 事故

ผ่าตัด [phàa tàt] 手術する

เมื่อไหร่ [mû:arày]
　　　　いつも（A เมื่อไหร่ B
　　　　［A mû:arày B］で「Aする
　　　　ときはいつもBする」）

ย้าย [yáay] 移る、引っ越す

ว่าไง [wâa ŋay] 何ですか、どうしたの

เปล่า [plàw] 何でもない（本文訳「い
　　　　や、こちらの話（です）」）

บ้านหลังนี้ [bâan lǎŋ níi]
　　　　この家（หลัง [lǎŋ] は「家」
　　　　の類別詞）

ความทรงจำ [khwaam soŋcam] 思い出

สามี [sǎamii] 夫

ขน [khǒn] 運ぶ

ขึ้นเรือ [khûn rɯːa] 船に乗せる

ไม่ต้องห่วง [mây tɔ̂ŋ hùːaŋ]
　　　　心配する必要はない

แม้แต่ก้าวเดียว [mɛ́ɛ tɛ̀ɛ kâaw diːaw]
　　　　一歩たりとも

แม้แต่ [mɛ́ɛ tɛ̀ɛ] たとえ～でも

ก้าวเดียว [kâaw diːaw] 一歩だけ

ก้าว [kâaw] 一歩、歩み


チャプター4

คืน [khɯɯn] 夜

เดือนมืด [dɯːan mûːɯt] 闇夜

มืด [mûːɯt] 暗い

เสาไฟ [sǎwfay] 電柱

มืดก็มืด [mûːɯt kɔ̂ɔ mûːɯt]
　　　　暗いうえに～、暗いにもかか
　　　　わらず（「形容詞＋ก็ [kɔ̂ɔ]
　　　　＋形容詞」で「（形容詞）の
　　　　うえに、（形容詞）にもかか
　　　　わらず」）

สายตา [sǎay taa] 視力

แยกแยะ [yɛ̂ɛk yɛ́] 判別する

สี [sǐi] 色

รหัส [rahàt] 暗証番号

ตู้เซฟ [tûu séef] 金庫

กลับ [klàp] 逆に、反対に（本文訳「し
　　　　かしながら」）（คุณแอนก
　　　　ลับรู้ว่า~ [khun ɛɛn klàp rúu
　　　　wâa~]「アンさんは逆に～
　　　　をよく知っていた」：来た
　　　　ばかりのメイドなのに他の
　　　　住人とは反対に（＝他の住
　　　　人以上に）内部事情をよく
　　　　知っていたというニュアン
　　　　ス）

บังเอิญ [baŋǝǝn] 偶然

เต็ม [tem] 満席

เชื่อ [chûːa] 信じる

พาสปอร์ต [pháaspɔ̀ɔt] パスポート

A ปุ๊บ B ปั๊บ [A púp B páp]
　　　　ピッとAすればパッとBになる

เกิดอะไรขึ้น [kǝ̀ət aray khûn]
　　　　何かが起きる

ก็ [kɔ̂ɔ] ですから、だから（間投詞）

ยิ่ง A ยิ่ง B [yîŋ A yîŋ B]
　　　　AすればするほどBになる

ผู้ต้องสงสัย [phûu tɔ̂ŋ sǒŋsǎy]
　　　　容疑者、疑いをもたれる人
　　　　（直訳：疑わなければならな
　　　　い人物）

ตัวจริง [tuːa ciŋ] 本人、本物

คนร้ายตัวจริง [hon ráay tuːa ciŋ] 真犯人

เท่านั้น [thâw nán] それだけ

ไปแต่ [pay tɛ̀ɛ] ～しか行かない（＝～ば
　　　　かり行く）

อาร์เจนตินา [aacentinaa] アルゼンチン

เที่ยว [thîːaw] 観光（する）

แค่ [khɛ̂ɛ] ～だけ（「แค่ [khɛ̂ɛ]＋動詞」
　　　　で「～するだけ」）

ปริศนา [pritsanǎa] 謎、疑問

ไข [khǎy] 解決する

กระจ่าง [kracàaŋ] 明確に

ไม่เห็นเข้าใจ [mây hěn khâwcay]
　　　　理解していないと感じる

เพราะหนีไปไหนไกลไม่ได้

[phrɔ́ nǐi pay nǎy klay mây dây]
　　　　遠くに行けない事情があって
　　　　ね（直訳：遠くのどこへも逃
　　　　げることができないから）

チャプター 5

ที่จริง [thîi ciŋ] 実は、実を言うと

ประเด็นสำคัญ [praden sǎmkhan] 重要点

ประเด็น [praden] 論点、重点

สมัยก่อน [samǎy kɔ̀ɔn] 昔

นักแสดงละครเวที

　[nák sadeeŋ lakhɔɔn weethii] 舞台俳優

นักแสดง [nák sadeeŋ] 俳優

ละครเวที [lakhɔɔn weethii] 舞台劇

ละคร [lakhɔɔn] 劇

เวที [weethii] 舞台、ステージ

สุพัตรา [sùpháttraa]

　　　　　　スパットラー（女性名）

เฮ้อ [hə́ə]（ため息、嘆き、呆れなどを表

　　　す間投詞）

ดัดเสียง [dàt sǐ:aŋ] 声色を変える

ดัด [dàt] 矯正する、改造する、改変する

เสียง [sǐ:aŋ] 声

พิการ [phíkaan] 障がい

ตีบทแตก [tii bòt tɛ̀ɛk] 役になりきる

บท [bòt] 役（柄）、台本

โดดเด่น [dòot dèen] 目立つ

ดึง [duŋ] 引く

โอ๊ย [óoy]（痛いときのうめき声（間投
　　　詞））

หยุดนะ [yùt ná] やめて（ください）


チャプター 6

มะเร็ง [mareŋ] ガン

ฉีดยา [chìit yaa] 注射する

ร่วง [rû:aŋ]（毛が）抜け落ちる

อย่างงั้นเองเหรอ [yàaŋ ŋán eeŋ rǒɔ]

　　　　　　　そうだったのですか

น่าสงสัย [nâa sǒŋsǎy] 疑わしい

คุณนาย [khun naay]

　　　　　（女性に対し）〜夫人、奥様

เหลือเกิน [lǔ:a kəən] 〜過ぎる、過度に

เอ๊ย [ə́əy]（言い間違いを直す間投詞）

ในเมือง [nay mɯ:aŋ] 市内、ダウンタ
　　　　　　ウン

สังเกต [sǎŋkèet] 注目する、気付く

รอยขีดข่วน [rɔɔy khìit khù:an]

　　　　　キズ跡（直訳：ひっかいた跡）

รอย [rɔɔy] 跡、痕跡

ขีดข่วน [khìit khù:an] ひっかく

แล้วอีกอย่าง [lɛ́ɛw ìik yàaŋ]

　　　　　それからもうひとつ

นึกว่า [núk wâa] 〜を思い浮かべる

ทั้งนั้น [tháŋ nán]

　　　　　それだけで、そのことは

ขากลับ [khǎa klàp] 帰路

ค้นหา [khón hǎa] 捜索する、探す

แจ้งความ [cɛ̂ɛŋ khwaam] 通告する

ความ [khwaam] 事柄、内容

เพราะงั้น [phrɔ́ ŋán] それによって、
　　　　　　そこで〜する

ตั้งใจ [tâŋcay] 〜する意図がある

เดินผ่าน [dəən phàan] 歩いて通り過ぎる

ทำเป็น [tham pen] 〜のふりをする

แสร้งทะเลาะ [sɛ̂ɛŋ thalɔ́]

　　　　　わざと喧嘩する

แสร้ง [sɛ̂ɛŋ] わざと、〜のふりをする

กับ [kàp] 〜と（英語の *against*）

คนเมา [khon maw] 酔っ払い

สมแล้ว(ที่〜) [sǒm lɛ́ɛw (thîi〜)]

　　　　　さすが（〜）

มืออาชีพ [mɯɯ aachîip] プロ

สมแล้วที่เคยเป็นนักแสดงมืออาชีพ

　[sǒm lɛ́ɛw thîi khəəy pen nák sadɛɛŋ

mɯɯ aachîip]

　　　さすがかつてのプロの俳優だ
ね（本文訳は「餅は餅屋さ」）

อะไรนั้น [aray nán]
　　　　（ダイヤも王冠も）何もかも
ระหว่างนั้น [rawàaŋ nán] その間
ตรวจค้น [trù:at khón] 調べる
ค้น [khón] 捜査する
ซิ [sí] 〜しろ、〜しなさい（命令を表す
　　　　文末詞）
หัวหน้า [hǔ:a nâa]
　　　　上司（ここでは「警部」）
สำหรับ [sǎmràp] 〜用

チャプター 7
ก่อ A ขึ้น [kɔ̀ɔ A khûn] Aを引き起こす
ปลอม [plɔɔm] 偽の
ทาวน์เฮ้าส์ [thaawháw]
　　　　タウンハウス（住宅街）
แถบ(นี้) [thɛ̀ɛp (níi)]（この）地区
กำแพง [kamphɛɛŋ] 壁
พื้น [phɯ́ɯn] 表面、床
สมมติฐาน [sǒmmóttithǎn] 推理、仮説
ไม่สิ [mây sì] いや、ちがうな
ไม่ใช่แค่ A แต่ B [mây chây khɛ̂ɛ A tɛ̀ɛ B]
　　　　AだけでなくBも
เพียงแต่ [phi:aŋ tɛ̀ɛ] 〜だけ
พื้นผิว [phɯ́ɯn phǐw] 表面、表層
ผิว [phǐw] 表面、外面、表皮、皮膚
เปลี่ยนสี [plì:an sǐi] 色を変える
สน. [sɔ̌ɔ nɔɔ]
　　　　バンコク首都圏警察（สถานี
　　　　ตำรวจนครบาล [sathǎanii
　　　　tamrù:at nakhɔɔn baan] の省
　　　　略）
คดีปล้น [khadii plôn] 強盗事件
ปล้น [plôn] 強奪、強盗
ล้าน [láan] 百万
หลอม [lɔ̌ɔm] 溶かす

เหี้ย [hî:a] 畜生、クッそう
ไอ้เหี้ย [ây hî:a] この野郎、くそったれ
หมายความว่ายังไง
　　　　[mǎay khwaam wâa yaŋ ŋay]
　　　　意味することはどういうこと
　　　　ですか
หมายความ [mǎay khwaam] 意味する
บริษัทก่อสร้าง [bɔɔrisàt kɔ̀ɔ sâaŋ]
　　　　建設会社
ครับผม [khráp phǒm] かしこまりました
ก่อสร้าง [kɔ̀ɔ sâaŋ] 建設する、建築する
สถาปนิก [sathǎapaník] 建築家
คำสั่ง [kham sàŋ] 注文、命令
จุดประสงค์ [cùt prasǒŋ] 目的
การลักลอบ [kaan lák lɔ̂ɔp] 密輸
ลักลอบ [lák lɔ̂ɔp] こっそりと
โจรกรรม [coonrakam] 強盗、窃盗
โจร [coon] 泥棒、盗人
กรรม [kam]（悪）業
ถูกอำพราง [thùuk amphraaŋ]
　　　　カモフラージュされる
ถูก [thùuk] される
อำพราง [amphraaŋ]
　　　　カモフラージュ、欺瞞
ง่ายดาย [ŋâay daay] 極めて容易な
ประเทศไหนๆ(ก็)
　　　　[prathêet nǎy nǎy (kɔ̂ɔ)] どの国（も〜）
มักจะ [mák cà] 〜する傾向にある
ซ้ำ(เป็นครั้งที่สอง)
　　　　[sám (pen khráŋ thîi sɔ̌ɔŋ)]
　　　　（二度）繰り返す
ไม่น่าใช่ลักษณะการทำงานที่ดี
　　　　[mây nâa chây láksanà kaan tham
　　　　ŋaan thîi dii] 悪い習慣だよ（直訳：よい
　　　　仕事の形態であるはずが
　　　　ない）

เพราะฉะนั้น [phrɔ́chanán] それゆえに
จะได้ไม่โดนตรวจ
[cà dây mây doon trù:at]
　　　　　　そうすれば調べられない
นามสกุล [naamsakun] 苗字
ตั้งประสิทธิ์ [tâŋprasìt]
　　　　　　タンプラシット（苗字名）
ทั้งบ้าน [tháŋ bâan] 家中の（人々が）
ทั้ง [tháŋ] すべて、全部

## チャプター 8
สมาชิก [samăachík]
　　　　　　メンバー、グループ、会員
โรงพัก [rooŋ phák] 警察署
ช่างคิดจริงๆ [châŋ khít ciŋ ciŋ]
　　　　　　よく考えた、知能犯だ
ช่าง [châŋ] プロ、うまくできる
บ้านทั้งหลัง [bâan tháŋ lăŋ]
　　　　　　家ごとすべて
ทางเรือ [thaaŋ rɯ:a] 船便（で）
คำนวณ [khamnu:an] 計算する
น้ำหนัก [nám nàk] 重さ
ทางแอร์ [thaaŋ ɛɛ] 航空便（で）
แบ่งส่ง [bὲŋ sòŋ] 分割で送る
แบ่ง [bὲŋ] 分ける
ด้วย [dû:ay] 〜で（英語のwith）
ความเสี่ยง [khwaam sì:aŋ] リスク
เสี่ยง [sì:aŋ] 危険を伴う
พลาด [phlâat] 失敗する
ตามล่า [taam lâa] 素人のような（手間取
　　　　　　ったやり方で）
ล่า [lâa] 遅い、緩慢な
วางแผน [waaŋ phɛ̌ɛn] 計画を立てる
วางแผนมากไปเลยพลาด
[waaŋ phɛ̌ɛn mâak pay ləəy phlâat]
　　　　　　計画を立てすぎたので失敗し

た（本文訳「策におぼれすぎた
ね（よく考えたようだが）」）
ชนะ [chaná] 勝利する
อย่าถือสากัน [yàa thɯ̌ɯ sǎa kan]
　　　　　　悪く思わないでくれ（直訳：
　　　　　　気にしないでくれ）
ถือสา [thɯ̌ɯ sǎa]
　　　　　　不本意に思う、気にする
หนอยแน่ะ [nɔ̌ɔy nὲ] クソ、この野郎
ไม่ปล่อย [mây plɔ̀ɔy]
　　　　　　ただじゃおかない（放ってお
　　　　　　かない）
ปล่อย [plɔ̀ɔy] 放任する、自由にさせる
ไม่จบง่ายๆ [mây còp ŋâay ŋâay]
　　　　　　やすやすと終わらない
ง่ายๆ [ŋâay ŋâay] 簡単に
ไอ้ศุภณัฐ [ây sùphanát]
　　　　　　スパナットの野郎
ไอ้ [ây]（男性に対し）〜野郎
จำเอาไว้ [cam aw wáy]
　　　　　　覚えておく、忘れないでおく
จำ [cam] 覚える
เอาไว้ [aw wáy]（次回まで）〜しておく
หึ [hǔ] フッ（あざ笑うときの間投詞）
ขี้โม้ [khîi móo]
　　　　　　大ぼらを吹く（本文訳「往生
　　　　　　際が悪い」）
ก็มา [kɔ̂ɔ maa] また（私のところに）来
　　　　　　なさい（本文訳「また事
　　　　　　件を起こすんだね」）
จะรอ [cà rɔɔ] 待っている（本文訳「楽
　　　　　　しみにしている」）

## チャプター 9
รู้ตัว [rúu tu:a] 気付く
ก็ A น่ะแหละ [kɔ̂ɔ A ná lὲ] A なんだよ

เป็นไปไม่ได้(ที่) [pen pay mây dây (thîi)]
(ที่ [thîi] 以下のことは) 不
可能
มูลค่า [muunlakhâa] 価値
ขนาด [khanàat] 規模、レベル
เงินค่าไถ่ของพระมหากษัตริย์
[ŋən khâa thày khɔ̌ɔŋ phrámahǎakasàt]
国王の身代金
เงินค่าไถ่ [ŋən khâa thày] 身代金
พระมหากษัตริย์ [phrámahǎakasàt] 国王
เดา [daw] 勘、推測する、当てずっぽう
を言う（本文訳「はったり」）
สารภาพ [sǎaraphâap]
告白する、白状する
เกี่ยวข้อง [kì:aw khɔ̂ŋ] 関係がある
วิธีการ [wíthii kaan] 手口、手法、やり口
เกี่ยวพันกับ [kì:aw phan kàp]
〜と関連がある
คดีโจรกรรมที่หอศิลป์สยาม
[khadii coonrakam thîi hɔ̌ɔ sǐn sayǎam]
サヤーム美術館盗難事件
หอศิลป์ [hɔ̌ɔ sǐn] 美術館
สืบสวน [sùɯp sǔ:an]
捜査する、取り調べる
คืบหน้า [khûɯp nâa] 進歩、進展
แม่เลี้ยง [mɛ̂ɛ líːaŋ] 乳母
บอส [bɔ́ɔs] ボス、黒幕
ทางผ่าน [thaaŋ phàan] 通過地点
เข้าใจผิด [khâwcay phìt] 誤解する、
思い違い
คลี่คลาย [khlîi khlaay] 解決する、開く
ไหล [lǎy] 流出する
โดนไล่ออก [doon lây ɔ̀ɔk] クビになる
ไล่ออก [lây ɔ̀ɔk] 追い出す、解雇する
ไม่ว่าจะเป็นเรื่องเล็กน้อยแค่ไหนก็ตาม
[mây wâa cà pen rûːaŋ lék nɔ́ɔy khɛ̂ɛ

nǎy kɔ̂ taam] それがどれだけ取るに足ら
ないことであっても
ไม่ว่า A ก็ตาม [mây wâa A kɔ̂ taam]
たとえAであっても
แค่ไหน [khɛ̂ɛ nǎy] どれだけ、どの程度

**著者紹介**

吉田英人（よしだ　ひでと）
京都市に生まれる。東京外国語大学外国語学部タイ語学科卒業。タマサート大学（タイ）留学、佛教大学大学院博士課程修了。タイ国プラーチーンブリー県、ブンカーン県にて公立高校教諭を務めたことがある。

著　書
『タイ語の基本』『タイ語スピーキング』『ゼロから始めるタイ語』『タイ語ビジネス会話フレーズ辞典』〈共著〉『ゼロから話せるラオス語』（以上、三修社）、『ラオス語入門』（大学書林〈共著〉）

ルンアルン・パッタナタネス（รุ่งอรุณ พัฒนะธเนศ Rungaroon Pattanathanes）
バンコクに生まれる。チュラロンコン大学文学部日本語学科卒業。京都ノートルダム女子大学留学。現在、在タイ日本大使館勤務。

著　書
『タイ語ビジネス会話フレーズ辞典』（三修社〈共著〉）

● 音声ダウンロード・ストリーミング
1. PC・スマートフォンで本書の音声ページにアクセスします。
   https://www.sanshusha.co.jp/np/onsei/isbn/9784384059915/
2. シリアルコード「05991」を入力。
3. 音声ダウンロード・ストリーミングをご利用いただけます。

# タイ語リスニング

2022 年 6 月 30 日　第 1 刷発行

著　者　　吉田英人
　　　　　ルンアルン・パッタナタネス
発行者　　前田俊秀
発行所　　株式会社　三修社

〒 150-0001　東京都渋谷区神宮前 2-2-22
TEL　03-3405-4511
FAX　03-3405-4522
振替　00190-9-72758
https://www.sanshusha.co.jp
編集担当　菊池　暁

印刷・製本　　日経印刷株式会社
DTP　　　　株式会社欧友社
音声製作　　　株式会社メディアスタイリスト
装丁　　　　　SAIWAI Design
本文イラスト　木村　恵
本文写真　　　Momentum Fotograh/shutterstock.com
　　　　　　　（p.30 ドリアン）
　　　　　　　Zeeking/shutterstock.com（p.30 ソムオー）